湖南文理学院“白马湖优秀出版物出版资助”
湖南文理学院博士启动项目（20BSQD03）

| 光明社科文库 |

虞翻易学伦理思想研究

文　平◎著

光明日报出版社

图书在版编目（CIP）数据

虞翻易学伦理思想研究 / 文平著 . -- 北京：光明日报出版社，2022. 10

ISBN 978 - 7 - 5194 - 6852 - 1

Ⅰ. ①虞… Ⅱ. ①文… Ⅲ. ①虞翻—《周易》—伦理思想—研究 Ⅳ. ①B235. 9②B82-092

中国版本图书馆 CIP 数据核字（2022）第 190807 号

虞翻易学伦理思想研究

YUFAN YIXUE LUNLI SIXIANG YANJIU

著　　者：文　平

责任编辑：陆希宇　　责任校对：许　怡　李佳莹

封面设计：中联华文　　责任印制：曹　净

出版发行：光明日报出版社

地　　址：北京市西城区永安路 106 号，100050

电　　话：010 - 63169890（咨询），010 - 63131930（邮购）

传　　真：010 - 63131930

网　　址：http：//book. gmw. cn

E - mail：gmrbcbs@ gmw. cn

法律顾问：北京市兰台律师事务所龚柳方律师

印　　刷：三河市华东印刷有限公司

装　　订：三河市华东印刷有限公司

本书如有破损、缺页、装订错误，请与本社联系调换，电话：010-63131930

开　　本：170mm×240mm

字　　数：244 千字　　印　　张：17

版　　次：2024 年 1 月第 1 版　　印　　次：2024 年 1 月第 1 次印刷

书　　号：ISBN 978 - 7 - 5194 - 6852 - 1

定　　价：95. 00 元

目　录

CONTENTS

第一章　导论

第一节　总论

自伏羲画卦始，远古人民有了对自然天道的素朴意识。周文王演《易》，六十四卦开始切用于沟通人神，彰往察来。到了孔子时代，礼崩乐坏，遂有赞易以扶人伦的传易之说。秦始皇焚书，其意在于去除“不师今而学古”① 的儒家易学，以《易传》为代表。“及至秦之季世，焚诗书，坑术士，六艺从此缺焉。”②《易》居“六艺”之一部，按理说《易》自秦火已无传承。“及秦焚学，易为卜筮之书，独不禁，故传授者不绝也。”③ 根据《史记·仲尼弟子列传》所载，自孔子至汉初田何以至汉代诸家确有传承系统，可知秦火所焚确为儒家一派的倡导儒家思想的易学，但由于易学包括了占算预测等卜筮方法，儒家易学得以在卜筮易学的保护下传承下来。“汉兴儒门《易经》的得以保全，是由于披着筮术的防护衣，侥幸度过了秦火之劫。”④

---

① 司马迁. 史记·秦始皇本纪 [M]. 北京：中华书局，2006：47.
② 司马迁. 史记·儒林列传 [M]. 北京：中华书局，2006：700.
③ 班固. 汉书·儒林传 [M]. 北京：中华书局，2007：876.
④ 高怀民. 两汉易学史 [M]. 桂林：广西师范大学出版社，2007：5.

因此，汉初易学大师田何所传则必有相关筮术易的部分内容，只是儒家多从《易经》卦爻辞引申伦理政治大义，从卦爻符号提取道德内容，筮术的部分则始终处于次要地位。从这个角度看，治易可以分为“经学易”和“筮术易”，“经学易”以阐明儒家道统为宗旨，以《易经》卦爻辞和《易传》的解说为根本。《易经》无法脱离卦爻符号，因而“经学易”必然杂有象数的解说，但这不是主要关注的。也有以《易传》来解释《易经》的，比如费直的所谓“古文易”。“经学易”强调“守师法”，重师门传承，昭宣之时，孟喜因“改师法”而遭时人批评。孟喜所改究竟是什么内容，以至遭到激烈非议？① 孟喜所改，当与以卦气说为代表的隐士易学有甚深联系，② 其说不出卦气说等节令气候、阴阳灾变诸内容。“隐士易”的主要思想是属于道家一脉，“隐士们是道家者流，自从孔子把易纳入儒门人道的小圈子以后，他们既不肯跟着进入儒门的小圈子，又不肯守原来筮术易之旧，他们也是同儒门易一样的革命易学，但他们所着重的是易在天道的一方面，于是他们把易带入山林，取易象数而把玩，揣摩推求其理。”③ 根据高怀民的说法，“隐士易”与“道家易”异名而同质，其宗旨都在用象数符号推演天道上。“儒门易”管的是人道，“道家易”（“隐士易”）管的是天道，而“筮术易”对应的则是神道。至于“经学易”，应该属于儒家的范畴，只不过“经学易”用的是经学诠释学的方法，用《易经》讲儒家的道理，这在东汉时期尤其显著。易学又可以依据象数手段的强弱简单分为“象数易”和“义理易”。“象数易”和“义理易”的区别则主要在于二者对待象数的态度，“象数易”强调符号本身的特性，注重符号运动的规律，以此涵摄儒家人伦道理；“义理易”以象数符号为原始根据，但重在跳脱象数符号之后的义理发挥，两者都可以划入“儒门易”的范畴。但是“象数易”从广义上讲，又不必局限于儒家，如果用象数符

---

① 班固. 汉书·儒林传［M］. 北京：中华书局，2007：877.

② 文平. 孟喜卦气说溯源［J］. 湘潭大学学报（哲学社会科学版），2009，33（6）：133-136.

③ 高怀民. 两汉易学史［M］. 桂林：广西师范大学出版社，2007：69.

号联系筮术程序，目的在于诠释神道说教，则可以是“筮术易”；如果用之于天道循环，旁及丹道炉火、符箓禨祥，亦可为“道家易”或者叫“隐士易”；如果重在用象数诠解《易经》经文，则又可为“经学易”，“经学易”的目的还是在于儒家道统的揭示。汉以后，用象数解释佛教教义则可名为“佛家易”。近代以来，用象数解释科学现象、物理现象，又名为“科学易”，比如杭辛斋的易学，凡此种种，不一而足。因此“象数易”是一个比较宽泛的概念，若是与“义理易”对举，则主要还是“经学易”的概念。但这只是普遍而论，具体要看语境和作者要表达的意图。

《四库全书总目提要》云：“故易之为书，推天道以明人事者也。左传所记诸占，盖犹太卜之遗法。汉儒言象数，去古未远也。一变而为京、焦，入于禨祥。再变而为陈、邵，务穷造化。易遂不切于民用。王弼尽黜象数，说以老庄。一变而胡瑗、程子，始阐明儒理。再变而李光、杨万里，又参证史事。易遂日启其论端，此两派六宗，已互相攻驳。又易道广大，无所不包，旁及天文、地理、乐律、兵法、韵学、算术，以逮方外之炉火，皆可援易以为说，而好异者又援以入易，故易说愈繁。夫六十四卦，大象皆有君子以字，其爻象则多戒占者。圣人之情，见乎词矣。其余皆易之一端，非其本也。”① 这是一个对于易学派别源流和性质的流传甚广的综述。该论述基本上秉持所谓“两派六宗”之说，即象数派和义理派，象数派又分为汉代儒家的象数、京房和焦延寿的象数、宋代陈抟和邵雍的象数，义理派则分为以老庄说理的王弼义理、以儒理说易的胡瑗、程子的义理和参以史事的李光、杨万里义理。汉儒的象数多与解经有着手段和目的上的联系，同为汉人的京、焦则另辟一宗，其内容与“隐士易”有关系。到了宋代，象数已经是另一番景象，象数派已基本转换为“图书说”，但其内容仍然不会脱离道家一脉；义理派的真正奠基者是王弼，这个奠基倒不是指他说出了儒门大义，而是说他在易学本体论上找到了形而上的根据，使易学有了一个着落，尽管《易传》就已经奠定了易学的本体，但比

① 纪昀. 四库全书总目提要：经部：易类［M］. 石家庄：河北人民出版社，2000：50.

起后世易学家，王弼解《易》可以说是成体系而颇有玄味的。“易学史上义理派与象数派的明显的分野就是以这部著作的出现为标志的。”① 所谓“这部著作”指的就是王弼划时代的《周易略例》。如果说“义理派易学的共同特征就是使形式服从于内容，极力把原本于筮法的象数改造成表现哲学思想的一种工具”②，那么胡瑗和程颐的易学实际上和汉儒的象数易在目的上没什么两样，只不过胡、程的易学已经离筮法越来越远罢了，象数似乎都能可有可无。李、杨的易学则着重把道理放在历史的发展之中，有点历史本体论的味道，但那是不自觉的。

对王弼有承上启下作用的是虞翻。可以说虞翻易学具有易学“蓄水池”的功能和价值。所谓“蓄水池”，既可以容纳易学历史发展的“活水”，又可以成为新的“源头”以供人取用。虞翻深刻地认识到“易则寓于卜筮”的大义，即“易之为书，推天道以明人事者也”。天道方面，虞翻自述家传孟氏易，并对同时期魏伯阳的《参同契》有所取用和改造；人事方面，虞翻在对“太极”深刻领悟的基础上，以“成既济定”作为人文理想，用创造性的象数手段勾画出了道德伦理的价值图式，同时对天道和人事并不截取地看待，基本上是放在统一的基础上进行阐述。虞翻对自己的易学是比较自信的，所传孟氏，虽然未必是“太卜之遗法”，但他所言象数，应该是“去古未远”的。虞氏易学除了不太具备义理派的特点，象数三宗汉儒、京焦、陈邵的特点都具有：既有汉儒的解经特色、京焦的卦气诸说，又因为采纳魏伯阳而具有陈邵的图式化阐述特点，尽管并没有图表留下来，但在文字中已然具备雏形。从历史上看，虞翻对易学的传承（尤其是传承孟喜易学）为打开易学研究新局面奠定了基础，同时也为易学所承载的人文伦理思想开创了新的形式。

“及秦燔书，而易为筮卜之事，传者不绝。汉兴，田何传之。”③ 秦始皇焚书坑儒，《周易》借着卜筮之书的名号才得以逃过一劫，殊不知在这

① 余敦康. 汉宋易学解读［M］. 北京：华夏出版社，2006：103.

② 余敦康. 汉宋易学解读［M］. 北京：华夏出版社，2006：105.

③ 班固. 汉书·艺文志［M］. 北京：中华书局，2007：325.

套卜筮方法之下隐藏了儒家大义，可见《周易》的象数符号是可以借由表达伦理思想的。马王堆出土帛书《周易》经传，孔子在《要》《二三子》《易之义》等篇中说明了《周易》的德性性质，表达了他对于《周易》德性化解释的态度：“（易）有古之遗言焉。予非安其用，而乐其辞。”又说：“后世之士疑丘者，或以《易》乎？吾求其德而已，吾与史巫同涂而殊归者也。”又说：“《易》，我复其祝卜矣，我观其德义耳也。”① 孔子所说“非安其用”是指他并不满足于《周易》的占卜方面，而所谓“乐其辞”则是因为卦爻辞本身就承载了一些“德位相配”“德得相通”的原则以及某些因果善恶规律，“求其德”“观其德”则指出了他注重的是“辞”指向的“德”，即道德伦理的内容。这种思想在《易传》中也表达得比较清楚，可见尽管《周易》的原本性质是占筮，但它实则可以承载人文理想和价值观念，这和它的符号性质有直接联系。《周易》的阴阳爻等符号就像代数学或者是空的套子一样，完全可以模拟各种自然运动和映射各种人文思想。

作为人文思想核心的道德观念可以通过符号展现出来，也可以不经由符号直接按照道德的内在原则判断事物。春秋时代的占筮以卦爻辞作为占断标准，但如果言辞和道德诉求发生矛盾，则以道德原则作为断事标准，这充分说明了在动乱年代人们的强烈的道德需要和对政治秩序的渴求。如《左传》中有几个关于卜筮的著名例子，其吉凶占断虽然要依据卦爻辞，但其最终结果是对卦爻辞的德性化解释，是根据问卜者其人是否有德，或者所行之事是否合乎道义来判断吉凶。《左传·襄公九年》记载“穆姜薨于东宫”一事：“穆姜薨于东宫。始往而筮之，遇艮之八。史曰：是谓艮之随。随其出也。君必速出。姜曰：亡。是于周易曰：随，元亨利贞，无咎。元，体之长也；享，嘉之会也；利，义之和也；贞，事之干也。体仁足以长人，嘉德足以合礼，利物足以和义，贞固足以干事，然，故不可诬也，是以虽随无咎。今我妇人而与于乱。固在下位而有不仁，不可谓元。

---

① 刘大钧. 大易集义［M］. 上海：上海古籍出版社，2002：190.

不靖国家，不可谓亨。作而害身，不可谓利。弃位而姣，不可谓贞。有四德者，随而无咎。我皆无之，岂随也哉？我则取恶，能无咎乎？必死于此，弗得出矣。"① 这一段文字被引用颇多，它主要论述《周易》的象数符号、卦爻辞和道德要求三者之间的关系。从某种意义上说，穆姜的死固然是自己选择的结果，但她的根据是"作乱必亡"的道德原则，在这个道德原则对内心的规定下，卦爻辞的解释就有了德性的要求，对事情发展的预测也就不必拘泥于卦爻辞了。"始往而筮之"，得随卦。卜者认为"随其出也"，"其出"也就是出奔就不会有事。但是穆姜根据随卦的卦辞"元亨利贞，无咎"做出了德性化的解释，认为自己德不配位，必死无疑。这个例子虽然强调了道德原则的重要性，卦爻辞也可以随"意"而解，但并不能说明卦爻符号和所表达的道德原则没有任何联系。尽管关于这个例子的象数符号运动到目前没有合理的解释，特别是"艮之八"②，《周易》通行本并无此类解释。③ 但根据艮、随二卦的符号运动以及相关卦爻辞和《易传》的解释，是可以找到一些端倪的。艮二爻变而为蛊，蛊的综卦则为随。《艮・彖》说："艮，止也。时止则止，时行则行，动静不失其时，其道光明。"艮本就有抑制、制止的意思，什么时候行、止，什么时候动、静是有要求的，这个要求不是别的，就是对于不道德的抑止。其《象》也说"兼山，艮。君子以思不出其位"，两山重叠象征的是"有所止"。作为君子，他的所思所想不能超出一定的界限。艮之六二说："艮其腓，不拯其随，其心不快。"抑止腿的运动，是不能跟上要跟随的人的，心里就会不痛快。六二承九三阳爻，欲跟随阳爻而上，但六二并不能动，欲动而不能动，心里才会不快。在这里，符号的象征内容还是比较明显的，即应该以道德原则来评判自己行为的意义以及应该如何行为。再看随卦，随的大义当然是随顺跟从就会亨通有利。其《彖》曰："随，刚来而下柔，动而说。随，大亨，贞无咎，而天下随时。"震刚而兑柔，阴阳交错而有生气，

---

① 陈戍国. 春秋左传校注［M］. 长沙：岳麓书社，2006：568.

② 王化平. 艮之八，泰之八和贞屯悔豫新解［J］. 学行堂文史集刊，2012（1）：1-5.

③ 陈戍国. 春秋左传校注［M］. 长沙：岳麓书社，2006：569.

刚柔沟通而有礼义，所以当有所动，才有心情愉快的事情，在保持贞正的情况下，就会有有利的局面形成。其《象》曰：“泽中有雷，随。君子以向晦入宴息。”泽随雷动，君子要根据作息规律在傍晚的时候注意入室休息。所以说一动一静皆要入时，因时而动有个前提，即“贞无咎”，贞固，虽然不一定亨通，但一定不会有错，这里讲的也是道德原则问题。随之九五：“孚于嘉，吉。”诚信于美善之事，于时相随就会吉祥。由艮之六二的不知进退、手足无措，到随之九五的吉利爻辞，始终都在强调道德的底线，强调因时而动、循德而动的积极意义，因此就像“向晦入宴息”一样，时令节律有其规则，道德对于生活也有其内在的要求，不宜将这二种规律完全割裂开来。由艮变为随，经过了蛊卦，艮二变蛊，蛊则有拯弊救乱的意思。其《彖》曰：“巽而止蛊。”因循事物发展的原委，才能找到弊端并改正之。其《象》曰：“君子以振民育德。”作为有道德的君子，应该以振济老百姓为己任，应该以培育大家的德性修养为鹄的。九二：“干母之蛊，不可贞。”九二欲有作为，但前有九三，躁进则败，因而利于持守中道。联系穆姜之事，这一爻最能体味到穆姜之处境和心境：要对事物有所改变，情势不能行也，更重要的是所变之事是否符合道义。

以上分析都可以看出，无论是卦爻辞还是象数符号，都在指出符合道义之事才能行的提示。因此，穆姜的解释与其说是抛开了象数和语言直指道德原则，还不如说这些道德原则本就在言辞或者更为根本的是在象数运动中得以符显。“《易经》是古人从自己的实践经验出发探索宇宙和人生奥秘的最初尝试，是中国人认识世界的第一个思想模式。”① 作为思想模式，从内容上看，它所反映的对象则必然包括道德意识和道德生活；从形式上看，则必有一个具有内部结构自生性的系统来模拟或者是映射，即系统的有机性。根据上例，《周易》就是这么一个模式，《周易》和道德思想的关系，不宜只把它的根本也就是象数符号看作是只对自然做出模拟而无关乎道德。象数符号应该被看作对包括道德意识在内的任何观念和其意向物的

---

① 孙熙国. 先秦哲学的意蕴：中国哲学早期重要概念研究［M］. 北京：华夏出版社，2006：267.

反映。这种反映还应该在符号、言辞以及道德原则的相互蕴含之中，换句话说，应该在三者的关系张力中找到意义和意义的延展。易学发展到汉易直至汉末的虞氏易，就存在着易学对于道德映射的这种“关系张力”，它主要表现在道德本体的追寻、对传统伦理的求变思维以及最为重要的诸种易例创生之上。这种创生，既可以从外在历史条件进行观察，也可以从易学内部的发展进行考察。无论是外部的治乱兴衰还是内部象数体例变化，都要求《周易》在表达道德思想上更具丰富性，易学的发展尤其是象数易学的发展就展示了这种规律。易学就其本身而言是象数符号的运动体系，从其开创之初就承载了伦理的使命，就预示着随着社会的复杂变化在手段上不断更新的要求。从远古直到春秋战国时期，这种变化还局限在古代筮法的范围之内。到了汉代，已经有了很大的不同。

从汉初一直到汉宣帝年间，大约有一百五十年，易学研究基本上是在承继先贤，做出一些整理工作，其内容主要以揭示儒家大义的义理为主；汉宣帝之后，阴阳灾异之说大起，这股思潮贯穿了整个东汉时代；一直到三国时期的王弼之易，此时易学已经具备了全新的理论品格和学术气象，以象数符号运动本身说易，新论频出，后世名为“象数易”。象数易在汉魏时期大约历经了三百年。这时期象数大家前期主要有焦延寿、京房、孟喜等人，他们在创新体例表达伦理思想上的主要贡献在于：以“隐士易”的“易家候阴阳灾变说”为主导，把对气候节令的模拟的自然主义和尊崇规律秩序的人文主义结合起来，可以说在董仲舒神学政治论之后，为推进儒家思想独尊的局面起到了积极的作用。在象数表达方法上，有焦氏四千零九十六种易象的衍扩，这为后世虞翻的易象衍扩奠定了方法论上的基础；京房的成就颇多，比如九宫八卦、纳甲筮法等，也为虞翻月体纳甲提供了启发，特别在六爻配置元士、大夫、诸侯、公卿、天子、宗庙后，将政治等级的伦理思想作出了较完善的表达；而孟喜之易，以“卦气”为核心，以“卦变”为宇宙变化的过程展开图式，把道家之“道”与天人感应、指导人事结合起来，其思想直接传导到虞翻之《易》。汉代的易学发展到后期，其主要人物以郑玄、荀爽、虞翻等为代表，其中尤以虞翻易学为象数易学的集大成者。郑玄之易“只是标志着自汉武帝以来阴阳术数与经义相结合的时代思潮至郑玄而终结”①。郑玄在易学伦理思想的表达方面有重要贡献，这主要表现在他开创了一些为义理易学继承的体例，在本体论上发展了京房，为道德形而上学提供了思路，“郑玄的易学确实既是汉易经验论和象数学的终结，又是以义理解易和引老子自然无为思想以注易的开始”②。而稍后的荀爽易学，其贡献则在于体例的贯穿和打通上，他创“乾升坤降”之说，使得阴阳爻可以上下交易而成别卦，这为虞翻“卦变说”打下了坚实的基础。荀爽还将其学说设定了一个人文价值目标，即“中和”的社会理想，也给后来虞翻创立“成既济定”说直接奠定了基础。

虞翻易学的直接目的是解释经文，也就是卦爻辞以及《易传》的文辞，不过由于他创立了大量易例，即易学体例，其语言文字要揭示的伦理道德在表达上具有较为浓厚的象数色彩。这些象数体例是在承传孟喜易学的基础之上，广泛吸收历史上和当时易学诸家的象数和义理两方面的思想，通过其独特的方法，创造了别具一格的解释语言。这些创新，既为伦理思想的表达提供了丰富的语言手段，又为象数易学本身的发展开辟了新的局面。尤为重要的是，这些易学体例为道德形而上学或者说作为生存论的本体论进一步提供了思想资源。在表达内容上，虞翻易学跟几乎所有易学家一样，基本上秉持一种人文理想，如王弼以老子说易，苏东坡以庄子说易，但大部分都以儒家伦理为核心。总的说来，虞氏易学在伦理思想的表达方法上具有如下特点。

首先，虞翻易学在对有关“太极”的注解中形成了道德形而上学的理论基础。虞翻的太极观念基本上从乾坤二卦的功能和价值入手，通过“乾元”的先验德性和元气一元立论，元气分阴分阳而体现太极，在太极之用的阴阳二气方面则选取崇阳的态度。崇阳是对乾元的复归，是面对“太和之境”的一种理想，是对宇宙创生原则的重视。但是阴阳毕竟是相互依存的，创造性的理想的实现当然需要现实的条件和自身的努力才行，因而太

① 余敦康. 汉宋易学解读［M］. 北京：华夏出版社，2006：79.

② 金春峰. 汉代思想史［M］. 北京：中国社会科学出版社，1987：611.

极乃是包含了理想和现实两重因素，虞翻在其易注中，显现出一种开放和统一的态度。其次，虞氏易学的太极观念直接影响了他对于世界的价值预设，即所谓“成既济定”的人文理想。“成既济定”是一个结果，一种作为理想呈现出来的价值，它是一个迭用柔刚、阴阳互动和仁义相通的终极理想，它指向人文伦理的“应该”，这个“应该”结合终成原则同时就是一个现实，这是理性的自我比较、自我发展的过程。另外，“成既济定”作为一个理论预设，同时也是虞翻整个易学体系的最终结论，它是对以往伦理活动的总结和概括，是一种现实。只不过这种现实的呈现始终是以“成既济定”的内核为原则的，“不完满”是现实的特征，正是不完满，才是一个新的起点，包含着价值的导向。这种价值导向又必须落实到具体的人文境遇之中，必定以某种面目显现出来，比如义利观，比如道德境遇等等。所以，“成既济定”又不是终极的。可以说它是理想和现实的结合，就像六十四卦以未济卦结尾而不是以既济卦终结，讲的便是这个生生不息、无限变化的道理。但是，所有的本体显现都要通过象数手段达成，不然，在伦理意蕴上义理易学就真和象数易学产生矛盾了。最后，所谓象数手段一般来讲就是一种象数的体例，具有自组织性、极强的创造性等特征，其直接目的在于解说经文，但由于其具有体系性，也可以脱离经文而存在，我们称之为“易例”。这些易例解释经文时固然是作为道德说教的手段，但这并不意味着脱离经文就是一种完全形式化的抽象的符号的自身运动。因为符号运动从一开始就携带着意义，象数是再现的、媒介化的文本，不是可以脱离所指的能指，换句话说，象数符号必有所指。“简单地说，意义就是主客观的关联。事物之间的关联也是意义，但只是在意识上把这种物物关联当作一个事物，加以对象化之后才能形成意义。超越意识之外的物物关联，与意识之外的物一样，无法形成意义。因此，意义是意识与对象各自得以形成，并得以存在于世的理由。”① 伏羲所谓“仰观俯察”实则是在追寻意义，用象数符号表达出来的也就包含着事实和价值，

① 赵毅衡. 哲学符号学：意义世界的形成［M］. 成都：四川大学出版社，2017：3.

说到底是指意识的“意向物”。

易例的创造还有一个基础，就是“卦气说”。这是以孟喜易学所述作为基本内容的。虞翻直接秉承孟喜的卦气说，其内容大体包括“六日七分说”、十二辟卦、四正卦等等。为了将自然规律和人文理想融通起来，需要有新的解释语言，这是创造易例的外在要求，与易例本身的自组织性相得益彰。虞翻对卦气的解读，展现出卦气卦序的内部结构，该结构有助于理解太极观念以及道德形而上学。在这里，对于易符号的运动和其本身存在的意义对于主体有一个基本的要求，那就是理解这个行动“不属于主体的行为方式，而是此在本身的存在方式”①。由主体到“此在”（dasein）的转换，是一个着眼点的问题，更是一种提升和融合的方法，特别是在解决中华文化的境域问题之中，这种关于生存论的解释学的理解的观点十分重要。卦气的图式和月体纳甲的“象”的直观落实到易例部分则形成了富有特色的变化原则。其中，卦变是运用较多而又具代表性的手段。卦变可以分为广义卦变和狭义卦变，一般而言，卦变是指狭义卦变，即消息卦变。消息卦变实际上是一种新的卦的排列方式，它用十二辟卦串联起六十四卦；消息卦变为后来易家重新创造卦变打下了基础。卦变实则象征了生活中的具体伦理境遇。通过对消息卦变内部结构的分析，可以揭示综卦、旁通、消息以及其他比如“之正”易例之间微妙的联系。这些联系把六十四卦因其各自在相应卦系具有不同的地位、价值和作用而呈现的不同排列顺序展现出来，每个卦系又通过重要的转换卦而结为一体，从而表现了宇宙中各种矛盾运动环环相扣、相反相成的具体特点。这些象征和暗示将各种矛盾汇聚成一体，指示出事物变化的方向和逻辑循环。就道德生活而言，其在伦理道德的层面上揭示出道德原则的一般性和道德规则的特殊性的关系。以旁通为例，旁通在消息卦变中占据特殊重要的地位，各旁通卦因乾坤相摩而成；旁通“对子”卦则具有辩证发展的意味，旁通用辟卦消息和别卦消息两种方式将六十四卦串联起来，又表现了不同的卦变结构特

① 加达默尔. 真理与方法：哲学诠释学的基本特征：上卷［M］. 洪汉鼎，译. 上海：上海译文出版社，1999：6.

征。消息卦变根据体用相分、体用不二的原则在消息旁通中也赋予了新的价值和内涵。消息旁通对卦变的揭示，体现了消息、旁通、卦变各自的意义，这种意义在其相互融为一体的系统中，又产生了新的关系价值。易象一直是象数易学的重要内容。如果说卦变着重从动态的角度把握自然变化和道德生活，那么易象则主要是从静态成象的角度来符示伦理秩序和变化的机理。虞翻易象秉承传统易象而来，在其“气—象—理”的易学思想构成中形成了另一种道德诠释语言。

正如卦变的发展一样，易象的衍扩则为逸象，它是象数易学发展的必然逻辑。逸象的发展，以明经言理为目的，同时又是自有体例的扩张和终结。逸象源自《说卦》的传统易象，是自创性观象法则在卦象运用中与事物的对应性联系。在虞翻易学中，“既济象”是最为理想的象，是对于人类道德生活的实然和应然的结合。而所谓“前既济象”则是就卦象在成既济定之前的一个对于卦爻的成象的理论概括。“前”指的是逻辑在先，它重在对各种易例在卦爻的分析中因方法和手段的不一所呈现的不同卦象，也是在太极分阴分阳而动的基础上，从静态的角度对卦爻进行具体的审视而得来的。前既济象除了传统易象，还包括虞翻自创的易象，如上下象、半象、纳甲象、旁通象、卦伏象、爻伏象、消息象、卦变象等。前既济象的理论终点是成既济定，即“保合太和”的人文道德理想。

第二节　研究意义

目前关于象数易学所蕴含的伦理思想研究还缺乏专论，其主要问题在于伦理思想在以《易传》为代表的论述中已经阐述得比较清楚，但是对于象数符号在伦理思想的涵摄这一点尚未形成足够的认识，对于象数与道德意识、象数与意义的生成等问题还有待深入思考。虽然象数易学在表达伦理思想的内容上没有什么不同，但对其表达方式的独特性应该予以关注。

虞翻易学在象数易学和易学发展史上具有相当的独特性和典型性，因而应该作为易学伦理学的一个关键点来考察。“虞翻将上述理论熔于一炉，借助于注解经传，使得卦与卦之间的共生关系，得以最大的阐发，宇宙、人事‘纵、横、时、空、隐、显’之关系得以最大凸显。”① 这就要求我们不能在旧有的理论框架之下对易学的道德理论作出德性化的梳理和解释，而要借鉴和吸收相关学科的理论和方法，系统阐述以虞翻为代表的易学伦理思想的易学史背景，探讨虞翻易学伦理思想在易学史研究中的特色，追溯中国伦理思想的传统，进一步整理象数易学伦理思想的线索，提炼象数易学伦理思想的研究方法，阐述以虞翻易学为代表的象数易学伦理思想问题，讨论在21世纪新的时代背景下象数易学和传统伦理思想研究在搜集、运用和整理史料所应注意的一些突出问题，并结合现实来分析中国传统伦理思想研究的实践模式，同时尝试建立有中国特色的道德文化的话语体系。基于此，虞翻易学伦理思想研究的意义如下所述。

首先，象数易学与义理易学在揭示天人关系和伦理思想上殊途同归。义理易学多从《周易》经文尤其是《易传》中寻找人伦的形上依据，通过“天人比类”的方法从内往外推索，发明人心道德的本性，彰显人的道德价值，从而给世界以德性化的阐释。象数符号及其运动只是也只能是一个表达的手段，在道德论说中往往会脱离象数的本质。可以说如果不考虑象数，易学伦理学将和《论语》《孟子》《中庸》《大学》等传统道德资源大体一致，这将有可能产生陷入取消易学和易学伦理学的危险。强调象数的独立性、象数对于道德意识的涵摄却恰恰是象数易学的致思路径，可以说这个理路是由外往内探索，由卦爻的符号模拟天地自然界的运行规律，研讨大化流行生生不息的变化法则，从而赋予人事活动、政治社会以价值评判标准。其实这两者在认识的运动过程中又互相依托、互为根据，常常表现为融合的特征，这种融合，究其根源乃是因为象数符号的存在，即便扫象最甚者如王弼，在其理论建构中也不得不利用象数符号。

其次，两汉易学自先秦易学发展而来，至汉末易学家虞翻为集大成

① 卜章敏．虞翻象数易学思想新探［D］．济南：山东大学，2019：12.

者。虽然虞翻是以解经为目的，但由于他广泛吸收历史上和当时易学诸家的思想，创造了众多独具特色的解释语言，因而从某种程度上凸显了象数运动，把符号从表达伦理思想的手段的从属地位解放出来，使我们看到了另一种“纯粹直观”的思路。这种思路在研究道德意识的来源上是有好处的。若从伦理方法的角度揭示这种“语言”，我们发现它具有完备的体系性、天人相推的学理进路和有别于义理易学的符号演化的鲜明特色。但毋庸讳言，在两汉象数易学发展史的宏观视野下，虞翻的象数衍化过度既是易学学术自身不能绕过的规律，这和时代有直接的关系，又和他本人追求创新的学术品格相关。因此，虞翻易学伦理思想研究的重心便落实在诸易例和道德思想表达方法的关系上，也有必要把虞翻易学放在中国传统伦理思想发展史的话语模式和西方哲学史、西方伦理思想史的话语模式之下进行双重考察。这种考察并不是纯粹的道德内容的比对，不是比较伦理学视域的，而是要达到一种类似于哲学拓扑学的综合分析和比较研究。拓扑学是现代数学和几何学的综合学科，其目的在于将复杂的数字和隐晦的几何图形极简化从而找出相关规律，并进一步认识到数字和图形的意义。“哲学拓扑学就是要在复杂的思想变化中寻求确定性，在哲学观念的不断重叠中发现思想的一致性。差别总是表面的，容易被识别的，只有差别背后的一致和连续才是哲学拓扑学要研究的主要对象。”① 这种方法如水流一般，去除复杂的表象，留下变动不居的简易的“真相”，这显然有助于丰富伦理思想的表达模式。

最后，通过研究虞翻易学的伦理思想，我们不仅可以领略到一代解《易》大师的独创性见解，理解两汉经师解《易》方法贯穿人文伦理目的的必然性趋势，还可以探查孟氏易学已佚的一些解《易》情节，体悟孟氏易学在卦气说中蕴含的伦理方法的理性色彩，并由此对先秦古易通过象数表达伦理理想的目的作出探索，从而展现出《易经》在元伦理学意义上的学理可能性。可以说，这个理解的历史同时也是一个主体的融合的历史，

① 江怡. 思想的镜像：从哲学拓扑学的观点看［M］. 芜湖：安徽师范大学出版社，2010：3.

是一种“视域融合”（历史与现实、主观与客观、自我与他者），在这个过程中“要表明理解从来就不是一种对于某个被给定的对象的主观行为，而是属于效果历史，这就是说，理解是属于被理解东西的存在”①。研究虞翻易学的伦理思想，尤其是他对于道德思想的表达方式，不仅可以了解到象数易学伦理思想的自身发展规则，还可以诠释义理易学伦理思想发展的内在理路。这既是易符号运动的本然，也是理解其运动的历史，其理解效果的呈现便是意义源源不断展开的过程，是一个不会终结的在理解本身中也包含着历史和现实的沟通的过程。

第三节　体系与方法

本文内容主要分为三大部分：第一部分包括导论和虞翻的背景、易学脉络介绍，其主要内容在第一、二章；第二部分阐述虞翻易学的道德形而上学，其主要内容在第三、四章；第三部分论述虞翻易学伦理思想的主要体例及其伦理方法，其主要内容在第五、六章。

开头部分提出虞翻易学的逻辑结构，该结构立体、生动地展现了其丰富的象数易学思想。虞翻易学独创性地解决了一些象辞的矛盾关系，为合适地表达伦理思想创造了条件。虞翻易学的伦理思想是通过对卦爻符号的演绎悟出整个存在的实体特性，并据此理解纷繁的人事活动和道德生活，这种理解方式虽具有浓厚的个体主观色彩，但实际也蕴含着对社会人生的客观内容。正是在这种领悟式的基础上，象数派学者构筑出缤纷多彩的象数体系，从主观形式上形成了对伦理的一种特殊的认识史。

主体部分从太极思想开始，太极说是虞氏易学伦理思想的本体支撑，并始终贯穿在他道德本质论、道德主体领悟和修养论以及德性论和社会政治伦理思想之中。他以先验乾元德性和元气一元立论，元气动则流变大

---

① 加达默尔．真理与方法：哲学诠释学的基本特征：上卷［M］．洪汉鼎，译．上海：上海译文出版社，1999：8.

化，其结果是以卦气为基础的卦变所符现的世界之变化，归向于动极而静的“既济”。虞氏易学又以月体纳甲说为根据，其太极律动是由天地日月所象征。通过纳甲一说，虞翻形象地揭櫫了太极意义。在此基础上虞翻进而讨论卦变和易象。本书通过分析虞氏学易学对于道德秩序来自自然规律的重要思想，结合虞氏易学对道、德、义、利等重要伦理范畴的表述，说明其道德本质论的实质。卦变的“时”的观念和传统易学言“时”相比，更加强调人伦关系的应时而动，比如“之正”，变不正为正，是为了趋向相对静止的和谐状态，若是要突破整体困境，则可以变正为不正。前者“正”充满道德色彩，后者“不正”是为了凸显运动契机，最终目的还是“成既济定”的人文理想。可见虞氏易学在和同时代易学家的伦理思想比较时，更能表现出一种境遇伦理的色彩，更具辩证法的魅力。卦变内部各爻的运动实则蕴含着人伦关系的“自修补”过程，所谓往来升降，上下流变，体现出来的是既有规范伦理的秩序感，又有心性领悟的灵动。一爻直至一卦的变动，是在合理的“度”中进行，超越这个度，也就不再具有体系的完备，也就是悖天悖人而行，其最终结果终将败亡；在此度之中，一时一事的“不正”往往并不具有恶的评价，其目的善合理涵括了手段的尺度，因此这种行为常常显现“吉”辞。还有一种情况，不顾大局的手段善，一味求正，可能会有“吝”的结果，这表现在一爻求正，会导致体系局部的僵化从而影响整个体系的流变，尽管如此，由于手段善具有自身价值，所以有些卦表明的是“贞正”而“无咎”。六十四卦在卦变体系中对于目的和手段的处理并不相同，但最终有一个终极评价法则，即“成既济定”的人文理想。卦爻的变化、人的行为的变化始终要归向这个“同归路”，它是理想中的现实，同时又是现实中的理想。通过对卦变内部结构的分析，揭示旁通、消息、反对以及月体纳甲之间微妙的关系，可以看出虞氏易学重视人的理性的同时也注重人的灵性。旁通对卦变的揭示，体现了月体纳甲、消息、卦变各自独有的意义；这种意义在整体的系统中，又表现出自相结合而产生了新的关系，这种关系就体现在“百姓日用而不知”的道德生活之中。易象在“气—象—理”的思想构成中着重从静态成象符示理的内涵。逸象的衍扩是象数易学发展的必然逻辑。逸象的发展，是以明经言理为目的，同时又是自有体例的扩张和终结。逸象源自《说卦》的传统易象，是自创性观象法则在卦象运用中与事物的对应性联系；这种“象”，既是人们对其生活的自观，也是自鉴，同时也蕴含着对未来事件发生的预见，比如虞氏易学的“半象”，它很灵活，可以变出不同的卦象，如何变，在于人们如何去做。“前既济象”是就卦象在“成既济定”之前的一个对于卦爻的成象的理论概括。它重在各种易例在卦的分析中因方法和手段的不一所呈现的不同卦象。它是在太极分阴分阳而动的基础上，从静态的角度对卦爻进行具体的审视而得来的。“前既济象”的理论终点是“成既济定”。“成既济定”只是一个“迭用柔刚”的终极理想，它指向人文伦理。一方面，“成既济定”是一个理论预设，而且是虞翻整个易学体系的最终结论；另一方面，它又必须落实到具体的人文境遇之中，所以，“成既济定”又不是终极的，毋宁说它是理想和现实的结合，诚如六十四卦以未济卦作结而非既济卦为终，讲的就是这个生生不息、无限变化的道理。在这个意义上，象数易学又和义理易学在伦理意蕴上结合起来。

本书基于象数易学伦理思想在两汉三国的发展，揭示出象数易学的一个本质特征：从形而上学上看，象数易学和义理易学都在构筑或者试图构筑一个宇宙图式，都在用各自的方式阐明儒家道统。义理易学抛开象数直指人心，象数易学寓德性于世界图式，两者学理思路不一而实质相同。虞翻易学使《周易》象辞之间的联系得到加强，这有利于指导人伦生活；道德理性在一系列独创易例的演变上变得更加鲜活，从荀爽到虞翻，便是遵循了这一学理路径的方向。但凡事有两面，正如未济卦对于生生不息的矛盾规律的揭示，虞翻的创造也孕育了象数烦琐极致化的到来，于是王弼扫象的另一个学术运动圆圈开始了。虞翻易学的创造给象数易学伦理方法带来了影响，在与孟喜、京房、《易纬》、荀爽的比较中，虞氏易学展现出两汉象数易学伦理方法的共同特征和相异之处。同时，虞氏易学过于依赖“以象释辞”的方法，这个方法在体系内呈现出一定的内在矛盾，该矛盾对于当代虞氏易学及其伦理思想和方法论研究具有借鉴意义。

本书的思路即在分析易学史料的基础上，借鉴和吸收相关学科理论，以虞翻易学伦理思想为研究对象，立足于易学解释学的传统方法，探讨虞翻的象数易学的传统、研究方法、伦理意蕴和虞氏易学研究新的动态和可能存在的问题，包括易学思维所带来的伦理实践模式。具体来说，其重点是形而上学方面，即提炼虞翻的太极思想，同时结合西方哲学理论阐释太极运动及其符现形式。另外，在伦理方法与象数手段的处理方面，重点挖掘虞氏易学本有的象数伦理方法，注意到象数手段往往大于伦理方法，如果不立足于虞氏易注，可能导致作者以己意加于古人。在卦变、旁通、易象的伦理意蕴部分，宜立足于虞氏易学的全局构思，对任何一个易例的阐述都有大局观念，同时要深入到卦变、旁通、易象之间的逻辑联系、卦变的自身法则和卦变释辞的关系之中，将虞氏易注文辞与符号演变结合起来阐述其伦理思想和表达方式。

基于此，本书应该有历史比较的视角，比如就爻位卦变来说，可以将虞翻和《易传》爻变、京房爻变以及与虞翻同时代的荀爽“乾坤上下升降”说做出比较，其中重点应落实在与荀爽的比较上，以期求得爻位卦变的历史规律和认识特征。在此基础上，相互比较该易例所能够带给易学家阐述易学思想以及其伦理思想的功能和意义。运用历史和逻辑相结合的方法：尽管历史是自然发生发展的，但是历史的发展在本质上是有逻辑规律的。本文将从历史文本的角度对具体细节作出某些穷尽性分析，找出这些线性序列上的逻辑秩序，比如分析传统易例和文辞紧密结合而达成其伦理论述的目的，并对其作出总体性的系统的把握。运用归纳和分析相结合的方法：归纳和分析两者是相互倚立，相得益彰的。比如就象数手段内部结构的纳甲而言，必须对魏伯阳的月体说作出精要归纳，对虞翻的继承和再创造易例作出分析，两相结合得出结论；再如虞翻对某些卦的注解中运用到纳甲，在文辞的分析中先要对纳甲作出整体性的说明。这是分析中有归纳。然而归纳中又有分析，比如对月体说方位和先天八卦方位的不同须作出比较分析，基于此分析才能归纳判断诸如“时”“位”以及其他易例的整体风貌和基本特征。

本书还应该坚持训诂语言学和象数、义理学分析并重的方法：卦辞和卦画是有某种联系的。义从辞上求，然而有很多时候“义”必须抛开“辞”或者通过“辞”的隐含、卦爻的运动来得到揭示。这不仅要从义理易学获取方法，还应从其他象数易学家汲取经验。同时，可以借用某些西方哲学思想如卡希尔符号学、海德格尔哲学、解释学等理论充实对于象辞、符号和思想、符号和意识之间关系的理论构架。

本书的虞翻易注均来自清人李道平的《周易集解纂疏》（北京：中华书局，1994），除行文需分辨处，后文不特别注明。

第二章　知人论世：虞翻生平

第一节　生平介绍

虞翻（164—233年）字仲翔，汉末三国吴国人。籍贯会稽余姚（今属浙江）。

据《三国志·虞翻传》记载①："太守王朗命为功曹。孙策征会稽，翻时遭父丧，衰绖诣府门，朗欲就之，翻乃脱衰入见，劝朗避策。朗不能用。拒战败绩，亡走浮海。翻追随营护，到东部候官，候官长闭城不受，翻往说之，然后见纳。朗谓翻曰：卿有老母，可以还矣。翻既归，策复命为功曹，待以交友之礼。身诣翻第。"

虞翻原事王朗，王朗也是易学家，根据上文，两人交情不错。虞翻交游甚广，与当时的名士、易学家均有过从，如《三国志·吴书·陆绩传》载："虞翻旧齿名盛，庞统荆州令士，年亦差长，皆与绩友善。"另如《虞翻传》载："翻与少府孔融书，并示以所著易注。融答书曰：闻延陵之理乐，睹吾子之治易，乃知东南之美者，非徒会稽之竹箭也。又观象云物，察应寒温，原其祸福，与神合契，可谓探赜穷通者也。会稽东部都尉张纮

① 虞翻事迹见于《三国志》传五十七. 北京：中华书局. 2006：780-787，文中所引，如无特别说明，则不再注明出处。

又与融书曰：虞仲翔前颇为论者所侵，美宝为质，雕摩益光，不足以损。”孔融是一代名儒，张纮也是名士，两人对虞翻的《周易注》都高度赞扬，不惜溢美之词。

虞翻的性格中，最主要的是为人忠直，如前文所述对王朗劝谏，朗败之后，又跟去候官（今福建省福州市），因家有老母，才转事孙策。虞翻多有政治谋略，如劝谏孙策不宜多行游猎：“策好驰骋游猎，翻谏曰：明府用乌集之众，驱散附之士，皆得其死力，虽汉高帝不及也。至于轻出微行，从官不暇严，吏卒常苦之。夫君人者不重则不威，故曰龙鱼服，困于豫且，白蛇自放，刘季害之，愿少留意。策曰：君言是也。”其军事谋略见之于吕蒙攻打南郡一事：“后蒙举军西上，南郡太守麋芳开城出降。蒙未据郡城而作乐沙上。翻谓蒙曰：今区区一心者麋将军也，城中之人岂可尽信，何不急入城持其管龠乎？蒙即从之。时城中有伏计，赖翻谋不行。”另外，虞翻还行事严谨，行止有度：“翻出为富春长。策薨，诸长吏并欲出赴丧，翻曰：恐邻县山民或有奸变，远委城郭，必致不虞。因留制服行丧。诸县皆效之，咸以安宁。后翻州举茂才，汉召为侍御使，曹公为司空辟，皆不就。”

孙策死后，在事孙权期间，虞翻还表现出不畏权贵、一身义气的性格特征，《虞翻传》有多处记载。如：“孙权以为骑都尉。翻数犯颜谏争，权不能悦。又性不协俗，多见谤毁，坐徙丹杨泾县。吕蒙图取关羽，称疾还建业，以翻兼知医术，请以自随，亦欲因此令翻得释也。”虞翻对于降将尤其看不顺眼，比如对待于禁：“魏将于禁为羽所获，系在城中，权至释之，请与相见。他日，权乘马出，引禁并行，翻呵禁曰：尔降虏，何敢与吾君齐马首乎！欲抗鞭击禁，权呵止之。后权于楼船会群臣饮，禁闻乐流涕，翻又曰：汝欲以伪①求免邪？权怅然不平。”这件事和其他事件的积累，以至到了孙权想要杀了虞翻的地步。他对待麋芳也是态度凛然，言辞激烈：“翻常乘船行，与麋芳相逢，芳船上人多欲令翻自避，先驱曰：避

---

① 据肖瑜《日本书道博物馆藏三国志・吴志・虞翻传10行残卷研究》（载于《敦煌研究》2011年第2期）一文，此段有三处异文，其中“伪”当作“为”。

将军船！翻厉声曰：失忠与信，何以事君？倾人二城，而称将军，可乎？芳阖户不应而遽避之。后翻乘车行，又经芳营门，吏闭门，车不得过。翻复怒曰：当闭反开。当开反闭。岂得事宜邪？芳闻之，有惭色。”

虽然虞翻多次颇有违礼之处，但是他对根本礼教看得很重，尤其是在忠义思想方面，这也是魏国降将于禁、蜀国降将糜芳为之折服的地方，相传魏文帝也常为虞翻设虚坐（“设虚坐”见裴松之注引《吴书》）。《虞翻传》说他“翻性疏直，数有酒失”，有两件事直接导致他被贬交州，甚至险些被杀。“权既为吴王，欢宴之末。自起行酒，翻伏地阳醉，不持。权去，翻起坐。权于是大怒，手剑欲击之，侍坐者莫不惶遽。惟大司农刘基起抱权谏曰：大王以三爵之后杀善士，虽翻有罪，天下孰知之？且大王以能容贤畜众，故海内望风，今一朝弃之，可乎？权曰：曹孟德尚杀孔文举，孤于虞翻何有哉！基曰：孟德轻害士人，天下非之。大王躬行德义，欲与尧、舜比隆，何得自喻于彼乎？翻由是得免。权因敕左右，自今酒后言杀，皆不得杀。”可以想见，若不是有刘基力劝，孙权大度，恐怕虞翻将立时毙于剑下。另一次是“权与张昭论及神仙，翻指昭曰：彼皆死人，而语神仙，世岂有仙人也！权积怒非一，遂徙翻交州”。孙权呼张昭为“张公”，不同于呼众人以其字，可知孙权对张昭的尊敬，而虞翻所说虽是一种观点的表达，但亦不必直斥对方，其最终的结果就是被放，这应该算是很好的结果了。

自古才高之人往往恃才傲物，虞翻所恃，除了以上所说，还有关键的一点就是虞翻有过人的预测本领，这当然与他研究《易经》有直接的关系：“关羽既败，权使翻筮之，得兑下坎上，节，五爻变之临，翻曰：不出二日，必当断头。果如翻言。权曰：卿不及伏羲，可与东方朔为比矣。”这连经常被得罪的孙权也不得不叹服，并将虞翻和武帝时期的易学和占卜大师东方朔相比，可见孙权对虞翻高超的预测能力的肯定。据说虞翻也颇通于地理堪舆之术，懂得审视山川形势，① 因而其家族能够长期名显当时，

① 许超、李小仙. 浙江余姚发现孙吴时期虞氏家族成员墓［N］. 中国文物报，2017-09-22（8）.

延续荣光一直到唐代，我们且看虞翻的后代便知一二："翻有十一子。第四子汜最知名，永安初，从选曹朗为散骑中常侍，后为监军使者，讨扶严，病卒，汜弟忠，宜都太守。耸，越骑校尉。累迁廷尉，湘东、河间太守昺，廷尉尚书，济阴太守。"

虞翻最后终老于交州（即今广州）："在南十余年，年七十卒。归葬旧墓，妻子得还。"虽身居于蛮荒之地，仍不忘道德文章之事："虽处罪放，而讲学不倦，门徒常数百人。又为老子、论语、国语训注，皆传于世。"至于其他能力，据《虞翻传》除了前述通于医术之外，他还有识人拔才之能："初，山阴丁览，太末徐陵，或在县吏之中，或众所未识，翻一见之，便与友善，终咸显名。"

以上基本上是《三国志》所记虞翻一生行状。

第二节 易学渊源

虞翻年少起就很好学，志气高远，"翻少好学，有高气"（裴松之注引《吴书》）①。他对于《周易》有颇深的研究，又著《老子》《论语》《国语》等训注，都传之于当世，孔融、张纮等时俊多有褒赞之辞。可见时人对虞翻评价颇高，他也确是两汉三国以来有数的象数易学大师，是象数易的集大成者。

关于家学渊源，《三国志》裴松之引《虞翻别传》谈到虞翻的易学经历。其奏表曰："臣闻六经之始，莫大阴阳，是以伏羲仰天县象而建八卦，观变动六爻为六十四，以通神明，以类万物。臣高祖父故零陵太守光，少治孟氏易，曾祖父故平舆令成，缵述其业，至臣祖父凤为之最密。臣亡考故日南太守歆，受本于凤，最有旧书，世传其业，至臣五世。"② 这里讲到《周易》的性质以及家传孟氏易的情况。据《会稽典录》，虞氏先祖秦时为

① 陈寿. 三国志・吴书［M］. 北京：中华书局，2006：780.

② 陈寿. 三国志・吴书［M］. 北京：中华书局，2006：783.

虞香，香十四代孙意，由东郡徙余姚，五代孙歆，歆生翻。这也就是说余姚虞氏，是由河南迁来的。东郡，是秦始皇时建置的，治所在今河南濮阳，虞意是迁余姚的虞氏始祖。① 其世系应该是：虞意—虞光—虞成—虞凤—虞歆—虞翻。

奏表又说："前人通讲，多玩章句，虽有秘说，于经疏阔。臣生遇世乱，长于军旅，习经于枹鼓之间，讲论于戎马之上，蒙先师之说，依经立注。"这里谈到虞翻自己家传孟喜易学，发奋著书的情况。又点明了自己治易的原则，即"蒙先师之说"，"依经立注"，应当以经文为标准，不能玩章句，那种依据一些秘说，想怎么讲就怎么讲必然会导致"于经疏阔"，这是不利《周易》研究的。也即是说注解和易例要为经文服务，这一点也是对虞翻易例为什么会产生变例的最佳解释，即为了经文，有的时候不惜牺牲掉体系的完备性和严谨性，这一点其实是失之偏颇的。虞翻又说："臣郡吏陈桃梦臣与道士相遇，放发被鹿裘，布易六爻，挠其三以饮臣，臣乞尽吞之。道士言易道在天，三爻足矣。岂臣受命，应当知经！"这一段则说明了虞翻易学与道教的深刻联系，虞氏易深受魏伯阳月体纳甲说的影响，积极采用月体纳甲说来解释经传，以月体纳甲的"象"来符示其太极运动的规律和状态。"所览诸家解不离流俗，义有不当实，辄悉改定，以就其正。孔子曰：'乾元用九而天下治。'圣人南面，盖取诸离，斯诚天子所宜协阴阳致麟凤之道矣。"这表明虞翻以自己的家学为正统，注易流于世俗，不合于"古义"，就应该有所改定，并进一步希望人君能调和阴阳，匡正乱世，用易道治国而"致麟凤"，即天下大治的境地。他又上奏说："经之大者，莫过于易。自汉初以来，海内英才，其读易者，解之率少。至孝灵之际，颍川荀谞号为知易，臣得其注，有愈俗儒，至所说西南得朋，东北丧朋，颠倒反逆，了不可知。孔子叹易曰：'知变化之道者，知其神之所为乎！'以美大衍四象之作，而上为章首，犹可怪笑。"荀谞即荀爽，也是汉易的一个代表人物，即便如此，虞翻的评价也只是"有愈俗

---

① 赵霞，张宏璞. 魏晋时期以经学传家的余姚虞翻家族［J］. 兰台世界，2012（6）：66-67.

儒”，比俗儒高一点而已。至于具体卦爻辞“西南得朋，东北丧朋”以及对于《系辞传》词句的顺序编排，那是不同的理论观点之争。“又南郡太守马融，名有俊才，其所解释，复不及谞。孔子曰：‘可与共学，未可与适道’，岂不其然！若乃北海郑玄，南阳宋忠，虽各立注，忠小差玄，而皆未得其门，难以示世。”这一段表明虽如荀爽、马融、郑玄、宋忠等名儒，他们注《易》也是“难以示世”的，只是对荀爽颇有同意。这说明虞翻对自己家传的易学非常自信，对自己的易学成绩也颇为看重，但是他对众儒的评价有时候显得苛刻，同时难免有门户的偏见。

虞翻被流放后，曾说：“自恨疏节，骨体不媚，犯上获罪，当长没海隅，生无可与语，死以青蝇为吊客，使天下一人知己者，足以不恨。”表明了自己的人生准则在于行事忠直、不愿意卑躬屈膝，又表达了自己心系典籍的志向，希望自己的学说能够为世人所了解。所以在晚年，他仍坚持著书立说，以使圣人道统薪火相传：“以典籍自慰，依易设象，以占吉凶。又以宋氏解玄颇有谬错，更为立法，并著明杨、释宋以理其滞。”他对自己所认可的学术思想不会轻易改变，如有不同看法，一定表明出来。

通过虞翻的奏章自述，我们可以看到虞翻的易学主要来自两个方面：一是世代家传的家法，即治孟氏易学；一是刻苦学习，博采诸家，融会贯通诸家易学精髓，如虞翻对卦变、旁通等易例的诸多创造就体现了这一点。

第三节　知人论世

“知人论世”源自《孟子·万章下》：“孟子谓万章曰：一乡之善士，斯友一乡之善士；一国之善士，斯友一国之善士；天下之善士，斯友天下之善士。以友天下之善士为未足，又尚论古之人。颂其诗，读其书，不知其人，可乎？是以论其世也。是尚友也。”这一段表面是说交朋友的问题，实际上是在讨论作品与作者以及作者的时代之间的关系问题，这也是文艺理论、学术作品的一个评判标准的问题。

虞翻所处时代，军阀割据，战祸连年，人心思定。但是在战乱的大背景下，吴国相对而言要稍好一些："吴国对于中原的交通远较蜀国为方便，并且和吴国邻近的中原地区，正是关东富庶之区，及颍川、汝南等文化较高之区；当中原有变之时，大量的中原财富，大量的中原人民，大量的中原才士，都移到江南。试看一看《吴志》所记诸臣，中原人士之多，也不下于蜀汉，但其表现的成绩，似乎还在蜀汉诸臣以上。"①

时代和地域文化造就了新的才士，才士一方面积极贡献自己的聪明才智，另一方面还能留意自己所专注的学术领域。才士的价值表现在各种计谋和政治活动之中，如虞翻游说华歆一事，裴松之注引《吴历》《江表传》《虞翻别传》皆有记载，就说明了才士可以不费一兵一卒破敌于无形的作用。《吴历》载："翻谓歆曰：窃闻明府与王府君齐名中州，海内所宗，虽在东垂，常怀瞻仰。歆答曰：孤不如王会稽。翻复问：不审豫章精兵，何如会稽？对曰：大不如也。翻曰：明府言不如王会稽，谦光之谭耳；精兵不如会稽，实如尊教。因述孙策才略殊异，用兵之奇，歆乃答云当去。翻出，歆遣吏迎策。"这一事迹受到孙策的赞赏，并把他与汉代功臣萧何并论；"卿复以功曹为吾萧何，守会稽耳。"虞翻的机智还表现在另几件事情中，如裴注《吴书》载："翻始欲送朗到广陵，朗惑王方平记，言疾来邀我，南岳相求，故遂南行。既至候官，又欲投交州，翻谏朗曰：此妄书耳，交州无南岳，安所投乎？乃止。"另载："策讨山越，斩其渠帅，悉令左右分行逐贼，独骑与翻相得山中。翻问左右安在，策曰：悉行逐贼。翻曰：危事也！令策下马：此草深，卒有惊急，马不及萦策，但牵之，执弓矢以步。翻善用矛，请在前行。得平地，劝策乘马。策曰：卿无马奈何？答曰：翻能步行，日可二百里，自征讨以来，吏卒无及翻者，明府试跃马，翻能疏步随之。行及大道，得一鼓吏，策取角自鸣之，部曲识声，小大皆出，遂从周旋，平定三郡。"这两件事不仅可以看到虞翻对于政治和

---

① 劳榦. 魏晋南北朝简史［M］. 北京：中华书局，2018：38-39.

军事的机警，还可以见其具有谨慎、细致的性格特征，这些特点既是自然的性格使然，也是多年的战争和时局造就而成。

这种细致表现在治学上则是一种优秀的品质，《虞翻别传》载有他对郑玄注解《尚书》的不同意见，并认为郑玄注解存在重大失误："又奏郑玄解尚书违失事目：臣闻周公制礼以辨上下，孔子曰，有君臣然后有上下，有上下然后礼义有所错，是故尊君卑臣，礼之大司也。伏见故徵士北海郑玄所注尚书，以顾命康王执瑁，古字似同，从误作同，既不觉定，复训为杯，谓之酒杯；成王疾困凭几，洮颒为濯，以为浣衣成事，洮字虚更作濯，以从其非；又古大篆丣字读当为柳，古柳丣同字，而以为昧；分北三苗，北古别字，又训北，言北犹别也。若此之类，诚可怪也。玉人职曰，天子执瑁以朝诸侯，谓之酒杯；天子颒面，谓之浣衣；古篆丣字，反以为昧。甚违不知盖阙之义。於此数事，误莫大焉，宜命学官定此三事。又马融训注亦以为同者大同天下，今经益金就作铜字，诂训言天子副玺，虽皆不得，犹愈於玄。然此不定，臣没之后，而奋乎百世，虽世有知者，怀谦莫或奏正。又玄所注五经，违义尤甚者百六十七事，不可不正。行乎学校，传乎将来，臣窃耻之。"① 尽管训诂可以有不同的标准，只要文辞说得过去即可，但是虞翻所据甚为充分，并且说"臣窃耻之"，可见他对自己的意见颇为自信。学术上的自信再加上性格上的"疏直"直接导致后来孙权对他的不满，这种不满应该是两人性格上的龃龉，如上所述，毕竟虞翻与孙策的情谊还是有目共见的，孙策曾多次赞扬虞翻，并表示愿与虞翻成为朋友，共图大事："策书谓翻曰：今日之事，当与卿共之，勿谓孙策作郡吏相待也。"（《江表传》）②

虽然得罪了孙权，但他仍然受到孙权、于禁等人的感佩："后权遣将士至辽东，於海中遭风，多所没失，权悔之，乃令曰：昔赵简子称诸君之唯唯，不如周舍之谔谔。虞翻亮直，善於尽言，国之周舍也。前使翻在此，此役不成。促下问交州，翻若尚存者，给其人船，发遣还都；若以亡

① 陈寿. 三国志·吴书［M］. 北京：中华书局，2006：783.

② 陈寿. 三国志·吴书［M］. 北京：中华书局，2006：780.

者，送丧还本郡，使儿子仕宦。会翻已终。”（《江表传》）① 孙权虽然不待见虞翻，但是他已然后悔，说他性格“亮直”，并将他与春秋时晋国直谏之臣周舍相比，并希望他能留在自己身边出主意。“后权与魏和，欲遣禁还归北，翻复谏曰：禁败数万众，身为降虏，又不能死。北习军政，得禁必不如所规。还之虽无所损，犹为放盗，不如斩以令三军，示为人臣有二心者。权不听。群臣送禁，翻谓禁曰：卿勿谓吴无人，吾谋適不用耳。禁虽为翻所恶，然犹盛叹翻。”（裴松之注引《吴书》）② 这两件事说明了虞翻是一个以忠孝立身、敢爱敢恨的人。又如曹操征用：“翻闻曹公辟，曰：盗跖欲以馀财污良家邪？遂拒不受。”又《会稽典录》载：“翻说曷曰：讨逆明府，不竟天年。今摄事统众，宜在孝廉，翻已与一郡吏士，婴城固守，必欲出一旦之命，为孝廉除害，惟执事图之。於是曷退。”③ 俱是以亮节忠直明世。

即便是被贬，也不敢忘国家之事：“翻虽在徙弃，心不忘国，常忧五谿宜讨，以辽东海绝，听人使来属，尚不足取，今去人财以求马，既非国利，又恐无获。欲谏不敢，作表以示吕岱，岱不报，为爱憎所白，复徙苍梧猛陵。”（裴松之注引《吴书》）④ 孙权即位，虞翻上书表达祝贺，并对自己长期贬谪蛮荒的经历以及感受进行了一番述说，应该说是一番十分真切的情感表达，读来令人掩卷长叹。“权即尊号，翻因上书曰：陛下膺明圣之德，体舜、禹之孝，历运当期，顺天济物。奉承策命，臣独抃舞。罪弃两绝，拜贺无阶，仰瞻宸极，且喜且悲。臣伏自刻省，命轻雀鼠，性輶毫氂，罪恶莫大，不容於诛，昊天罔极，全宥九载，退当念戮，频受生活，复偷视息。臣年耳顺，思咎忧愤，形容枯悴，发白齿落，虽未能死，自悼终没，不见宫阙百官之富，不睹皇舆金轩之饰，仰观巍巍众民之谣，傍听锺鼓侃然之乐，永陨海隅，弃骸绝域，不胜悲慕，逸豫大庆，悦以忘

① 陈寿. 三国志・吴书［M］. 北京：中华书局，2006：784.

② 陈寿. 三国志・吴书［M］. 北京：中华书局，2006：782.

③ 陈寿. 三国志・吴书［M］. 北京：中华书局，2006：781.

④ 陈寿. 三国志・吴书［M］. 北京：中华书局，2006：784.

罪。”（《虞翻别传》）①

虞翻之贬已经成为一个文化符号。他被贬的时间共约20年，建安二十四年（公元219年），先贬丹杨泾县（今安徽宣城泾县），延康二年（公元221年）至赤乌二年（公元239年）两次被贬岭南，被贬岭南交州等蛮荒之地共约18年。罗昌繁指出，虞翻在岭南贬所著述讲学，将北方中原文化（虞氏家族是从中原迁徙到江南的）、楚越文化与岭南文化融汇沟通，有力推进了汉末岭南地区的儒学发展。“从贬谪原因、贬后意识倾向与行为方式、贬谪时空因素诸方面来看，虞翻之贬都具有重要的文化史意义，它开启了屈原、贾谊两种贬谪类型以外的第三种模式——直谏枉贬。”② 虞翻作为长贬岭南第一人，已经成为一种精神，鼓舞和激励了后来被贬谪岭南的士人，韩愈、苏轼等人皆有诗文借助“虞翻骨”自伤自励。虞翻自称“自恨疏节，骨体不媚”，这是一种不卑不亢的气节和不畏权贵的精神，这种精神与他忠君爱国，孝义直行的品格联系在一起，构成了儒家弘毅道远的高风亮节。“虞翻的气节观与不屈的精神，受到了孔孟仁义学说的影响，也秉承了东汉高标风节的传统，经过如唐代韩愈的诗歌表达与李白的践行之后，越发为后人接受，潜移默化地影响着后代士人。”③

多变的时局、坎坷的经历和不谐流俗的性格，再加上学术本身的发展变化造就了虞翻的学术创造。今文经学的烦琐使得学术风气呈现出今古文经学合流的倾向，虞翻一方面据守孟氏易的核心理念，传承卦气之说，另一方面又牢牢树立“注不破经”的原则，在前人的基础上，做出了创造性的工作，运用一系列易例来解释经文，这既可以避免今文易学的神学化又可以避免古文易学的拘泥经文，两者可以说是达到了比较完美的结合。

---

① 陈寿. 三国志·吴书［M］. 北京：中华书局，2006：783.

② 罗昌繁. 虞翻岭南之贬及其典范意义［J］. 中山大学学报（社会科学版），2015，55（6）：11.

③ 罗昌繁. 虞翻之贬对士人的影响［N］. 光明日报，2014-01-28（16）.

第三章　太极符显：德性本体

第一节　太极本体

中西哲学的表现形态和特征虽然大不相同，但是其根本精神一样，有一个共同的旨趣就是要么追求万物的来源，要么体察生活的根据。这也是人之为人不同于其他物种的根本区别所在。大体说来，西方人重视科学精神，东方人重视伦理精神，这基本上是一个共识，因而在形而上学这个问题上，西方哲学具有浓重的科学思辨痕迹。康德、胡塞尔宣称要把哲学做成严格意义上的科学，直至近现代尼采、海德格尔以来西方哲学形而上学才有重大的改观。另外一个路数就是维特根斯坦以来的哲学对于语言研究的转向，这与其说精细化、逻辑化了形而上学，不如说直接消解了形而上学。西方文化和印欧语系及其思维习惯的性质决定了西方形而上学的科学性质，但是形而上学恰好处在宗教非理性和哲学智性思辨之间，形而上学的地位和其自身的本质决定了西方语言和语境下的哲学探讨必然走向反形而上学，只不过海德格尔和维特根斯坦用了不同的方式而已。

“西方既秉科学的精神，当然产生无数无边的学问。中国既秉艺术的精神，当然产不出一门一样的学问来。"① 所谓"艺术的精神"，常常是在对宇宙事物"是又非是"的审美把握，这种把握的方式决定了主体对于世界的一种圆融的处置，甚至主体亦若有若无，仿若不复存在一般。中华文化的这种思维特点使得自身具有圆圈型的自足运动特点，因范畴的不同，便能生出无数的圆圈。这些圆圈又恰恰是同心的运动，也许有时候看不出来，成"太虚"氤氲的状态，而有的时候又显得比较清晰，就像一个球形一样。之所以是一个同心的圆，乃是因为思维定式具有直觉性和整全性，诸圆圈不会有实质的同心，或者说这种同心把各种范畴、各种世界人生的问题积聚起来，又分散在实实在在的生活之中。也就是说，形而上的东西似有似无，可有可无，只有通过分析才能将本体论和鲜活的生活分离开来。总之，中华思维不同于西方从一个原点开始的衍射状态，也许这个原点一开始就没有。西式语言的时态、西方哲学对于时间的充分关注和古代汉语对于世界的艺术化处理、领悟式契会大不相同，这使得中国的形而上学和西方本体论在主体的把握方式上大异其趣。

"产不出一门一样的学问"一方面指的是天文地理、物理心理的专门学问，另一方面还指涉形而上学涵摄了各种学问，把各种学问揉在一起，又由于中国文化重人生伦理、政治教化，因此伦理秩序、道德心性之学便天然地被统一在形而上学之中，形而上学就明显具有德性化的特色。中国的形而上学一般在两种意义上展开，一是世界生成论，二是宇宙本体论。这两种展开途径又或多或少打上了先验道德的烙印。中国传统形而上学的语境中，《易纬·乾凿度》对宇宙的描述最有生成论的特征："太易者，未见气。太初者，气之始。太始者，形之始。太素者，质之始。"郑玄注曰："太易之始，漠然无气可见者。太初者，气寒温始生也。太始，有兆始萌也。太素者，质始形也。诸所为物，皆成苞裹，元未分别。"② 从太易经太初、太始到太素，万物终于"无中生有"，很明显是一个物质生成的过程

---

① 刘梦溪主编. 中国现代学术经典·梁漱溟卷［M］. 石家庄：河北教育出版社，1996：37.

② 郑玄，注. 易纬［M］. 常秉义，编. 乌鲁木齐：新疆人民出版社，2000：20.

论。而表达宇宙本体论的则有“太一”“道”“太极”以及晚出的“理”“心”“性”等等。但是生成论和本体论的区别是十分微小的，两者往往相互蕴含，比如《道德经》讲“道生一，一生二，二生三，三生万物”①，这容易被理解为生成论或是道的生发过程，但是它又讲道是“先天地生”，“可以为天地母”（二十五章)②，“天得一以清，地得一以宁”（三十九章)③，等等，并且用了大量的神秘语言来描写“道”，这里已经不能简单地视之为过程论，而是具有了本体论的特征。

“道”确实可以涵盖以上两个方面，因为它的多方面、多层次的涵义，以“道”为代表的形上哲学范畴在概念上具有极少的内涵：“当道作哲学本体论范畴时，它已不局限于道的道路、途径、方法、技艺、行为、言说、治理、诱导、道德、学术等可称道的具体内容，而成为一个高度抽象的、超越具体可言说之道的一般范畴。”④ 因而在其概念的外延上非常大，可以说无所不包。具有“道”的内涵，而在表示形而上意味的词语中，“太极”则是和《周易》直接相关的，体现了《周易》“道”和“器”辩证统一的精神。

《庄子》是最早阐释“太极”的，庄子说“大道，在太极之上而不为高；在六极之下而不为深；先天地而不为久；长于上古而不为老”（《庄子·大宗师》)⑤。在这里，“太极”作为“道”的阐释内容而出现，说明了“道”的“高而不高”“深而不深”“久而不久”以及“老而不老”的本体特征。太极与“六极”对举，与作为时间性的“久”和“老”相对，具有空间性的意味，而且是极度高远的空间。至于《易传·系辞上》“易有太极，是生两仪，两仪生四象，四象生八卦”的“太极”应该是兼具了时间性的本体概念，这里的“生”既可以理解为宇宙生成论，也可以理解

---

① 陈鼓应. 老子注译及评介［M］. 北京：中华书局，1984：232.

② 陈鼓应. 老子注译及评介［M］. 北京：中华书局，1984：163.

③ 陈鼓应. 老子注译及评介［M］. 北京：中华书局，1984：218.

④ 张立文. 中国哲学范畴发展史：天道篇［M］. 北京：中国人民大学出版社. 1988：396.

⑤ 陈鼓应. 庄子今注今译［M］. 北京：中华书局，1983：181.

为世界本体论。何谓太极？太极的“太”和“极”都有极限和极度的意思，可以用来表达宇宙的无穷无尽和无始无终；这个极限，可以是“生生之谓易”的永恒流变，阴阳未分的氤氲状态，又可以指宇宙演化中的根据、原因。

与“太极”相近的几个概念如“太初”“太一”“太和”“太虚”“无极”虽然都或多或少有表达本体的意味，但是在圆融生成论和本体论方面却不如太极内涵的“得其环中”。“太初”如前述在《易纬》中重在生成，《列子·天瑞》篇也说“太初者，气之始。太始者，形之始。太素者，质之始也”，与《易纬》没有不同。“太一”，虞翻注《系辞上》“易有太极，是生两仪”时说：“太极，太一。分为天地，故生两仪也。”这个说法是从两个方面来阐释太极，一个是一分为二，是过程，生成和运动；另一个是根据，天地据此而有所分别，实际上是太极的另一种说法。这里关键要看“一”的意思，如果重在“绝对”“唯一”，如“主之以太一”（《庄子·天下》）①，“道也者至精也，不可为形，不可为名，强为之，谓之太一”（《吕氏春秋·大乐》）②，那么其意是在宇宙之根据；如果重在物质性的东西，那么其意在于强调运动和变化的现象。比如太一是北极星，《周易集解纂疏》马融注“易有太极”时说“易有太极，谓北辰也。”③ 清人李道平疏引郑玄时说：“太一者，北辰之神名也。居其所，曰太一。常行于八卦日辰之间，曰天一。”④ 这里所谓北辰指的是北极星。李道平又说：“太一者，极大曰太，未分曰一，郑氏所谓未分之道是也。”⑤ 这里讲的“未分之道”是郑玄对“太极”做了“淳和未分之气”的解释，这是把太一理解为元气从而来解释太极。更多时候，“太极”确是作元气解释的。《淮南子·览冥训》：“然以掌握之中，引类于太极之上，而水火可立致者，

---

① 陈鼓应. 庄子今注今译［M］. 北京：中华书局，1983：880.
② 许维遹. 吕氏春秋集释［M］. 北京：中华书局，2016：92.
③ 李道平. 周易集解纂疏［M］. 北京：中华书局，1994：600.
④ 李道平. 周易集解纂疏［M］. 北京：中华书局，1994：600.
⑤ 李道平. 周易集解纂疏［M］. 北京：中华书局，1994：601.

阴阳同气相动也。”汉高诱注曰：“太极，天地始形之时也。”①《文选·张华〈励志诗〉》李善注引郑玄释“太极”：“极中之道，淳和未分之气也。”②《汉书·律历志》：“太极元气，函三为一。”③ 这里第一次将太极与元气并说，认为太极在分化之前是混沌之气，包括了天地人生成的元素。另外，《春秋繁露》《白虎通义》等典籍均有提出“太极”概念，基本上都是用“气”“元气”释之。

“太和”源自《周易》之乾卦的《象》：“保合大和，乃利贞”，“大和”之“大”为“太”之本字，太和是一种状态，是气的运动，阴阳辩证统一之道，后来在张载的《正蒙·太和》篇这样描述：“太和所谓道，中涵浮沉、升降、动静相感之性，是生相荡、胜负、屈伸之始。”④ 根据张载的描述，太和基本上可以理解为物质性的气的运动，因其浮沉、升降、动静而有阴阳的感应，这个感应开始了气和气之间也就是物质运动之间的相互影响、相互作用、事物同一性和斗争性的统一。因此，太和作为道的状态，基本上是生成性的。“太虚”也是指一种气的状态，即清静无为的情状，至于成玄英说“深玄之理”，见于《庄子·知北游》“是以不过乎昆仑，不游乎太虚。”⑤ 这里的玄理，可以理解为同一物质实体的不同状态。从文法上看，“昆仑”是名词，“过”和“游”都是动词，“游乎太虚”；“太虚”和“昆仑”一样，都是某种实体，因而“太虚”不应该理解为某种神秘的道或者理，它就是一种兼具始基性和创造性的玄气。

“无极”源自《老子·二十八章》“复归于无极”，后来周敦颐在《太极图说》中有“无极而太极”的说法。关于这个表述，历来有不少说法，但更多可以理解为无形无象的宇宙原始状态。张立文在评价周敦颐无极概念时认为，“无极”应该理解为本原和根据的统一；“无极是其哲学逻辑结

① 刘文典. 淮南鸿烈集解［M］. 北京：中华书局，1989：197.
② 萧统. 文选［M］. 北京：中华书局，1977：275.
③ 班固. 汉书·律历志［M］. 北京：中华书局，2007：112.
④ 张载. 张载集［M］. 北京：中华书局，1978：7.
⑤ 郭象，成玄英. 庄子注疏［M］. 北京：中华书局，2011：404.

构的最高范畴，它既是天地万物的本原，亦是人类社会最高的道德伦理原则。无极自身安置自己，或者说无极的安顿、挂搭处，便是太极。"① 如果把无极看作太极的形容词，则无极是一种无形状、无方所的状态；如果认为太极之上还有一个无极的构架，那么无极可以理解为根据和本体。

东汉末期以前，除了将太极主要释为"元气"，"还可解释为北极星、道、无、五气"②。朱伯崑先生说："太一为何物？虞翻未明言。或指北辰星。或指元气。"③ 张惠言说："太极不可见，以其主乎天，故指太一以况之……太极之行又不可见，故指日月斗以况之。"④ 张氏意为太极和其行迹不可察，所以就用日月北极这样的天象来象征，这是调和的说法。但实际上他最终将虞翻之太极归为乾元，即元气："乾元之气正乎六位则谓之道，即太极之正也。行乎阴阳出入变化则谓之神，即太极之行也。"⑤ 这正合虞注"一谓乾元"的意思。张氏的解释是可以确定虞氏所说太极乃"乾元之行"，是一种元气。但他说太极"不可见"，只能用天地日月表征的时候，太极或者乾元就开始隐含某种本体论的意蕴。尤其当他说"太极""乾元""行之正"就是"道"时，说它囊括阴阳变化，像"神迹"一般出入在现象和现象之间时，太极则更有可能与某种精神性的本体联系起来了。对于虞翻的太极观念的理解，应该从生成和本体两个方面入手。有的时候讲"气"比较明显，就如孔颖达所说太极就是天地未分之前，元气混而为一，这时候我们又称之为太初、太一等等。"气"有运动，物极则变，变则化，所以太极是一切变化之源。但有的时候，虞氏易注体现出某种以"虚无"为本体的太极，就像王弼解释"大衍之数五十"一段所说"不用而用以之

① 张立文. 中国哲学范畴发展史：天道篇［M］. 北京：中国人民大学出版社，1988：368.

② 张立文. 中国哲学范畴发展史：天道篇［M］. 北京：中国人民大学出版社，1988：367.

③ 朱伯崑. 易学哲学史：上册［M］. 北京：北京大学出版社，1986：203.

④ 张惠言. 周易虞氏消息［M］. 续修四库全书本. 上海：上海古籍出版社，2002：535.

⑤ 张惠言. 周易虞氏消息［M］. 续修四库全书本. 上海：上海古籍出版社，2002：536.

道，非数而数以之成，斯易之太极也。四十有九，数之极也。夫无不可以无明，必因于有，故常于有物之极，而必明其所由之宗也”①。王弼所谓“不用之用”“无非无明”其实就是一种世界万物“所由之宗”的本体界。在这里，“一”虚而不用，即为太极之“无”，或者说是“无”之“太极”，它是万物形成的根据。韩康伯注释“易有太极，是生两仪”说：“夫有必始于无，故太极生两仪也。太极者，无称之称，不可得而名，取有之所极，况之太极者也。”② 这就说得更直接了，韩氏把“有、无”与“两仪、太极”直接对应起来，“太极”作为“无”，本不应有什么名称，只是要与现象对应着说，只好“况之太极”而用于此“无称之称”了。这里阐明了太极“有无相生”的形而上学的易理。另外，唐代易学家崔憬以大衍之数的四十九数未分之时为太极。崔憬说：“四十九数合而未分，是象太极也。今分而为二，以象两仪矣。”③ 崔憬不以“不用”之“一”为虚无实体，而是把“四十九”这个整体看作太极，这仍然是一种本体的论说。既以“四十九数未分”为大极，那么两仪、八卦就自然蕴涵在大衍之数中了。虞翻所谓太极是可以从生成和本体两个不同层面来理解的，考虑到太极观念的重要性，而且存在可能的“判义”的矛盾，关于太极的具体论述将联系到具体易例贯彻到全篇之中。

太极作为元气或者是元气状态，又可作为生成过程的依据。比照前述“无极”“太和”等几个概念，无极或最接近太极的内涵和性质，尽管有一些细微的差别。周敦颐之后，太极作为重要的理学概念，涵盖了“心”“理”“气”等相关理学概念的内涵。哲学家的解释虽然各不相同，但其实都是以太极作为天地人物的本有之体，本体又圆融无穷无尽的形象、性质、影响和功用，可以说，太极本体的形象、功用是不能相分离的。这一点在虞翻易学中主要体现在德性化的本体诠释和象数化的解释方法上。

① 孔颖达. 周易正义［M］. 北京：九州出版社，2004：626-627.
② 孔颖达. 周易正义［M］. 北京：九州出版社，2004：647.
③ 李道平. 周易集解纂疏［M］. 北京：中华书局，1994：580.

第二节 乾坤易门

“乾坤”是易道的门户，“乾”有实而无形，“坤”有质而成物。两者各有其作用而又以乾为无极而太极的灵机一动，即为宇宙创化的动力因。在这个意义上我们称其为“乾元”，“元”就是始基。“圣人之扶乾，而改造坤质以顺承乾，其德盛矣乎！”① 虞翻注《系辞·上》“是故易有太极，是生两仪”说：“太极，太一也。分为天地，故生两仪也。”这是较为简单的宇宙生成论，太极也就是天地。《系辞·下》说：“天下之动，贞夫一者也。”虞翻注曰：“一谓乾元。万物之动，各资天一阳气以生，故天下之动贞夫一者也。”从字面上看，“天一阳气”是一种宇宙生成论，是物质性的再生过程，并且乾元主阳，是一个动态的情状，但是乾元之动的原因是“一”，万物运动是根据“天一阳气”而“生”，亦可以理解为“乾元”，也就是“天一阳气”具有了所赖以变化发展的内在根据。于是天下的运动都“贞”夫这个“一”者了。“贞”在《周易》中的经常性解释即是“正”，天下的运动有一个标准，不是随意乱动，而是被“一”所“正”。

理解这一点十分关键。虞翻对于世界本体的视域是开放的，也就是说，作为本体的“一”可以是运动生成，也可以当作根据来理解，而不同的语境采用了不同的语言来表达，在某种意义上，“一”“乾元”“天一阳气”“贞夫一者”都是指太极。如虞翻注解乾之九三“君子终日乾乾，夕惕，若厉，无咎”时说：“谓阳息至三，二变成离。离为日，坤为夕。”乾阳息长到三位，从爻性来看，是阳爻代表的阳气无疑，但是阳爻能息长，是以坤的阴爻和阴位为背景的，乾阳运动的“实”和作为背景的坤之“虚”共同构成了太极，这就是“乾元”的意义。“乾”是作为阳爻和阳气而言，此“乾”的“元”因背景而具有结构，这种虚实相生、有无相

① 熊十力. 乾坤衍［M］. 上海：上海书店出版社，2008：247.

倚、动静相宜的统一性，即“原始性”和“源始性”，就是“元”。前者强调依据，后者强调变化，而运动本身和依据什么运动的结合便是太极。虞翻在《乾·文言》篇中几处注解亦强调了这层意思，例如注“则各从其类也”说“方以类聚，物以群分。乾道变化，各正性命。触类而长，故各从其类”。这里有三层意思：一是万物各有变化发展的规律；二是此规律是由“道”或者“乾道”所“正”，因而才有万物的不同属性（性）和运动轨迹（命）；三是万物相互影响，其现实生成运动又诠显了道的存在。“触”其类而“长”，如果涉及意识的相互影响，“类”的不同而相反相从，则会隐含价值意识和道德意识，这一点后文有述。因而作为内在的“原始性”和“源始性”相互开放、相互统一的太极或者说太极之道便具备了先验道德的特征。

而李道平所疏“天一即大乙”，引《乾凿度》郑玄注太一为北辰，是把太一或太极看作是物质性的存在，像北极星一样，“以其居中不动，故云正也”，这是用北极星的位置和状态解释“正”；又说“坤元即乾元，故万物皆资天一阳气以生也。三百八十四爻，皆以乾元消息”①，这里虽然提到乾元，但是对于太极结构的乾坤二元归并为乾元一体流动的动态来看，太极对于运动的根据性有待进一步发掘。总而言之，太极并不能简单归结为气或者是气的运动，抑或运动彰显本体之说。

在《周易集解》虞翻注解的1347节文字条目中，有大量表达太极的思想，其阴阳刚柔、动静趋时、中正感应的内容通过自己继承和发明的易例（即易学方法和体例）适当地展现出来。有不少易例对于理解虞氏易太极观很有帮助，这些易例散见于各个章节中，需要对它们作出爬梳和整理，要言不出对于乾坤二卦的注释。例如，虞翻注《乾·文言》“乾元者，始而亨者也”说：“乾始开通，以阳通阴，故始通。”又注“与鬼神合其吉凶”时说：“谓乾神合吉，坤鬼合凶，以乾之坤，故与鬼神合其吉凶。”又注“子曰君子进德修业”说：“乾为德，坤为业，以乾通坤，谓为进德修

① 李道平. 周易集解纂疏［M］. 北京：中华书局，1994：617.

业。”以上注《乾·文言》的有关条目，说明虞翻在表达太极思想时有如下特点：其一，太极结构是阴阳乾坤，乾坤作为易的门户，是相互开放和统一的。其二，太极可以看作是一个没有穷尽的运动过程，其先发性的主导力量是乾元或者说是天一阳气，“阳通阴”“乾之坤”“乾通坤”都在表达这个意思。其三，乾元的内在统一性是万物变化的根据。乾元作为根据义和乾元作为变化义是紧密联系，相互依存的。这一点，在后文对“几”“时”“神”等道德意识的诠释中将会作出进一步揭示。

坤卦卦辞“元亨，利牝马之贞”《周易集解》干宝注曰：“阴气之始，妇德之常，故称元。与乾合德，故称亨。”① 干宝用起源和开始解释“元”，同时又说坤阴与乾德相配才能亨通，说明了乾元并不是独立起作用。虞翻说：“谓阴极阳生，乾流坤形，坤含光大，凝乾之元，终于坤亥，出乾初子，品物咸亨，故元亨也。”这一节文字不仅说明了乾坤阴阳之间的关系，而且把干支、八卦、五行整合起来，诠释了坤卦的功能和作用，同时彰显了如前述乾元的独特性。可以说在这一条注释上，对于乾坤涵摄太极本体而言，虞翻要优于干宝。

坤卦《彖传》“东北丧朋，乃终有庆”，虞翻注曰：“阳丧灭坤，坤终复生，谓月三日震象出庚，故乃终有庆。此指说易道阴阳消息之大要也。谓阳月三日，变而成震，出庚。至月八日成兑，见丁。庚西丁南，故西南得朋。谓二阳为朋，故兑君子以朋友讲习。《文言》曰：敬义立而德不孤。《彖》曰：乃与类行。二十九日，消乙入坤，灭藏于癸，乙东癸北，故东北丧朋。谓之以坤灭乾，坤为丧故也。”这一节文字历来被看作虞氏易学月体纳甲理论的重要论述，实则是虞翻对差不多同时期的魏伯阳《周易参同契》中月体纳甲学说的继承。虞翻在批判前人的基础上指出阴阳乾坤的关系，运用月亮在一月之间成相的变化，配以八卦干支来说明乾坤运动，继而进一步诠显太极的结构和意义。太极结构在乾坤运动上得以形象化地确立，时空消隐在月相变化的运动中，给人以领悟的契机。大致说来，在

① 李道平. 周易集解纂疏［M］. 北京：中华书局，1994：69.

月体纳甲的框架中，乾坤运动呈现两点特征：第一，乾坤相倚而生，乾阳是在坤体中生灭的，坤阴到了极致则必有一阳复生，这就是“阳丧灭坤，坤终复生”，至于“三日震象出庚”是指每月初三新月形象同于震卦，“出庚”则是震卦配纳庚金。纳甲应该有较长的历史，但成系统的见于西汉京房易学，特别是他的“八宫卦”体系和后人据京房易发展的“纳甲筮法”，“京氏纳甲、纳支、五行、爻辰、八卦六位等说一目了然，考其源头，皆出于八宫卦……后来形成的火珠林及纳甲筮法，则是从京房诸说中演变出来的。”① 虞翻对京房有所取用，在这里“乃终有庆”是指乾阳复生，虞翻是站在阳的立场上来看阴阳相生的。第二，乾坤相推而动，“得朋”“失朋”之说，是指月相渐满的过程，通过纳甲卦爻符显出来，八卦由震而兑，纳甲由庚而丁。兑卦已经有了两个阳爻，相比于震卦的一爻复始，多出一“朋”。《文言》和《象》的意思也是如此，只不过用了一些德性化的词语。“以坤灭乾”接续“阳丧灭坤”，显示了阴阳相推运动的过程，而世界人生的要旨大义，均在由乾坤涵摄的太极运动之中，这便是虞翻所谓“易道阴阳消息之大要”。

据此，虞翻批评了前辈学者马融和荀爽：“马君云：孟秋之月，阴气始著，而坤之位，同类相得，故西南得朋。孟春之月，阳气始著，阴始从阳，失其党类，故东北丧朋。失之甚矣。而荀君以为阴起于午，至申三阴，得坤一体，故曰西南得朋。阳起于子，至寅三阳，丧坤一体，故曰东北丧朋。就如荀说，从午至申，得坤一体，故曰西南得朋。阳起于子，至寅三阳，丧坤一体，故曰东北丧朋，就如荀说，从午至申，经当言南西得朋；子至寅，当言北东丧朋。以乾变坤，而言丧朋，经以乾卦为丧耶？此何异于马也。”马融依据方位来谈时间，荀爽则依据地支五行来解释，二人都依后天八卦这个基础展开论说，尽管有理论的差别，但是马、荀二人实在也没有脱离乾坤关系和运动，只不过月体纳甲更能凸显太极结构，也更能形象地展示天地大道。

---

① 郭彧. 京氏易源流［M］. 北京：华夏出版社，2007：67.

虞翻注坤卦《象传》“安贞之吉”说：“坤道至静，故安；复初得正，故贞吉。”又注“应地无疆”时说：“震为应。阳正于初，以承坤阴；地道应，故应地无疆。”又注坤卦《象传》“君子以厚德载物”说：“势，力也。君子谓乾阳，为德动。在坤下，君子之德车。故厚德载物。老子曰：胜人者有力也。”这几节文字主要表述坤道的特征和乾坤关系，虞翻在注乾坤时，把二者看为太极结构的一体，同时又能注意二者的分殊，把乾阳的复初运动置于坤体之中，静安之坤体又与乾阳运动相应，这里特别是对于《象传》的解释直接赋予了乾阳运动道德德性，既是虞翻崇阳态度的展现，又是对于乾阳运动道德化的重要表述。

坤卦注解中，把乾阳运动赋予德性解释的还有《文言》诸条目。“积善之家，必有余庆”，虞翻曰：“谓初。乾为积善，以坤牝。阳灭出复，震为余庆，谓东北丧朋，乃终有庆也。”乾为积善，是在坤体中强调一阳复初，震出而有余庆。这是在乾性基础上对于善的先验化和形式化。也是善之本和善之体的高度形式统一，善本体落实在百姓日用上，也就形成了道德生活的知、用、行三个方面。注解“积不善之家，必有余殃”，虞翻曰：“坤积不善，以臣弑君，以乾通坤，极姤生巽，为余殃也。”坤积不善是相对于乾阳的德性化诠解而言，是一种崇阳的表现。乾通坤，在卦爻形式上有两种理解，一是以坤为体，为背景，乾阳通于坤阴，则多为善辞；一是以乾为本，坤阴乘之，则阴胜为灾。所谓极姤生巽，为余殃，是指乾阳发展到极致则为阴，必然会有灾殃。这是一种自古有之的物极必反的思想，同时也有阴阳互相变化、互相倚靠、互相推动的阴阳运动观。只不过，虞翻给予乾阳以积极的道德善的评价。李鼎祚说：“圣人设教，理贵随宜，故夫子先论人事，则不语怪力乱神，绝四毋必。今于易象，阐扬天道，故曰积善之家，必有余庆。积不善之家，必有余殃者：以明阳生阴杀，天道必然。理国修身，积善为本。故于坤爻初六，阴始生时，著此微言，永为深诫。欲使防萌杜渐，灾害不生，开国承家，君臣同德者也。故《系辞》

云：善不积，不足以成名。恶不积，不足以灭身。是其义也。”① 李氏的解说固然不会脱离儒家基本道德价值观，但也能根据卦爻象数，对于天道必然的善性进行阐发，比较二者，虞注更为简切。清代学者张惠言在此处注云：“谓乾息坤至夬没尽，阴生于巽，成姤十五日，月盈甲，是为乾象。十六日生魄，以平旦没于辛，是巽象也，魄生于下故象巽之一阴。”② 整节文字不著善与不善一字，纯是以月体纳甲为其说。其大意是，乾卦是由震卦一阳复初，渐渐息长而为兑卦，为乾卦。所谓夬卦，是用六十四卦之夬卦比拟快要息长到乾卦的样态，然后一阴生，成姤卦。阴历十五日是乾甲盈满之象，同时也是姤卦开始之时，姤卦是对巽卦的比拟，说明乾甲极胜便是月相下面生魄（月光有损）之时，庚辛甲乙只是月相变化所配天干。同时也指示方位，“十六日生魄，以平旦没于辛，是巽象也”，就是说阴历十六日，圆月开始从月相下面亏损，在黎明的时候可以看到西边的这个月相，用卦模拟就是巽卦。张惠言是虞翻易学的研究大家，张氏的这一节注文不仅仅涵盖了虞翻的意思，更重要的是，他抓住了虞翻易学象数的根本，运用月体纳甲的理论可以让我们联系到先验道德（一阳复初），在灵性把握和领悟方法上进行了突破。

虞翻注“天地闭，贤人隐”曰：“谓四。泰反成否，乾称贤人。隐藏坤中，以俭德避难，不荣以禄，故贤人隐矣。”这里是《文言》对于坤卦的大写意的描写，虞翻认为是四爻以上为伏卦乾卦，是泰卦的综卦否卦，阴阳相离，了无生气。否卦的上卦可以看作是隐藏的乾卦，在坤体之中，唯有进德修业，以俭德持守远离灾祸，不以富贵为荣，这便是贤人的象征。这里乾卦直接用到代表道德德性的贤人来形容，已经不再拘于简单地用乾坤运动来解释太极的先验德性。比较上一节张惠言的注解，二者有异曲同工之妙。张没有讲善恶，也没有直接用卦爻模拟太极运动，而是采用更为直观更有灵悟性的月体纳甲来符示太极，可谓一言胜万言。而虞翻在这里的注解把《文言》的道德生活和人生理想中的标杆“贤人”放置在一

① 李鼎祚. 周易集解［M］. 北京：中华书局，2016：41.

② 张惠言. 周易虞氏义［M］. 续修四库全书本. 上海：上海古籍出版社，2002：435.

个卦变和飞伏的卦爻体系中，使得贤人在乾卦的象数运动中获得了体系上的话语依据，这也是一个较有说服力的易例。又注“君子黄中通理，正位居体”曰：“谓五。坤息体观，地色黄，坤为理。以乾通坤，故称通理。五正阳位，故曰正位。艮为居，体谓四支也。艮为两肱，巽为两股。故曰黄中通理，正位居体。”“黄中通理”是据五爻而言，君子守持中正，正是五爻的特点，坤卦消息而至五位成观卦，乾阳据五位而正，以阳承阴，乾坤相通，坤为理，故正位居体，艮巽为观卦互体。这里除了前述阴阳关系，提到了阴阳相承的问题，亦即虞翻的重要体例“爻变之正说”，“应当说，从已成象意义上论及爻之当位的传统当位说，主要表现为一种静态，而虞氏从未成象意义上论及爻之当位，则主要表现为一种动态”①。刘玉建看到了“之正”的动态过程，比较虞翻以前当位说，之正说显现了太极阴阳变化的过程，通过卦爻变化即虞翻创立的卦变说，很好地将符号和世界紧密联系起来。当位说比较静态化地阐发了阴阳当位的思想，即阳爻居奇数爻位而阴爻居偶数爻位，但虞翻所立之正说则是结合了静态和动态，以动态为主，形成了较为完整的当位说。一般来讲，当位说只是简单地赋予爻性和爻位相符合的德性标准，当然，也可以理解为由于爻性需要符合爻位，从爻的变化运动上可以得出“中正”的伦理诉求来。一爻当位，只是注重该爻的性质，是细节性的，爻和卦的关系并无全然的揭示；六爻当位，也就是虞翻所谓“成既济定”，但是传统当位说也没有关于成既济的一整套理论表述，因此在卦爻变化涵摄的伦理意蕴上颇有缺失。虞翻的“之正”和“成既济”的论说恰好弥补了过去当位说的某些不足，很好地体现了《易经》“一阴一阳之谓道”“乐天知命故不忧”的哲理。又注“美在其中，而畅于四支”，虞翻曰：“阳称美，在五中四支。谓股肱。”李道平疏解：“乾美利，故阳称美。观五九居阳位，故曰美在其中。四支谓股肱，释已见上。畅于四支，即居体是也。”② 虞氏一贯地将乾阳做美德化诠释，五爻乾阳占据而有功誉，因而有美利之说，这实际上还是之正说，即五爻乾阳

① 刘玉建. 两汉象数易学研究：上册［M］. 南宁：广西教育出版社，1996：621.

② 李道平. 周易集解纂疏［M］. 北京：中华书局，1994：92.

变居坤阴，五位由阴转阳，当然美在其中。所谓四支股肱之说，是说五爻不仅居于正位，还占据四爻以上的坤阴上体之中，起到了精神引领的作用。这就是居体畅四支，说到底还是阴阳相通，阳主导阴而形成了美好有利的局面。

作为《易》之门户的乾坤二卦，凝聚着太极运动的微妙契机，乾坤的德性化解释便是太极的德性化发展，正如牟宗三指出："《易经》不是朝自然目的论的方面发展，是朝道德目的论方面发展。理学家讲《易经》是往上提，往高层次上讲，不是落在造化之妙的气化的层次上讲。"① 牟先生所谓"往上提""往高层次上讲"，不停留在物质性的气化的层次，可以理解为站在先验道德的立场上看待《易经》。而对于乾坤的理解在很大程度上便是对于易学本体即太极的领悟，这种"超越的真理"需要启蒙式的领会，也需要用到诸如逻辑界定、下定义等形式逻辑的方法。诸方法的一以贯之其目的在于某种哲学范畴的构建，又由于概念在体系中的基础地位，因此，创造和使用基础概念、借用西方逻辑学创造性地转换中国传统文化经典，成为新时代中国文化进一步发展的重要途径。西方的终极关怀在《易经》中变成诸如对于具有神秘意义的概念或者范畴的领悟，比如"几""神""时"等等。

这些关键的概念可以理解为先验道德意识，或者说是一种人与宇宙相联系的"通道"。这个通道用乾坤话语来说即成为两个太极运动的原则："乾健"代表的是创生原则，"坤顺"代表的是终成原则。"乾者健也。健是德，不是气，这个健是精神的，不是健康的健。乾代表健德，坤也是一德，坤者顺也。乾坤以德言，这表示乾坤代表一个原则。原则是理，只有德才可以转进至原则。"② 可以说，牟先生很好地继承了虞翻对于乾、坤二卦的精义。为了更好地表述乾坤意义，牟先生引用《诗经》和《中庸》的"于穆不已"和"纯亦不已"来加深对于乾坤的理解，从主客观两个方面揭示了道德精神和道德修养，同时为丰富的中国"性命"学说提示了重要

---

① 牟宗三. 周易哲学演讲录［M］. 上海：华东师范大学出版社，2004：11.

② 牟宗三. 周易哲学演讲录［M］. 上海：华东师范大学出版社，2004：12.

线索。

第三节　先验图式

图式，并非指有一个像太极图的现成图形。当然，宋代的很多图书都可以从《系辞》《说卦》和有关虞氏卦变以及《周易参同契》中找到线索。这里的图式，是虞氏易学的卦爻符号变化和注解文字中领会到的参悟本体的形式和形式感，它们有的可以通过卦爻结构认识，有的可以经由图象来理解，有的仅能凭借文字切入。简单地说，图式是易学向世人展示其对宇宙人生问题的看法的形式符号体系。它的基础能指是卦爻符号，其次是语言文字，通过语言文字形成的某种图象以及伴随图象认识过程中的数理模型，都可以看作图式。后两种就是我们广义而言的“象数”，当然，也包括基本卦爻符号及其变化体系。因此，图式既不同于图、表，又不同于文字语言和卦爻符号，毋宁说它是整合了以上诸种的一个体系，可以看作是一个符号体系，或者说是能指体系，其所指是具有先验德性的太极或者太极结构。

这个图式并不同于西方的自柏拉图以来的理式。柏拉图式的理式是一种客观唯心主义的理念或者说型、型相，最高的型相是至善的，万事万物通过某种方式分有和模仿这个型相；虞氏易学图式和其他易学图式一样，其目的是即体即用，知和行在其中，这和西方形而上学的旨趣有很大的不同。图式和现代科学哲学的范式也有区别，范式来自美国现代科学哲学家库恩，大体上是指科学共同体成员所共有的研究传统、理论框架、理论上和方法上的信念、科学的模型和具体运用的范例。实际上，它的最基本的意义是指存在于常规科学之中的诸规范的集合体。库恩指出：“对某一时期某一专业做仔细的历史研究，就能发现一组反复出现而类标准式的实例，体现各种理论在其概念的、观察的和仪器的应用中，这些实例就是共同体的范式，它们存在于教科书、课堂演讲和实验室的实验中。”① 据此，范式可以理解为历史的生成，它涵盖了科学研究的历史中具体的方法和实际的例子；这些方法和实例来自历史，又进一步作为集合体影响和推动了历史。而在易学图式中，这种历史和历史感被凝缩起来，它从来就没有“被抛入”历史的感觉，而是在历史进程中体用合一，在历史中自觉不自觉地建构历史，即李泽厚所谓经验变先验，历史建理性，心理成本体。② “这种绝对律令（引者案：道德信念）对人的内心从而人的行为具有不能抗拒、无可争议的规定性和规范作用。它是超验或先验的理性的命令，却要求经验性的情感、信仰、爱敬、畏惧来支持和实现。”③ 首先，易学图式从主体的认识结构和指向来说，是理性的，而且还是先验理性，也就是说它先天地具有某种图形、图表的内在特征即直观性、整体性和自组织性的特点，因而“图”这个语素在图式中取得了它应有的地位。其次，所谓要求经验性的情感支持和实现，是相对于先验形式的内容灌注，内容和形式无法抽离，它们是相互联系的，哪怕是在重要的哲学反思和根本怀疑时，也是一种基于形式和内容的互动。最后，只有当人们意识到关于伦理的某种公理规范时，该公理规范才会从作为形式的图式中凸显出来，与现实生活相结合，因而不仅在先验图式中具有形式逻辑的平面性，更能在人生中显现辩证逻辑的立体性、丰富且复杂的多种可能性。

基于此，易学图式把西方文化中的经验—逻辑图式和中国哲学中包括心学和理学在内的诸宇宙—人生图式作出了区分，它的基本内容如下：一、它建立在人生经验和先验理性结构的历史基础之上，二者呈现出历史的长期互动的关系，并将继续下去。生活和重大理论成就（并非西方的科学，而更多是人生智慧）成为一个保持张力的集合体，它能为今后的理论研究和生活导向所提供的与其说是一种概念框架，不如说是一种主客体融

① 库恩. 科学革命的结构［M］. 金吾伦，胡新和，译. 北京：北京大学出版社，2012：36.

② 李泽厚. 哲学纲要［M］. 北京：中华书局，2015：83.

③ 李泽厚. 哲学纲要［M］. 北京：中华书局，2015：18.

合的契机。二、易学符号把易学图式与其他诸般图式区分开来，它隐含着符号学所要求的世界观，即世界的意义在于符号活动的相互观照之中。卦爻符号和解释语言，尤其是作为易学根本的卦爻符号及其运动形式，成为天人之间的德性象征、变易之理，寄寓了儒家的仁爱思想和等级秩序的政治哲学。三、因之，易学图式决定了某种自然图像以及某种价值标准（准确地说，是具体价值观所蕴含的形式，类似西方元伦理学对元初的价值和伦理词语的分析，但不同于这种分析哲学式的语言陷阱），它在自身丰富的形式系统或符号系统的自组织的协调的运动之中获得自身，这是一种把生活和世界超越地融合的信念，也是一种理论和理论的方法。四、易学图式具有某种认识一致和美学体验的普遍性。见到六十四卦的任何一种理性排序会让人油然而生一种欣快感或者敬畏感，这恰恰是人类最为崇高和深刻的情感，因此，易学图式不仅是一种集合体、综合体，它还是信念源。它有和范式相同的地方，它同样会把形而上学要素、科学理论要素和社会心理要素整合到一个复杂的关系结构之中，但表现的方式不一样，往往通过看上去"大道易简"的途径完成。五、易学家在建立各种不同的易学图式时，其图式的根本易学特性一致，图式这种能指所指向的所指即太极结构和太极运动一致。但是每个人营造符号变化时的体系性和自组织性，包括卦爻符号的理据性和感悟方式的互动呈现出不一样的色彩，这大概和《周易》的特殊表意方式有关。"《周易》文本的表意方式之所以能够成立，并且作为卜筮之书大行其道，其根本上也是仰赖符用理据性的创造与变化。禅宗的谜题也是有意打破原有的理据性，建立新的理据联系。感悟本身就是建立理据性的途径。"① 这后一句也可以反着说，建立理据性的途径就是感悟本身。实际上，感悟带来理据还是理据带来感悟依据每个易学家的治学风格的不同，也是对于《周易》符号运用的不同理解。

符号运动作为中介，是人与世界相接触和融通的方法，它揭示了自然运动和心灵运动及其二者的关系，是对本体的把握和对道德的涵摄。相对

① 苏智．周易的符号学研究［M］．成都：四川大学出版社，2018：73.

同时期其他易学家而言，虞氏易学通过紧紧依靠易学符号运动使其更具体系性和创造性，在他的体系中，理性和感悟经常能把人提升到更高的高度。如前述，太极是先验德性的存在，其本体结构通过一动一静的符示方法映射生活和伦理。就动态而言，则一方面强调乾阳运动的道德意义，一方面也注重乾阳的一气流变。在描述乾阳运动时，有一个重要的符号意指，即月体纳甲的方法。月体纳甲把运动凝结成一幅月相显现，可以说是动中有静。月体纳甲的直观性、流变性以及灵悟性使得其符号中介的功能变得越发显著，但月体纳甲符显的动力基础来源于卦爻符号对于四季节奏的模拟亦即虞氏易学的卦气说，虞翻整合了前人对于卦气的研究成果，在某些方面凸显了他的创造精神，比如除去四正卦的其他六十卦在连动框架内对于气候的解释。六十卦的接续符显又被统摄在坎、离、震、兑四正之中，该理论把具有先验德性的乾阳落实在具体和较为固定的四季节奏的意识之中，卦气由于把自然节令和生活结合到一起，生活中的“应该”和生活中的伦理规范就由抽象的乾阳德性形式和尚待填充具体道德内容的伦理词汇变得有了烟火气。但是生活是丰富多样的，生活中常常充斥着各种道德冲突，比如内在的道德原则和外在的道德规范也就是经权矛盾的问题，这势必体现在作为符号模拟的卦爻运动上。因此，作为对于巨大而浩渺的时间模拟的卦气说遂逐一变成了处理具体空间问题的之正说、消息说、卦变说等等。之正说分为爻性变正和特变（指特殊情况下爻正变不正），对应着生活中的一般道德理想和事急从权的灵活取用原则。消息说以阴阳消长和阴阳相推把一卦变化和六十四卦变化有机地结合起来，这对应着人生的大局观和细节决定成败的相互联系。卦变说比较复杂，包括卦变的一般规律、特变、连动、旁通变和应变等等；卦变说的变化基础是爻变，其在易学体例之中的应用范围十分广泛，对应的伦理秩序和道德意识也多种多样。

由于分阴分阳的太极结构，相对于太极运动而言展现的是结构性的静态的观照：一种迭用柔刚的终极理想，这就是“成既济定”的人文目标，也就是自《周易》开篇的乾卦《彖传》以来反复强调的“保合太和”的和谐天下的理想，是一个完美的“终结”的图式。成既济定主要通过“象”的“型”来达至一种人文理想，虽然象的本身呈现的是静态观照，但是由于象和象之间存在各种联系，一个象的成象过程也就是某种方式的卦爻变化，因而在静态观照中便能感觉到运动，这是静中有动。成既济定分为前既济象和既济象。既济象就是六爻俱正，运动似乎已到尽头，但实则是在积蓄某种力量以待于变化出现。这是有待于变的不变，是一种生活中的理想的形态；有待于变，不是主观上的要求和期许。前既济象与之相反，是持守某种不变的变，持守的不变即是既济象；朝向既济象的变，正是一种阴阳运动在象这种型上的表现，这是一个朝向某种预设目标的进程，或者说是在进程的某个阶段或局部展现出不同的看问题看世界的视角和维度。前既济象可以分为半象、两象、覆象、反象、旁通象、爻伏象、卦伏象、逸象等等，它们从各个不同的层次和角度对分阴分阳的太极结构进行象征，给人以静观的基座。

无论是乾阳运动的精神先导性还是把它作为气化流变看待，它都类似于作为使命或者说具有先验德性的天命的“运命”，该活动通之于太极，展现了使命的精神与现实境遇的落实的过程。这个过程同时也是“百姓日用而不知”的相互联系、相互作用、相互影响的命运，太极展开的阴阳运动也就是命运和运命的辩证发展的过程。必须要反复说明的是，虞氏易学伦理思想不是简单地给出某种道德规范，甚至也不是提供道德原则的致思路径，它在象数易学的框架内沿着两个方向为伦理学提供发展和开拓的契机。第一，它以符号领悟式的方法，对于元伦理理念诸如“善”和“应该”做出了有别于西方语言分析式的解释，把对元伦理理念的理解放置在太极结构和分阴分阳的太极动静状态的基础之上，这使得天人德性理据的展开充满了一种“抽象”的流动过程。第二，在具体伦理境遇之中即道德生活中通过同样丰富而生动的象、数、理的全方位整合而进行符显，通过“超融”的方式既在客观上进行现象学括除，又在超越伦理理性和道德感性的基础上唤起内心的省察，在一种“非概念”的反思和批判中，体悟到某种道德本质。而这全部的过程便体现了虞氏易学图式的功能、作用和影响。说到底，这是一种有别于西方语言分析的元伦理学的东方的符号领悟式的“原伦理学”。

第四节　卦气经验

如果说太极是指宇宙最初浑然一体的元气，就像唐代孔颖达在《周易正义》中所说的“太极谓天地未分之前，元气混而为一”①，那么，元气的运动规律必然体现在天地日月运行之中。从经验上可以观察到，自然运行确有其法则和规律，日月运行、乾坤相推则有一寒一暑的四季更迭。如前述，《易纬·乾凿度》认为“有形生于无形”，提出“有太易，有太初，有太始，有太素”四阶段来解释“易有太极”。如果用春夏秋冬四季分别对应这四个阶段，也可以用其来解释元气运行的特征。以“未见气时”为太易对应冬季，冬季唯冬至节气方有乾元一阳复始，冬季的生意收敛、混沌鸿蒙状态可对应于“太易”；有气之初为“太初”，可对应于春季生气渐露的状态；有形之始为“太始”，可对应于夏季生气渐长、物之成的过程中，气已凝为形；有质之始为“太素”，太素阶段气、形、质浑然一体，物已终成，可对应于万物成熟的秋季。气的运行构成时间，时间变化在节点上，节点在四季中即为节气、气候等。节气和气候通过卦爻符号的方式把人和时间、世界联系起来，“人所能做的不过是建造他自己的宇宙——一个使人类经验能够被他所理解和解释、联结和组织、综合化和普遍化的符号的宇宙”②。人在卦爻变化的过程中体会宇宙的消息起落，这就是用卦爻符示气候的“卦气说”带给人在经验层面上的却又是根本的原始的伦理体验：天人合一。另外，具体到卦气符示，在不同的时间节点呈现出卦爻的较大变化，给主体以“变之不变”和“不变之变”的秩序感，秩序感的分散即是“百姓日用而不知”的生活体验，人和自然是高度统一的。秩序

① 孔颖达. 周易正义［M］. 北京：九州出版社，2004：647.

② 卡希尔. 人论［M］. 甘阳，译. 上海：上海译文出版社，1985：280.

感的凝结即为政治伦理的等级地位之说，如京房的六爻爵位之说就体现了封建等级秩序。

虞翻卦气说来自孟喜的卦气理论。据《汉书·儒林传》载，孟喜独得“易家候阴阳灾变书”，据此推断气候阴阳的变化以及政治伦理、人事吉凶。孟喜的《易》章句已经佚失，关于卦气的论说保存在唐代僧人一行的《卦议》之中，今见于《新唐书》卷二十七、二十八。孟喜“以《周易》卦象解说一年节气的变化，即以六十四卦配四时，十二月，二十四节气，七十二候，这就是所谓卦气”①。孟喜所提“四正卦”“十二月卦”“六日七分说”“六十卦配七十二候”均对后世有重要影响，虞翻直接继承了他的思想，其伦理观念也蕴含在他的易注之中，这可以直接在其象数易例里体会到象数符号的变化带给人的伦理感受，就像卡希尔在论述符号与对象的关系时说：“在符号和对象之间不存在任何明确的区别，符号不仅说明对象，而且明确地代替了对象。”② 有时候，象数符号与节令气候之间也存在这样的关系，即我们对于四季更替的感受被卦爻符号代替了。

卦气之“气”无非是日月运行的“天行”之表现。“在各种自然事件——天体的运行、日月的升落，四季的变换——之中，存在着一种规律性，存在着某种一致性——这是人类最早的伟大经验之一。”③《剥·彖》曰：“君子尚盈虚消息，天行也。”这里的“尚”指的是一种对于“天行”的情感，有德之君子的情感与宇宙之消息进退紧相联系。《复·彖》曰：“反复其道，七日来复，天行也。”这里的“天行”即是说天之一阳行于宇宙，天之一阳即“七日来复”的“复初”。此“一阳”并非只是在复卦之初爻才呈现出来，它实际上贯穿于乾变坤化的整个过程之中。而这个过程充满着起落显隐、盈虚消息。这个天之一阳即前述虞翻所谓“太一”或“乾元”。乾元“触类而长”，坤阴成就着乾元，始有太一的本质，这一点是不会变化的，其阴阳消长的总量也是不会变化的。但是它在宇宙之间的

① 朱伯崑. 易学哲学史：上册［M］. 北京：北京大学出版社，1986：110.

② 卡希尔. 人论［M］. 甘阳，译. 上海：上海译文出版社，1985：268.

③ 卡希尔. 人论［M］. 甘阳，译. 上海：上海译文出版社，1985：267.

分布是不同的，可以说“流变”是太一运动的价值，此所谓生生不息也。正如乾卦“用九”所以能“变”，而坤卦“用六”所以能“化”，用九、用六就是流变的形式，卦气消息也是流变的一种，它直接显现在节气变化的经验层面上，而不管什么流变都受始于乾之一阳，《乾凿度》说“易始于一”就是这个道理。“人类经验的深层依赖于这个事实——我们能够改变我们的观看方式，我们能够变换我们对实在的看法。在形式中见出实在与从原因中认识实在是同样重要和不可缺少的任务。”① “易始于一”的“一”，包括下文所述卦爻象数符号的变化即是在改变着我们的“观看方式”，我们据此从“形式”中“见”出实在。

卦气实际上是用卦的符号来表现气候的变化，两者是对应的关系，由于这种对应关涉节令气候、季节轮换，这也就涉及“时”的概念。在虞翻看来，“时”即是过程也是过程所涉及的方位，同时也是主体联系世界和体验世界的方式。《系辞·下》“六爻相杂，唯其时物也”，虞翻注曰：“阴阳错居称杂。时阳则阳，时阴则阴，故唯其时物。”这里强调“时”为物的重要属性，“时阳时阴”是乾元变化的特征，变化表现在阴阳上存在一种张力，此即为“杂”。“时物”是物随时令而不断变化。《大有·象》“其德刚健而文明，应乎天而时行，是以元亨”，虞翻注曰：“谓五以日应乾而行于天也。时谓四时也。大有亨比，初动成震为春，至二兑为秋，至三离为夏，坎为冬，故曰时行。”这里明确提到“四正卦”，指出“时”的特点是贯穿四时和四方。其实，“四正卦”显示的“时”无非就是与人的按时而作息相互联系，对于“时”的观看也就是对于人本身的观看。“人的与众不同的标志，既不是他的形而上学本性也不是他的物理本性，而是人的劳作（work）。正是这种劳作，正是这种人类活动的体系，规定和划定了‘人性’的圆周。”② 在这个例子中，虞氏易注不仅用象数指出了时令跃迁，也揭示了人的随潮流涨落的“圆周”。注中，大有卦与比卦旁通，比初爻变则下体震，二爻接续变则体兑，三爻变体离，上体坎，按

---

① 卡希尔. 人论［M］. 甘阳，译. 上海：上海译文出版社，1985：216.

② 卡希尔. 人论［M］. 甘阳，译. 上海：上海译文出版社，1985：87.

《说卦》，震春、兑秋、坎冬、离夏，则四时象具。提到“四正卦”的还有《豫·彖》《随·彖》《观·彖》《贲·彖》等等。虞翻对孟氏卦气说采取全盘接受的态度，但是其易注又有自己的特点。就十二消息和六日七分来说没有什么不同，但其对“四正”的诠释却能使用各种易例来彰明其意义。

十二消息卦是卦变的基础之一，所以虞翻比较重视十二消息卦的揭示。这十二个卦指复、临、泰、大壮、夬、乾、姤、遁、否、观、剥、坤，从复到坤，阴阳按照顺序此消彼长，但阴和阳的总量是一致的。“虞氏卦气说即以其独特的易学语境，透过乾、坤两卦对待互显的方式，以乾之六阳爻与坤之六阴爻，分别涵摄符示整体大宇宙处于均衡状态中的阴阳二气各自完整之量。”① 《坤·彖》“东北丧朋，乃终有庆”，虞翻注曰：“阳丧灭坤，坤终复生，谓月三日震象出庚，故乃终有庆，此指说易道阴阳消息之大要也。”阳入十月渐息，坤阴而极，十一月复一阳生，比照月体纳甲，则如月三日震一阳生，“有庆”指乾阳在震初复来，乃震象。这里联系了月体纳甲揭示十二消息。临卦“至于八月有凶”注曰：“与遁旁通，临消灭遁，六月卦也，于周为八月。”这里结合了临的旁通卦遁来解释临卦和遁卦的相对消息，或者说是从临入遁的消息过程，前者从两卦的静态而言，后者是指两卦变化的动态而言。临为十二月，从复至临也就蕴含了其从姤至遁的相对状态。从临至遁六个月刚好完成两卦的转换，夏历六月也就是周历八月，这时正是阴气渐旺的时节，所以说灭遁，这是基于乾阳的立场而言。“这一内涵昭示的，是息成而显的诸格局与态势，以其显的优势，对与其对待旁通格局与态势的内在共时性涵摄。此系卦气消息意义域下十二消息卦彼此间静态旁通意涵之开显。”② 十二消息旁通展示静态涵摄，消息则显示动态变化和流转，彼此之间存在变与不变的关系。“所谓变中有不变在。阴阳的消息及其所成诸格局与态势之流转无有终穷，所谓变也。此等均衡却始终如一，所谓不变也。这一动态流转着的均衡，

① 王新春. 虞翻易学十二消息说语境下的宇宙大化［J］. 中国哲学史，2011（2）：97.
② 王新春. 虞翻易学十二消息说语境下的宇宙大化［J］. 中国哲学史，2011（2）：101.

是由显与隐两面共时性的构成且无限流转着的均衡，昭示出涵括显与隐两面的整体大宇宙阴阳之大和，昭示出基于此大和的生生不息的整体宇宙生命性洪流。这一阴阳大和下的整体宇宙生命洪流，保障了天地万物年复一年的春生、夏长、秋收、冬藏，令天地万物以此大和为根基构成了内在相连一体的有机生存生命的共同体，开显出大千世界的有机整体大和谐。"①均衡是不变的，流转才是变。旁通易例通过显隐表现了卦气的共时性，共时性展现太极氤氲之宇宙，生命在时令变化中成为宇宙大和谐之一体。可以说，这是最为原始的人天之间的伦理状态，人伦原则和文化精神由此而出。

通过卦气符示的经验生活丰富多彩，作为主体的人在其中自有感受。大过卦九二"枯杨生稊"虞翻注曰："阳在二也，十二月，周之二月，兑为雨泽，枯杨得泽复生稊。"这是一个比较特殊的例子，关键在于如何看待二爻。六十四卦无非乾坤二卦的变化。阳至二为临也即乾二，临为十二月，周历二月。周历二月为春，为雨泽之时，临下体为兑，亦为雨泽，大过卦下体巽，《说卦》巽为长、为木，故巽为长木，杨可为长木，长木得雨而抽生。《系辞》下："刚柔相推，变在其中矣。"虞翻注曰："谓十二消息。九六相变，刚柔相推，而生变化，故变在其中矣。"十二消息就是阴阳九六的相互进退而形成的，乾元一阳的流转因九六分布的不同而有刚柔属性的相异，其在一年的呈现就是四季的嬗递。《系辞》下："龙蛇之蛰，以存身也。"虞翻注曰："阴息初，巽为蛇。阳息初，震为龙。十月坤成，十一月复生。"从姤之五月至十月为阴息长，五月阴初长，姤下体巽，蛇为阴物，巽为阴卦，且姤生初阴，故以蛇相类。从复十一月至四月为阳息长，复下体震为阳卦，且复一阳生，龙为阳物，故以龙相类。《系辞》下："小人以小善为无益而弗为也，以小恶为无伤而弗去也。故恶积而不可弇，罪大而不可解。"虞翻注曰："小善谓复初，小恶谓姤初。为阴息姤为遁，子弑其父，故恶积而不可弇。阴息遁成否，以臣弑君，故罪大而不

① 王新春．虞翻易学十二消息说语境下的宇宙大化［J］．中国哲学史，2011（2）：102.

可解也。”这里将“复初”和“姤初”给予了道德评价，指出“复初”为小善，小恶为“姤初”，阴进至二为遁为“弑父”，进至三为否卦为“弑君”。由此可见虞翻基于崇阳的立场，将阳息给予了善的积极评价，而对于阴消则给予了恶的伦理判断。

关于六日七分，即把除开四正卦的六十卦与一年的天数结合起来，得出一卦管“六日七分”的时间的方法。六十卦的展开即所谓孟氏卦气图，虞翻也已采纳。如《解·彖》：“解，险以动，动而免乎险。”虞翻注曰：“险，坎。动，震。解，二月，雷以动之，雨以润之，物咸孚甲，万物出震，震出险上，故免乎险也。”虞翻先以易象解之，上体震动，下体坎险，水木相生之象。解卦在卦气图中为二月，二月由震监司，又二月正是雨水充足之时，所以万物得生，“孚甲”乃渐生之意。“万物出震”则结合了《说卦》后天方位之说、卦象和六日七分，指出震出险上，开始脱离阴气纠结之险。《系辞》上：“言行，君子之所以动天地也，可不慎乎?”虞翻注曰：“中孚十一月，雷动地中。”中孚卦在六日七分为十一月，坎卦主事。中孚下体兑阳已至二，二三四互震，二变坤阴为阳，所以说雷动地中。此条结合卦气卦序和卦象以及爻变，很好地解释了中孚卦时令特征，按中孚之辟卦乃复，复一阳生，正是冬至之时。

虞翻注重吸收孟喜以来四正卦的思想成果，在注释中往往通过旁通和卦变等手段来强调四正的价值。如《恒·彖》：“四时变化而能久成。”虞翻注曰：“春夏为变，秋冬为化。变至二离夏，至三兑秋，至四震春，至五坎冬，故四时变化而能久成。”这里展示了恒卦向益卦旁通变化的过程中所蕴含的四正卦。恒至二爻下体为离，所以说至二离夏。至于至三兑秋，刘玉建认为这一句有错误，理由是变至二时，三四五互体为兑。变至三时，则下体为震为春。当变至五时，上体为坎为冬。① 按照旁通渐变的过程来说，虞翻的注释是有问题的，但是虞翻也可能结合动静来强调恒卦所喻示的四时通变。变至二和变至五是从动态的角度来论，而三和四是从

① 刘玉建. 两汉象数易学研究：下册［M］. 南宁：广西教育出版社，1996：999.

静态而言的，三是兑，四是震，皆从不变而言。实际上从隐显关系来看，益卦成之后，三四五爻隐兑，四五上爻隐震，因而同样可以诠释四时流通。在这里，我们看到了虞翻以旁通为主要手段，结合动静、隐显来解释四时象正。运用卦变解释四正的有《随・象》“天下随时”，其注曰：“震春兑秋。三四之正，坎冬离夏。四时位正，时行则行，故天下随时矣。”这里虞翻说“三四之正”并非指爻变中得位变化的一种卦变体例，而是指换爻而变的卦变体例。泽雷随，上兑下震，非常清楚。三四爻均失位，将其互换则得其位，三阳四阴，是为“之正”。变后下体为离夏，上体为坎冬，亦能喻示四时象正。这是取本卦和卦变之卦两卦之象而为之说，也有取本卦和卦变源卦之象来解释的，如《贲・象》“以察时变”，虞翻注曰：“泰震春，兑秋。贲坎冬，离夏。”本卦贲的卦变源卦是泰卦，因为泰卦的上爻和二爻互换则成贲卦。泰卦三四五爻互体震，二三四爻互体兑，所以说“泰震春兑秋”。本卦贲卦下体离，二三四互体坎，所以说“贲坎冬离夏”。有连续卦变解释四正的，如《损・象》“损刚益柔有时”，注曰：“二五已易成益，坤为柔。谓损益上之三成既济，坎冬离夏，故损刚益柔有时。”虞氏大意是损卦下体兑秋，二三四互体震春，二五爻互换成益卦，益卦的上爻和三爻再互换成既济，既济卦上体坎冬，下体离夏。于是四时显明，四正象成。

最能体现四时象正的是归妹卦。虞翻对于归妹的解释是：“归，嫁也，兑为妹。泰三之四，坎月离日，俱归妹象。阴阳之义配日月，则天地交而万物通，故以嫁娶也。”归妹来自泰卦，泰三四爻互换则为归妹，三四动变天地交通，互体坎离，日月象具，阴阳和合。比之于人事则为男女嫁娶。《彖》曰：“归妹，天地之大义也。”虞翻注曰：“乾天坤地，三之四，天地交，以离日坎月战阴阳，阴阳之义配日月，则万物兴，故天地之大义。乾主壬，坤主癸，日月会北。震为玄黄，天地之杂。震东兑西，离南坎北。六十四卦，此象最备四时正卦，故天地之大义也。”这段话很好地将泰卦变至归妹的过程、归妹所具备的阴阳大义诠解出来了。三四易位前已述。而所谓坎离战阴阳，日月相配，万物兴盛则是用到了月体纳甲的说法。按月体纳甲方位，乾纳甲壬，坤纳乙癸，日月和朔在壬癸位即北方，所以说“日月会北”。至于震为“天地之杂”亦是取月体纳甲方位，《参同契》上篇说：“壬癸配甲乙，乾坤括始终。”“三日出为爽，震受庚西方。”① 这是说日月和会后，于初三日在西边出现新月，震象同于新月，纳庚西方，张惠言说“乾坤会而生震”也是这个意思。② 前此诸语实际上都是在解释三四易位的变化，只不过用到了纳甲一说。这是取动态成象。静态言之，震兑坎离全备，所以虞翻说此卦“最备四时正卦”，具有“天地大义”。另外归妹九四爻辞注和六五爻注也提到四正，六五“月几望”注曰：“坎月离日，兑西震东，日月象对，故曰几望。”日月象对是指坎离，所谓“几望”则是指三四正位，回复泰卦，上震下乾，从震至乾，正是月体由“弦”到“望”的过程，所以说“月几望”。归妹卦注解是颇有特色的，既有月体纳甲方位的动态诠解，又有后天八卦方位的静态描述，可谓水火既济，相得益彰。提到“月几望”的还有小畜上九和中孚六四。小畜卦上九注曰：“几，近也。坎月离日，上已正，需时成坎，与离相望，兑西震东，日月象对，故月几望。上变阳消，之坎为疑，故君子征有所疑矣。与归妹、中孚月几望义同也。”这里除了旁通，很明显地有之正，所谓“上已正”。上爻变正，成需卦之上体坎，三四五成离，震隐而乾显，日月象对，所以说“月几望”。这里也有纳甲方位的意思。中孚六四注曰：“讼坎为月，离为日。兑西震东，月在兑二，离在震三。日月象对，故月几望。乾坎两马匹。初四易位，震为奔走，体遁山中，乾坎不见，故马匹亡。初四易位，故无咎矣。”这里用到卦变。中孚初四易位为讼卦，下体坎，二三四互体离。源卦下体兑，二三四互体震，月在兑二即讼二，离在震三即讼四。日月象对，兑丁以至乾甲，也有纳甲的涵义。因为归妹、小畜、中孚注在描述爻辞“月几望”时都用到月体纳甲，故而虞翻说此三卦“同义”。

卦气说的提出是一个过程。一般认为，完整的卦气说形成于西汉。卦

---

① 周士一，潘启明. 周易参同契新探［M］. 长沙：湖南教育出版社，1981：82.

② 张惠言. 周易虞氏义［M］. 续修四库全书本. 上海：上海古籍出版社，2002：492.

气说等象理系统实际上是古人对于时令感受的模拟活动。“圣人设卦是为了明吉凶之理或者说以吉凶之理示人，而《周易》之所谓吉凶、悔吝、变化、刚柔等等，实际就是对人们社会生活中失得、忧虞、进退及自然界的昼夜变化等现象的模拟。”① 古人为什么要模拟呢？从符号学的意义上看，人类通过符号在创造一种与自然以及在此基础之上的人际间的伦理关系，“符号学——不仅被理解为一门科学，而且被理解为朝向符号伦理学的一种视野——是在人类符号活动领域中出现和发展起来的。”② 符号在寻找意义的途径中天然地与伦理学相互关联。“总体符号学必须充分地建立在认知符号学基础之上，而且必须朝着数量和理论之上的第三种维度即伦理的维度敞开。”③ 说到底，符号的天然功能就是寻找意义，而在众多意义之中，伦理意义又位于十分重要的地位。虞氏易的易例创造，对于进一步揭示卦气具有象数学上的特殊意义。这种创造，看上去一定是易学家的个人所为，但是从符号的意义运动上来看，一切都是自然而然的。象数符号在《周易》体系之内具有揭示体系结构和解释象数所指的作用，从作为所指的时令节气而言，它意味着从实在的运动回复到运动的实在本身。也就是说，符号所指最终必然指向“存在”。“那么‘意义的意义’又是什么呢？首先就是，意义必须根据存在来解释。因为存在或实体，是把真理与实在联系结合起来的最普遍的范畴。如果这两者之间没有至少是部分的同一性，一个语词就不可能‘意谓’一个物。符号与其对象之间的联系一定是自然的联系而不是约定的联系。”④

所以，天道循环就在人的视野之内，时令气候成为重要的生活细节，这是一种与世界联结的切身性，是作为一种生存论的无可逃避的存在的逼迫。通过卦爻运动模拟和象征四季变化，就是在伦理上靠近“天行”。把

---

① 梁韦弦. 汉易卦气学研究［M］. 济南：齐鲁书社，2007：275.

② 佩特丽莉. 符号疆界：从总体符号学到伦理符号学［M］. 周劲松，译. 成都：四川大学出版社，2014：15.

③ 佩特丽莉. 符号疆界：从总体符号学到伦理符号学［M］. 周劲松，译. 成都：四川大学出版社，2014：17.

④ 卡希尔. 人论［M］. 甘阳，译. 上海：上海译文出版社，1985：144.

握和体认了天道，即可以在人道之中自然展开，也可以成为政治规范的原则。“法天道以开人文的社会人生理念下，追契天道的具体感性展现与实现过程，实现与大宇宙的同步脉动，令上至最高当政者能够契应天道以确立并推行其平治国家天下的理想人文政道与治道，下至众庶百姓能够顺应天时以适切安排农事，社会各阶层人士能够因应时节、天道之推移而适切处世立身，展开自己生活、生命的历程，追求到既与大宇宙一体无隔而又富含人文底蕴的真实人生之意义。”① 人生的意义原来就在根本的遵从天道的基础上一步一步展开来的，就像虞氏易例表现出的卦气，牵一发而动全身，众易例首尾相顾，形成对于气候节令的韵律和节奏的象征。

---

① 王新春. 哲学视野下的汉易卦气说［J］. 周易研究，2002（6）：53.

第四章　知几畅神：天人意识

第一节　知几通志

《周易》分为两大系统：语言文字系统和象数符号系统。自孔子作《易传》以来，特别是经过两汉经学，语言文字的解易方法被发挥得淋漓尽致。唐代《周易正义》的出现，标志着义理解易成为典范，宋明理学和心学援易以为其说，充实了儒门易学的道德形而上学的内容。近代以来，义理易学结合佛道、历史、科学等学科开创了一些崭新的局面。纵观义理易学的发展，其主要特点在于用《周易》的卦爻辞特别是《易传》的精神解易，其核心不离道德思考和伦理教化。象数易学自春秋以来秉承占卜的原始灵性思维范式，经汉代易学家的深入挖掘，王弼解易之后，中间尽管有较长时期的式微之势，但仍然表现出一种旺盛的生命力，以唐代《周易集解》和清代易学家的复兴汉易为代表。近代以来，象数易学结合自然科学，呈现出种种关于宇宙世界的象数运动图式。

比较这两大解释体系，就其解释方法而言，义理派更重语言的阐释，虽然必定要用到象数符号，但不是重点；相比之下，象数派虽然必定要运用语言进行理性思考，但更重象数符号的指明作用。象数学家有一种信念，即对于宇宙真相的揭示在于对符号的分析，通过这种分析，不但能够揭示宇宙的自然生成运动，而且内在包含道德伦理的先天意蕴。尽管象数派往往将理论的进路推向图式化的运动，切入人生社会不免流于术数、禨祥、阴阳灾变，但仍能自觉不自觉地回复到符号对于天地之心的符示以及对于政治伦理生活的涵摄，就德性化的目的论而言，与义理易学可以说是殊途同归。但象数派对待象数符号与义理派有根本的区别：不是静态、个别、孤立甚至机械片面地对待符号，而往往是构筑一个宏大的象数运动体系，在体系中有机地看待每一个卦和每一个爻的变化发展。由于卦爻变化的复杂性，一方面卦爻运动构成了“这一个”象数体系，一方面又突破了“这一个”象数体系，而象数家的作用就在于用自己的方式阐明种种变化的可能性。象数体系之间的沟通又说明了种种“这一个”的某种形式，即普遍范式。这种范式即先验图式，具有先天能指的作用，对于这种能指的指明性分析，可以看到象数符号的事实象征；对于这种能指的自证分析，可以看到象数符号的元伦理意蕴。这两种分析实则是一种“面向实事本身”的过程，实事即是“真相”。从本章开始，笔者将本着把虞氏易象数图式和语言义理相结合的思路，借助虞翻在象数方面独特创造的某些易例，运用解释学和哲学的分析方法，来阐述象数符号运动图式中所蕴含的伦理思想。

虞氏易例中，消息卦变因其细密的体系和灵动的切入主体和世界结构的方式而最能模拟“几”这种颇为神秘、难为语言所描述的天人关系和道德意识。这种模拟方式也是一种有象征意义的图式，是一种能指。作为能指的符号，它指向的是诸如“几”“神”“时”这样的道德意识，但如果把“几”“神”“时”当作能指符号，那么它又会指向有天人合一结构的太极运动。虞氏易注中，“几”的意义大致梳理如下。

《系辞·上》“几事不密则害成”，虞翻曰：“几，初也。谓二已变成坤，坤为事，故几事不密。初利居贞，不密。初动则体剥，子弑其父，臣弑其君，故害成。”节卦初九爻辞的注文中，虞翻明确认为“几”为“初”，即初始之意。节卦二爻之正，二三四爻互体坤，坤为事。初爻利于贞正，如果随意行动，则有爻性变阴的可能，则初爻以至五爻互体剥，剥为害，乱臣贼子作是害之大。又紧接着注“是以君子慎密而不出也”虞翻曰：“君子谓初。二动，坤为密。故君子慎密。体屯盘桓，利居贞，故不出也。”二爻变化互体坤，坤为密，面对坤，君子要慎重，二爻不变则二爻至上爻互体屯卦，相对于初爻来说，“盘桓”“居正”“慎而不出”是最好的选择。这里的“几”有初始的意思，如果知道事情初始就隐藏着凶患，那么君子就应该谨慎言行了。《系辞·下》“子曰：知几其神乎”，虞翻注曰：“几，谓阳也。阳在复初称几，此谓豫四也。恶鼎四折足，故以此次言豫四知几，而反复初也。”鼎卦九四爻辞为：“鼎折足，覆公餗，其刑渥，凶。”之所以如此，李道平的解释是“四应初，初伏震足，初四皆失位，初颠趾，故四折足也”①。鼎卦初四爻都失位相应，初阳又隐于伏卦震之中，震为动，因而有“颠趾”“折足”之说。而豫卦与此不同，豫初六说“鸣豫，凶”，已然发出凶的信号，初四相应，四爻说“由豫，大有得；勿疑朋盍簪”，虞翻的解释是：“由，自从也。据有五阴，坤以众顺，故大有得。得群阴也。坎为疑，故勿疑。小畜兑为朋。盍，合也，坤为盍。戠，聚会也。坎为聚，坤为众，众阴并应，故朋盍戠。戠，旧读作撍，作宗也。”四爻不正，但能以一阳率领众阴，故大有得。中爻互坎，“不疑”之意。豫旁通小畜，小畜中爻互体兑，故有和合朋众之说。这里的“几”除了讲初始、复初，还强调事情节点与事情发展的阶段相互呼应，更重要的是，赋予了“几”以阳的精神特质，也就是说，“几”这种道德意识除了一般的辨别吉凶善恶的作用，还具有沟通天人的创造性精神。这个思想还出现在《系辞·下》“几者，动之微，吉之先见者也”的注释中，虞翻曰：“阳见初成震，故动之微。复初元吉，吉之先见者也。”其意为“几”是乾阳复初成震初，处在微妙的运动中，显现出深不可测的征兆，这就是动之微。乾阳复初，不管运动的阶段和局部有什么险阻，都预示着元吉，即根本吉，而“几”就是这种根本吉的先兆和对于此种先兆的意识。李鼎祚引韩康伯注文曰：“几者，去无入有。理而未形者，不可

① 李道平. 周易集解纂疏［M］. 北京：中华书局，1994：449.

以名寻，不可以形睹也。唯神也。不疾而速，感而遂通，故能玄照鉴于未形也，合抱之木，起于毫末，吉凶之彰，始乎微兆，故言吉之先见。”① 这一段文字正好说明了作为道德意识的“几”的神秘性，但不是不可认识，通过前文我们大体已经把握了这种意识。如前述，因为这种意识是关乎某一件事的吉凶善恶，原始要终，乃至于世界和人生即天人之间的灵妙契悟，所以其结果必然表现出神妙的功能和作用，产生“圆照玄远”的影响和效果。如注《系辞·下》“子曰：颜氏之子，其殆庶几乎”，虞翻曰：“几者，神妙也。颜子知微，故殆庶几。孔子曰：回也其庶几乎。”不知其发的“几”的作用神妙，而要去“知”这种“不知”、难知，是要不断修德广业才行，虞翻举了孔门高足颜回为例来说明这种境界和精神。

知几而能体悟到太极之德性，生生之谓易的流变，这也就是天地之“志”，其志作为人的认识和修养，又成为人生的德性修养的志向，守住这个志向，又能进一步知几。守志是不变，而知几就是变，知几通志是变与不变的辩证统一，这就是知几通志的意思。如《系辞·下》：“君子见几而作，不俟终日。易曰：介于石，不终日，贞吉。介如石焉，宁用终日，断可识矣。”《周易集解》引孔颖达、崔觐二说，孔颖达曰：“前章言精义入神，此明知几入神之事，故引豫之六二以证之。”崔觐曰：“此爻得位居中，于豫之时，能顺以动而防于豫。如石之耿介，守志不移，虽暂豫乐，以其见微，而不终日，则能贞吉，断可知矣。”② 豫卦六二爻辞表达的即是守志之说。按虞氏易学，六二正位，二三四互体为艮，艮为石，守志如守石，言磐然不动。旁通小畜，小畜上体巽，中爻为离，离为日，豫六二应于小畜五爻，五爻正位，而豫上体震，四位急于复初成震，故有“不终日”，这便是君子“见几而作”，“不俟终日”的意思。可见虞氏易学与《易传》的大义是相通的，不过虞翻采用了自己特有的易例来表达而已。

在众多虞氏易例中，消息卦变最能恰当地模拟和象征这种知几通志、知几而作的道德意识和道德实践。所谓消息，也就是阴阳爻随时序转换而

---

① 李鼎祚. 周易集解［M］. 北京：中华书局，2016：473.

② 李鼎祚. 周易集解［M］. 北京：中华书局，2016：473.

在一个卦中产生的有顺序的变化。在卦的符示上，主要表现为十二消息的模式，即顺序阳长，此为阳息，顺序阴长，此为阴消。阳息时阴退，阴消时阳退，比如十二消息辟卦中，从复至乾为阳息，从姤至坤为阴消。此为辟卦消息方式，还有一种是别卦消息方式。别卦消息通过卦变完成，爻的位次的变化象征着阴阳消息进退。两者的区别在于，辟卦消息方式强调时间痕迹和与其他辟卦相连属的整体性，而别卦消息方式强调变化的契机和在所属卦系中的变化位次。比如复系六卦，阳爻处初为复，居二为师，居三为谦，居四为豫，居五为比，居上为剥。当然也可以看作是复卦分别经初之二、初之三、初之四、初之五、初之上的爻变交换而成新卦。由爻的基本消息运动而导致的单个卦的变化以及六十四卦的相互涵摄的体系也就是通常所说的消息卦变。消息卦变实际上是一种新的卦序，因而也就是一种新的符号图式。它以乾坤为基础，用十二消息卦串联起六十四卦，和其他卦序相比较，我们可以看到，任何一种象数图式都有某种系统原则以及构成该系统的卦爻的自组织性和自足性。这令我们想到京房的八宫卦，它用八经卦串起六十四卦，与之相似的是元包卦序，只不过它的本宫是以坤、乾、兑、艮、离、坎、巽、震的顺序排列的，其变化规律与京房一致。卦序因切入的视点不同而具有多种。周易古经卦序以乾坤起，以既济、未济结，遵循的是“非覆即反”（孔颖达语）的规律，其上至坎、离结，讲述天道变化，其下自咸、恒始，阐明人伦次序，一般认为，这是最古的卦序。《易传》中《杂卦传》亦有不同卦序，遵循的也是反覆之说，不同的是，《杂卦》卦序中三十二对对子的先后有部分不同，而且整体的次序也不一致。马王堆三号汉墓出土的帛书《易经》卦序具有严格的规律性。它的特点是采取八卦相重的办法，横排以乾、坤、艮、兑、坎、离、震、巽为次序列下卦，竖列以乾、艮、坎、震、坤、兑、离、巽为次序列上卦，如此则构成六十四卦。根据唐人贾公彦《周礼注疏》对卦序的评论，亦有另一种新的排序法，即以乾、坤、震、巽、坎、离、艮、兑为竖列，以乾、坤、震、巽、坎、离、艮、兑为横列而得出的六十四卦。唐以后有巨大影响的卦序则是邵子的先天六十四卦卦序，他以“加一倍法”得出乾一兑二离三震四巽五坎六艮七坤八的先天经卦卦序，又在此基础上得出以乾、夬为首，以复、姤为中，以剥、坤为结的新的卦序。

以上诸种卦序虽然是对传统卦序的打破，但是从根本上并未跳脱六十四卦在一个平面内相互流转的特质。消息卦变的最大不同在于它价值层级的预设和对卦气理念的吸纳，因而能够更好地解释世界，从某种意义上包容并超越了卦序的概念。下面分析消息卦变的结构，以十二消息辟卦为纲，虞氏消息卦变可以分为五类。其一自复来，共六卦（含本卦）：复、师、谦、豫、比、剥。以上一阳五阴卦。其二自姤来，共六卦（含本卦）：姤、同人、履、小畜、大有、夬。以上一阴五阳卦。其三自临、观来，共十五卦（含本卦）：临、明夷、震、屯、颐、升、解、坎、蒙、小过、蹇、艮、萃、晋、观。以上二阳四阴卦。其四自遁、大壮来，共十五卦（含本卦）：遁、讼、巽、鼎、大过、无妄、家人、离、革、中孚、睽、兑、大畜、需、大壮。以上二阴四阳卦。其五自泰、否来，共二十卦（含本卦）：泰、归妹、节、损、丰、既济、贲、随、噬嗑、益、恒、井、蛊、困、未济、涣、咸、旅、渐、否。以上三阴三阳卦。

六十二卦由乾、坤二卦统摄，乾坤因其本体性的地位和作用，并未出现在消息卦系中。十二辟卦从卦气即卦与气候相结合的角度在勾绾众卦中起到提纲挈领的作用，按照分阴分阳划为五类。每个卦系中的卦都按照别卦消息的方式有秩序地阳息阴消，阳进阴退，因爻的变化而过渡到下一卦。从传统卦序经由旁通的方式两两一组来看，六十四卦无非乾、坤二卦，但是这种组合尚看不出乾坤在一体流变中的基础地位，具有一定的形而上学性质。消息卦变之中的乾、坤二卦由两个进路表现其本体的作用：一是在具体的阴阳爻变中显示其在现象中的细节变化；另一个是爻变从趋势上符示辟卦消息，从而恢复到乾坤的整体涵摄。这恰好表达了体中含用，用不离体的体用不二的思想。据此，消息卦变的重大特点是对宇宙运动的揭示具有立体性、生动性、阶段性、有机性的融合，用象数符号运动的方式展现出了一个广大精微的世界。①

消息卦变对事实变化的符示何以可能？这个问题解决之前，必须考虑到象数符号、符号运动和语言在表达意义上的差异。在语言能不能表达意义这个问题上，中国哲学从老子、庄子、孟子、《易传》开始就有所讨论，比较集中的讨论则是在魏晋时期的所谓“有无之辨”和“言意之辨”。大致说来，“言意之辨”可以三派为代表，即欧阳建的“言尽意论”、荀粲的“言不尽意论”以及王弼的尽而不尽之说。“言尽意论”说明了语言在表达意义上的“名”与“实”“言”与“物”即逻辑与事实、语言与事物的对应关系，但是对于“言外之意”“意外之意”没有讨论。荀粲的“言不尽意”语出《三国志·魏书》的一段话：“盖理之微者，非物象之所举也。今称立象以尽意，此非通于意外者也，系辞焉以尽言，此非言于系表者也；斯则象外之意，系表之言，固蕴而不出矣。”荀粲所说“言不尽意”的关键，是“理之微”，也就是“非通于意外”的“意外”，“这些细微的理，不仅是不可言说，而且是不可思议”②。既然是不可思议的，对于理的把握也就不能由语言得到。荀粲这里是与人讨论《周易》，因而引出“象”这个概念，尽管“象”和“言”都不能通达“意外”，但是“象”与“言”是有所区别的，荀粲并没有澄清。王弼构筑了言、象、意的层级递进的语言观。他在《周易略例·明象》篇说：“得意在忘象，得象在忘言。故立象以尽意，而象可忘也。”③ 言能尽象，而象对于意是尽而不尽的，这个意“就是老子所说的形而上的不可道之道是尽而不尽的”④，这里象对于意的显示作用是大于语言的。

作为消息卦变的易象是一个比较宽泛的概念，就其符号指向而言，它涵括自然物象和精神现象，也包括语言本身在内，虞氏易学用易象和卦爻辞的互相诠释就是一个很好的例子。相对而言，由于精确性和逻辑性，语

① 文平. 虞氏易消息卦变新论：以潘雨廷易图为例［J］. 周易研究，2013（3）：31-40.

② 冯友兰. 中国哲学史新编：中卷［M］. 北京：人民出版社，1998：501.

③ 郭齐勇. 中国古典哲学名著选读［M］. 北京：人民出版社，2005：382.

④ 牟宗三. 周易哲学演讲录［M］. 上海：华东师范大学出版社，2004：18.

言更能说明事物的事态即事物的情状，而对于事物和事物相互联系而成的事实则需要更多的命题和命题束来表达，对于作为现象的事实和事实的本质，则需要从现象入手而达至本质。至于“有无之辨”的“无”的形而上问题，语言则显得有些束手无策。从语言的角度看，“无”不是一个能被说出的问题，它在本体上是超验的，在认识上是先验的，所以“无”是一个“被给与”的问题，在这个意义上，维特根斯坦才会说“对于不可说的东西我们必须保持沉默”这句名言。这句话为“有”和“无”做了一个划界，人为什么能意识到“无”？既然语言有限，为什么还要说不可说之物？人“被抛入”这个世界，先天带有“无”的信息，人是有和无的矛盾统一体，人必然追求“无”的意义。而易象在表达形而上的意义上为何能比语言更能有所作为？这主要体现在象数符号的多义性以及系统符号运动的圆融性，一个卦一个爻确切地指称什么是因“时”而异的。在古代的占卜活动中，不仅仅看爻的“时位”，还需要一点灵明的“几”。“几”不只是把卦爻看作符号，连占卜者和被占卜者的精神状态也当作世界的符号显现，因而单个符号的多义性在符号运动的圆融性中获得基础性地位，是整个事实的局部和细节。反过来，卦爻的多义性又支撑着连通“几”的符号运动的圆融性，使其不断彰显事实进而符示形而上的实事本身，事实和实事实则成为阴阳的一对范畴，这与作为体系性象数符号的消息卦变的阴阳运动若合符契。就现象和本质的联系这个层面看，象数符号是抽象性和具象性的高度统一，因而能一方面指向现象，一方面又能直观到本质，这是和语言的又一重要区别。

另外，作为消息卦变的卦爻运动具有语言所缺乏的自组织性，因而消息卦变在对事实的符示上显得更加灵活，在某种意义上扬弃了形式逻辑和辩证逻辑的矛盾。举例说，我们可以说“苏格拉底是人”，也可以说“苏格拉底是红色的”，但不能说“苏格拉底红色的是”——“苏格拉底红色的是”因为词不在语法意义上使用而失去在场性。说到底，逻辑变项具有一定的位置，而逻辑常项不能够改变，换句话说，逻辑常项是不能被进一步抽象的，否则就失去了表达意义的逻辑基座。在这里，规则和部件是泾渭分明的，它们共同构成对于世界的逻辑图式。再说易象，一阳五阴类的复卦的初爻无论怎么运动，都能构成该类的一个新卦，如初五换位而为比卦。如果按照辟卦消息的方式，又将离开该类而重新构成其他类别的卦，如复初增一阳爻而为临卦，临卦已成二阳四阴卦系，其原因是爻的运动具有重新创造规则的作用。如果说消息卦变有所谓逻辑基座的话，那就是为爻的运动提供动力和目的的乾、坤二卦。如果要强行分析，毋宁说“乾是形式因，坤是质料因”①。但是乾坤二卦和其他六十二卦并非语言中的规则和部件的关系，乾坤本就在六十二卦之中，因此消息卦变不存在能不能进一步抽象的问题，它是另一种对于事实的图式，是可以通过直观把握的对于道的直接的符号显示。

消息卦变因爻的无规则运动而至创生规则，所以规则就是运动，是对纯粹运动的直观；爻在乾坤二卦的“创生原则”和“终成原则”② 流变运动，所以运动就是规则，是对纯粹规则的直观。对于事实的纯粹运动和纯粹规则的直观即为作为本质直观的纯粹直观，事实即是实事，纯粹直观即为面向实事本身，这里实事即是作为超越的真理的“道”。“有、无是道的双重性，最根本的是无，发生作用就是有”，“从根源的浑同方面看，首先说它无，但它又不一定无，它无而非无，它有有的一面，但有而非有”③。消息卦变作为事实的符号显现，是“有”，而作为纯粹直观的“梯子”，这种先验图式又具有“非有”的一面，“非有”是“无”的可能性。“无”虽然“道可道非常道”，不能由语言获得，但可以经由消息卦变的符号运动展示其“非有”的一面，亦即经由现象还原而至纯粹直观的过程显现。从“道”的根源性上看，“无”浑同“有”，“有”发挥作用也就呈现“非无”的一面，在“无”切入“有”中，作为事实符示的消息卦变也就开始展现“非无”这种可能性的过程。

“有”和“无”之间通过什么机制转换呢？这里要再次谈到《周易》

---

① 牟宗三. 周易哲学演讲录［M］. 上海：华东师范大学出版社，2004：16.
② 牟宗三. 周易哲学演讲录［M］. 上海：华东师范大学出版社，2004：12.
③ 牟宗三. 周易哲学演讲录［M］. 上海：华东师范大学出版社，2004：4.

中的“几”。“几”不是一个语言概念，毋宁说是一种理念或者又是一个图式。《通书·圣第四》说：“动而未形，有无之间者，几也。”①《系辞·下》说“几者动之微，吉之先见者也”，又有“圣人研几”和“君子俟几”之说。因此，“几”可以朝两个方面展开：一是事物发展的“始”“壮”“究”；二是运用符号的人的行为和世界的联系，是主体的某种超越性领悟。这两个方面存在着辩证的统一。在消息卦变中，“几”主要指象数符号运动彰显的事实发展中，一些阶段节点的某种力量、契机，具有灵动性和提示性的特征，蕴含着本来如何发展和应该如何发展的高度统一。事实发展的序列充满着条件和因果的连贯，条件的变化通过“几”的有机调整而使事实发展重新展开新的序列，这里“有”是本然状态，条件的变化、变化的契机是“非有”，是一种“应该”，呈现出种种可能性。这里的“应该”并不具有道德色彩，可以作自然主义的解释，但是联系到“非有”是“无”的可能，我们可以设想“应该”是“被给予”的，这种被给予性联系到主体的超越性便具有某种道德意义的先验图式。

与消息卦变的应用密切相关的占卜活动向我们展示了这一先验图式的内涵。在古代，占卜是大事，是沟通神人的重要活动。占卜在三个层面开展：天子大人用于占断国事，君子士人用于观变玩占，百姓小人则用于生活日用。不管怎么用，占卜都将人与世界通过一种天人合一的范式联系起来，范式具有普遍性品格，通过扬弃的作用而达到。在占卜活动中，“应该”是被期许的事实，是未来现实的可能性，同时，“应该”经过扬弃达至一种普遍的效用，因此，“应该”对应于事实的“有而非有”具有“无而非无”的特征，犹如阴阳互倚一样，事实和价值是如影随形的。排除非道德的考虑，扬弃是从自然功利乃至反道德开始的，虽然都是价值意识，但是非道德无关乎道德，不存在意志冲突。较普遍存在的是自然功利抉择乃至反道德行为决断，由于停留在个体“气性”即情欲满足上，作为连贯纯粹的思即天人合一状态的“几”是不能发挥作用的，必须经过主体超越

① 周敦颐. 周敦颐集［M］. 长沙：岳麓书社，2002：21.

个人价值和一般事实才能上升为“应该”，“这种应该，是从最初的占卜里面引发出来并最终形成了独特的道德论述，这种道德论述既非康德式的从主体出发的绝对命令，也不是简单的功利性地去讨论为达到某种目的而要采取何种手段，它是讨论人在多变的境遇之中应该如何去理解自己的境遇，并力求用行动来把君子的品格实现出来”①。因此，真正的占卜是用以消息卦变等为代表的图式凭借大智慧来解决道德冲突的问题，道德是占卜的内在要求，这也是圣贤研几虑深，君子俟几而作的原因。可见，消息卦变不仅是对自然目的论的符示，更是对道德目的论的显现。举两个例子，如前述《左传·襄公九年》记载“穆姜薨于东宫”一事。“始往而筮之”，得随卦。卜者认为“随其出也”，不会有事，但是穆姜根据随卦的卦辞“元亨利贞，无咎”做出了德性化的解释，认为自己德不配位，必死无疑。另一个例子《左传·昭公十二年》记载“南蒯之将叛也”一事，鲁国季平子的家臣南蒯想要反叛季平子，“枚筮之，遇坤之比，曰黄裳元吉”②，南蒯以为大吉，就去问子服惠伯。子服惠伯却以黄裳乃中正之色，行不义之事必败来解释。虽然这两个例子都是以卦辞断吉凶，但很明显，《周易》的占验系统是排斥反道德的诉求的。易道讲“几”，《中庸》讲“诚”，实际上都指向德性化的形上实体。

“几”通过象数符号运动把“事实”的“有而非有”和“应该”的“无而非无”连贯起来，在象数体系中呈现出元伦理意识的图景：消息卦变既是从乾入坤的先验道德意识的演绎，也是从坤复乾的先验道德意识的还原。从天命到性命，从性命回复天命实则是作为创生原则的乾卦和作为终成原则的坤卦的流变运动，乾和坤是相互涵摄的关系。这里的“命”不是宿命或者命数，而是“理当如此”“应该这般”的道德命令。道德命令来自经验生活，经验积淀而为先验，先验意识则具有高度形式化的结构，它以意识显现的现象为对象，内在地包含了诸如理性、知性、情感等道德

---

① 张旭. 卜筮与道德：论《周易》经典化过程中遇到的难题［J］. 云梦学刊，2016（6）：44.

② 陈戍国. 春秋左传校注［M］. 长沙：岳麓书社，2006：924.

因素，而消息卦变作为高度形式化的符号，便是对于先验道德意识的自我显现，这类似于《成唯识论》“四分说”的“自证分”，即对道德“应该”的自我意识。

以河洛文化的河图洛书作比，亦能显现消息卦变“有而非有”和“无而非无”的特征，它把本体和现象结合在一个立体图式之中。河图的一至十的自然数列原是极其自然平常的，但是十进位的数列已然蕴含着分阴分阳的变化法则，从一与二的对立就有了奇偶的分别，从六开始便有了生数和成数的差别，一至十的和数五十五，至大无外，至小无内，囊括了宇宙万象的一切。如果配以汉代五行学说，河图表现的是一六水生三八木，三八木生二七火，二七火生五十土，五十土生四九金，四九金生一六水，这是顺时针万物相生图，是通过数确立起来的某种本体秩序，但是这种观照尚未切入具体事物层面，因而是“无”；作为河图流变而为现象的洛书，却重在事物之间的“克”，“克”不是一种简单的五行相生相克，它主要象征了事物之间由于产生了联系而发生了实在的变化，洛书一六水克二七火，二七火克四九金，四九金克三八木，三八木克五中宫土，五中宫克一六水，这是逆时针相克，故而立体地看待河图洛书，河图因此呈现出“非无”。洛书的变化是“有”，但是结合河图的创生原则，是一种本体观照，又显现出“非有”的特点。后世以河洛之数为基础演绎出千变万化的易图，这些易图和消息卦变一样，共同寓指着包括事实和价值意识在内的现象和本体之间的联系。

第二节　妙悟畅神

《系辞·上》：“子曰：知变化之道者，其知神之所为乎?”虞翻曰：“在阳称变，乾五之坤；在阴称化，坤二之乾。阴阳不测之谓神，知变化之道者，故知神之所为。诸儒皆上子曰为章首，而荀马又从之，甚非者矣。”虞翻引用《系辞·上》“阴阳不测之谓神”，同时也解释了这句话的意思，乾坤二五两爻互相上下进居五二两爻，这里有荀爽“乾坤升降”之说。升降说源自京房，荀爽出于注经的需要，忽略了京房阴阳均可升降的自然原则，“在升降原则上表现为重视阳升阴降。这虽然符合封建社会君尊于上、臣卑于下的社会伦理准则，但却违反了自然界阴阳之气在升降上的相互依存及平等的规律。荀氏似乎已经认识到了这一点，故其在重视阳升阴降的同时，又主张阳降阴升”①。在这里，虞翻一方面继承荀爽升降说创造了卦变体系，另一方面又用这个例子很好地解释了阴阳不测，变化之道、“神”之所为便是指阴阳运动可以理性推演，也可以违反理性只能揣摩测度。这种揣摩测度也并非无章可循、无迹可求，如注《系辞·上》“其受命也如响”，虞翻曰：“言神不疾而速，不行而至，不言善应。乾二五之坤成震巽，巽为命，故受命。同声相应，故如响也。”“神”的作用是不疾而速，不行而至，在物理世界中，这种运动是不存在的，所谓不言而能做到善应，应该只能把“神”看作是某种超越性的意识，中华文化的内在超越也就规定了“神”的意识是一种天人合一的道德意识。为便于解说，不妨把这种精神性的范畴名为“神几”，一方面接续前述虞氏易学对于“几”的符号阐发，另一方面又能继续开拓“神”的影响的内涵。如果说“几”还有点偏重主观意识的话，那么“神”就越来越像某种客观精神，但仍然具有主观意识性。把“神”和“几”放在一起来谈，可以使这两个不同而又相似的义素产生一加一大于二的作用。虞翻在这里又用到乾坤二五升降以及飞伏震巽，其目的还是在于说明这种不可思议的“神几”的功能。

“神几”的不可测性只能转换为认识论上的对于一般理性的超越，是一种领悟的圆融，甚至是某种美学意义上的畅怀和怡情。这种方式同样展示出语言的有限性。因此，“神几”所传达的道需要在语言之外得到某种暗示，而作为所指的“道”常常以否定的方式肯定自身，使其成为“一”，《说文》：“一：惟初太始，道立于一，造分天地，化成万物。”道和这个

① 刘玉建. 两汉象数易学研究：下册［M］. 南宁：广西教育出版社，1996：525.

"一"的关系语出《老子·四十二章》："道生一，一生二，二生三，三生万物。"任继愈说："道生一，一生二……并没有更多的意义，只是说，事物因混沌的气（或朴，或一）分化成为万物，由简单到复杂的过程罢了。"① 而正是这个过程蕴含着矛盾的对立统一，老子运用了"反者道之动"以及大量充满辩证法的语言来描述这个过程。说到底，当人们运用语言表述道的时候，就已经在划出一道界限，界限是肯定也是否定，或者说用肯定的方式否定、用否定的方式肯定，但究其根本则是一种否定，而这种否定并不是不能贯穿语言所指和真正的真实的。否定是客观被赋予的，界限既表达了对于道的追求，同时又指出了某种边界，人们日用而不知的界限即是人们眼中的世界，所谓"君子不器"，就是要有这个边界意识。因而否定性的界限意识就是肯定在世的器物世界，道的"无"之性就是肯定器物世界的"有"之性。深不可测的违反语言规定的"神几"就是在"道"的这种自我否定从而生出自我界限的基础上达至自我认识的，界限生出自我的"器"的意识，而"器"则在自然运动中实现了自我。

《系辞·上》："非天下之至神，其孰能与于此。"虞翻曰："至神，谓易隐初入微，知几其神乎！""神"本就是隐匿和微妙的，但只要探赜索隐，把握事物的初始状态，便能将事物和世界以及认识主体联系起来，这就是知几。"知几其神"，这种天人意识赋予了客观意义的神（非人格神）的主观精神。韩康伯说："非忘象者，则无以制象。非遗数者，则无以极数。至精者无筹策而不可乱，至变者体一而无不周，至神者寂然而无不应。斯盖功用之母，象数所由立。故曰：非至精、至变、至神，则不能与于此也。夫易，圣人之所以极深而研几也。"② 韩氏在这里用象数与对象数的价值判断意识联系起来以此说明神和神识的深广和细微。荀爽进一步指出这种神识是极其幽深绵密的，其大致意思就是某种天人合一的意识状态，荀爽曰："谓伏羲画卦，穷极易幽深；文王系辞，研尽易几微者也。"③ 伏羲和文王

① 陈鼓应．老子注译及评介［M］．北京：中华书局，1984：232.

② 李道平．周易集解纂疏［M］．北京：中华书局，1994：592.

③ 李道平．周易集解纂疏［M］．北京：中华书局，1994：592.

这样的圣人尚且如此，那么要通志、成务就要善于把这种天人意识化为生活中的道德理性和道德情感，不断进德修业，从而成为格局开阔的人。注《系辞·上》“唯深也，故能通天下之志”虞翻曰：“深谓幽赞神明。无有远近幽深，遂知来物，故通天下之志，谓蓍也。”“神几”之深能够参赞神明，通天下之志便能知来物，这并不是神秘主义的呓语，而是可实行的修养的理想。卦筮之物，只是一种方便工具，因此虞翻也说卦也是神，其意在于通过卦爻模拟神而已。“唯几也，故能成天下之务”（《系辞·上》）虞翻曰：“务，事也。谓易研几开物，故成天下之务。谓卦者也。唯神也。”卦之神只是提供了一种方便，其修养途径还是要研几开物，即认真研究事物的发生发展，有了心得便以此推及其他事物，从而把天人意识转换为道德意识。这样，“神几”的效果就展现出来了。注“故不疾而速，不行而至”（《系辞·上》）虞翻曰：“神，谓易也。谓日月斗在天，日行一度，月行十三度，从天西转，故不疾而速。星寂然不动，随天右周，感而遂通，故不行而至者也。”这种变化（易）与日月星辰的运动相关联，感而遂通故能不动而动了。同时，作为道德意识的“神几”又要深入到所谓君子不器的器世界，方能君子不器，换句话说，经由道德意识才能回复到天人意识，即自然而然地忧患却又不执着于忧患更能超越忧患。注“又明于忧患与故”（《系辞·下》）虞翻曰：“神以知来，故明忧患。知以藏往，故知事故。作易者其有忧患乎？”可以想见，作易者深秉神几契会，在忧患中又离于忧患，知来藏往而与天地同参，这已经跳脱了一般的伦理考虑和简单的善恶评判，从而使“神几”在概念上是一个可理解的常项，而变项就是不断地否定和超越，其结果实际上是“神几”的自我实现，自我的实现就是“器”在世界之中的肯定。

关于这种不同于形式逻辑甚至也不同于西方辩证逻辑的朴素辩证法可进一步参照注文，这样可以深入领会其意。注“夫易章往而察来，而微显阐幽，开而当名”（《系辞·下》）虞翻曰：“神以知来，知以藏往。微者显之，谓从复成乾，是察来也。阐者幽之，谓从姤之坤，是章往也。阳息出初，故开而当名。”“来”和“往”一般而言是矛盾的，在这里作为天人意识的“神”和“知”也具有了相对矛盾的性质，微和阐、显和幽都是对举的关系，按虞翻的解释，知来是因为有乾阳的运动，从复卦慢慢而至乾阳圆满的乾卦。也就是说，理解和领悟了乾阳的运动，也就会知道未来将会怎么发展，大的趋势如何，“开而当名”即天人意识落实到道德意识，也就了解如何与世界和人打交道。注“神以知来，知以藏往”（《系辞·上》）虞翻曰：“乾神知来，坤知藏往。来谓出见，往谓藏密也。”结合上一条注文，“阐者幽之”即是从姤卦进而至全阴的坤卦，用阴爻来象征失去的时间和人事，此条注文的“藏”不能理解为收藏或者埋藏，它就是指失却，所谓“藏密”也就是远逝的人和事。在这里矛盾不是简单的对抗性的性质，而是一种“不通”，《周易》的“亨”就是“通”的意思，通达是“生生之谓易”的非常重要的思想。在现实生活中，一个“矛”和一个“盾”在冲突的场合才是对抗性的，但这种对抗性是统一于人自身的，是人对于他的这个世界和自我与他人之间的关系的理解，这里矛盾关系也就是人的持存和发展之间的不通达，这种不通达才导致人设计出来“矛”和创造出来“盾”，这才是“矛盾”。因为不通，有了“矛”才来设计“盾”。“盾”从某种意义上来说不是针对“矛”，“盾”的出现是一种觉悟，它采用的是脱离，是从简单的形式矛盾中跳脱出来，从“矛”的延伸之处诞生出来的，用防御性的方式平衡了进攻性的方式，也就是平衡了人性，“如果有什么关于人的本性或‘本质’的定义的话，那么这种定义只能被理解为一种功能性的定义，而不是一种实体性的定义”①。所谓人性也就是一种在“矛盾”的功能作用下的存在者，因此人只有依据平衡和协调的规则方能创造通达的可能。所以脱离、通脱才是重要价值，而掉入人所谓的形式矛盾哪怕执着于“矛盾”任一方之中也都是一种缺乏智慧的表现。其实“矛盾”是不是一对“矛盾”，是依赖于人的智慧的。

在虞氏易注中对于矛盾的理解可以灌注在时间的一种平衡性之中，唯其如此方能给我们以智慧的启迪，可以说从逻辑矛盾中脱离才具有真正形

---

① 卡希尔. 人论［M］. 甘阳，译. 上海：上海译文出版社，1985：87.

而上的价值和含义。注“显道神德行”（《系辞·上》）虞翻曰：“显道神德行，乾二五之坤，成离日坎月，日月在天，运行照物，故显道神德行。默而成，不言而信，存于德行者也。”“神几”之畅是需要方法的，符号和符号运动是一种象征，更是一种暗示，不是说看了乾卦和坤卦的二五会通，理解了它的规则就能畅神了，就能把自己和天地融会贯通了。乾坤运动的理解固然重要，而存于德行的言和信更是实践的要则，持守将会“默成”，就像日月在天不断变化运动，在变化中显现“神几”，在道德生活中体悟“神几”。因而“神几”的重要特征即是变化，或者说是变化之中产生的微小而幽深的影响。“鼓之舞之以尽神。”（《系辞·上》）虞翻曰：“神，易也。阳息震为鼓，阴消巽为舞，故鼓之舞之以尽神。”“神”就是变易，或者理解为变易的影响。以震巽为代表的阳长阴消实则是在强调这种影响。“神而化之，使民宜之。”（《系辞·下》）虞翻曰：“神谓乾。乾动之坤，化成万物，以利天下。坤为民也。象其物宜。故使民宜之也。”与“神”为易稍不同，直接把“神”和乾元运动联系起来，突出了“神几”在民生物利的生活中的作用。“穷神知化，德之盛也。”（《系辞·下》）虞翻曰：“以坤变乾，谓之穷神。以乾通坤，谓之知化。乾为盛德，故德之盛”。回到乾坤相互交通而具德性之意，可知“神几”的动力来源是乾阳运动，乾阳本来就被赋予了先验德性。这一条侯果注曰：“夫精义入神，利用崇德，亦一致之道极矣。过斯以往，则未之能知也。若穷于神理，通于变化，则德之盛者能矣。”① 侯氏所言一致之道，类于孔子“吾道一以贯之”，即是指在长期的道德生活中不断修养，才有可能从心所欲不逾矩，这便是“神几”的精义，用此“神几”在方方面面，就能有伟大的德行，若在“神几”之理和变通之法上沟通起来，那就能展现盛大的德行了。这其实是对虞翻“以坤变乾”“以乾通坤”注解的补充。

乾阳运动导致有“神几”这样的精神或者意识的发用。这种发用，非是亚里士多德等西方传统的对于物理运动的分析。亚里士多德最终推出了

① 李道平. 周易集解纂疏［M］. 北京：中华书局，1994：641.

“第一推动者”，这是西方形而上学的必然的逻辑进程；而易道之“神几”的发用从根本上说是圆融的，是多层级多方位发散的圆圈式的，普通逻辑因而没有办法从整体上对其捕捉。“爻也者，效天下之动者也。”（《系辞·下》）虞翻曰：“动，发也。谓两三才为六画，则发挥刚柔而生爻也。”爻虽然是效法运动，但是运动之所来不是线性的追索，虞翻说动是“发”，也就是说动不是简单的一对一或者可以作出科学式的分析，毋宁说是多个因素的组合导致；三才六画、刚柔发挥，都是指阴阳互相倚靠、互相生发、互相区别、互相斗争的结果。可见“神几”精神的整体性、直观性和灵动性虽然不能作出西方式的精致分析，但仍然是有迹可循的。“天下何思何虑?”（《系辞·下》）虞翻曰：“易无思也。既济定，六位得正，故何思何虑。”这个注解似乎有矛盾的地方，一方面说易道无思，讲的是“无”；另一方面又说成既济定、六位得正，讲的是“有”。实际上，作为表达易道的“神几”精神便在有无之间，所以虞翻又说“何思何虑”，他把思虑的形式和思虑的内容统一起来，也就是把“有”和“无”统一起来，把先验和经验统一起来。因而运用“神几”精神时就不能简单地视之为某种肯定和否定，应该说简单的肯定和否定都不是一对矛盾，它们同时存在，与对象存在着条件性上的契合点，可以说肯定和否定都应该是具体的，但不妨做抽象的分析。否定是划界，建立界限和器物世界并把器物分别开来；肯定则一方面把诸器物联成一体，另一方面反映了人对器物的心识，肯定具有心物同一的倾向。所以“何思何虑”这种“神几”意识只有跳脱一般的肯定和否定，才能达到真正意义上的易道，在这里，“思”和“虑”的对象“何”与“思”“虑”本身成为一体，“何”也可以理解为对这种同一的否定式的肯定或者肯定式的否定。总之，跳脱不是简单地把二者分开，而是浑一的圆融。

也许通过卦爻这种高度抽象而又具有有意味的形式的符号系统的象征，可以更好地解释“神几”意识的特性以及它出入有无之间的作用。以乾卦（三画卦）为例，我们所能关注到的其实是乾卦的三个阳爻，这也是“天行健”精神的符号学基础。但是，三个阳爻之所以能够成立起来的

“基座”是三个阳爻之间的空白，这个空白看似没有意义，不能表达什么，它就是一个“无”，但恰恰是这种“无”给三个阳爻在其各自的独立性、相互之间的连续性和意义的连贯性上以理据和领悟力的支持。首先，初爻之下的空白、初爻和二爻之间的空白、二爻和三爻之间的空白以及三爻以上的空白让初爻、二爻、三爻以独立的面目出现，呈现了阳爻刚健的一面。其次，初爻和二爻、二爻和三爻、三爻和初爻的关系显现出阳刚之气的流动和连续，没有这些空白，这种连续是不可想象的。最后，初爻、二爻、三爻因各自占据的位置不同在互相的对比之下，具有不同的意义，所谓“当位”“居中”这样的意义便产生了，同时也赋予了这些意义以天人相参、天人合一的必然的一以贯之的内容。“神几”意识立足于这样的空符号展现了大千世界的万有，“空符号是以直接的空位、空白、停顿、间隔、距离或其代码作为表现形式，对实符号有分隔、提示、衬托作用，在符号活动中显示出必要性、依附性、可变性、单纯性、一次性的一类特殊符号”①。不是所有的空白都是空符号，但是空符号一定是有意味的空白，这种意味主要是和实符号相结合所产生，一方面它这种作为能指的“无”映射了实符号的存在，另一方面这个特殊的能指往往蕴含着“无”的意义，这个意义因实符号的存在而存在，实符号的存在和相互之间的联系、运动因空符号而展现出“有”，因而空符号的“无”就是“有”。这个“无中生有”有两层意思，一是局部的细节，比如乾卦初爻之所以是阳爻，代表刚健，是因为初爻和二爻之间的空白以及初爻之下的空白；二是整个乾卦都以空白为依托，在整体之中表现了局部细节之间的流通和变化。如前述，所谓“神几”意识就是在实符号的细微的局部的变化之中所象征的整体大用，更重要的是，无论细微变化还是整全都是以空符号为依托，当主体认识到、领会到这一点，作为某种客观的“神几”的神秘力量也就变为“神几”意识。当我们立足于卦爻实符号的连贯、运动、变化时，我们发现就单个卦和单个爻来看是具有相对固定的意思，但是就六十四卦之间

① 韦世林. 空符号论［M］. 北京：人民出版社，2012：61.

的流行来看，可以说穷尽了宇宙万物的“大有”的秩序和形态，当这个“宇宙代数学”或者说“空套子”展现了无穷尽的意义时，我们能够领悟到这其实就是“无”，万千的大有就是“无”。它充斥在爻和爻之间、爻和卦之间、卦和爻之间、卦和卦之间，是最为根本的“无”。因而，当实符号充分展现出这一点时，主体的“神几”意识也就成了某种客观的神秘力量了。

“神几”或者“神几”意识就是在这种有无之间展现出自身的。如前述，“几”这种元伦理意蕴是在主体意识和客观精神的交互关系之中发生作用的，“几”的这种跳脱性把形式逻辑和辩证逻辑统一起来。与“几”一样，“神”作为道德意识尽管具有某种程度的神秘性和非理性的特征，但仍然可以经由理性分析大致获得其内部的结构。总体看来，卦爻符号和语言表述存在一定的矛盾张力，但在有无转换、天人合一的视角看来，矛盾可以消融。为何矛盾不是一对矛盾？从字面意义上看，作为兵器的矛的对立一面是人或动物，要杀人和动物才有矛，盾并非与矛作对，持盾之人同样也是为了杀人，是防御性的杀人，可以说盾是因为矛而存在的，这是同构关系，两者是可以互通的。同样，生死、天人、有无也一样，死并非对生的否定而是生“生”的，真正的矛盾含义是“不通”，即对于变化转换中的主客体的交互过程的阻断和抑止。阻断和抑止是“阴”的概念，虽然在辅助“阳”的精神和物质转换中阴不可缺乏，但它的“不通”属性之一面确实成了德性论域中的不光彩角色。这在《周易》中就是“亨”的反面，包括“厉”“咎”“凶”等卦爻辞所蕴含的意思。“通”是有时间性的，它显现出矛盾，或者是矛盾的流通，最本质的“不通”没有时间性，否定是对界定的肯定，这本身就是矛盾。人对任何结论的否定都源于结论有肯定性，所以要否定，但这种否定已经产生的同时就成了自我结论的肯定。这种没有时间性的“不通”，将瞬间陷入自我矛盾。举例来说，虞翻在注《系辞·下》“君子上交不谄，下交不渎”时说：“豫上，谓四也。四失位谄渎。上谓交五，五贵；震为笑言，笑言且谄也，故上交不谄。下谓交三，坎为渎，故下交不渎。欲其复初得正元吉，故其知几乎。其知几乎?”豫卦的上卦是震卦，其主要作用爻是第四爻阳爻，四失位有待变阳为正，虞翻用道德贬语“谄渎”来描述四爻，但是四爻虽然不当位，却是阳爻，有统领全卦的意向。这看似是一个矛盾，矛盾是显现出来了，但它是“通”的，并不停留在形式逻辑的自我矛盾上。这表现在三点上：第一，如上述象数符号分析，四爻“谄渎”而启“应该”，“应该”和作为事实的“不应该”连通起来，因而四爻必当有所作为，而不是停留在形式化的理性上而陷于沉沦。第二，豫卦九四爻辞写得很清楚：“由豫，大有得；勿疑，朋盍簪。”有所准备，当然就有所收获，收获还不小；不要有什么疑虑，要聚集众人的力量，应对所有艰难困苦。第三，四爻的有所作为贯穿其他五爻，寓示将由行动把主客体连通起来，这颇类似于康德的实践理性，是实践理性把两个世界联系起来，但在虞氏易学乃至扩而充之至整个中华文明论域中，康德所谓“物自体”世界并不在此世界之外，它就在现象界之中。《周易集解》引侯果曰：“上谓五侯，下谓凡庶。君子上交不至谄媚，下交不至渎慢，悔吝无从而生，岂非知微者乎。”侯注简洁，但说出了四爻的地位和状态，并指出了方向。他说悔吝不生，是因为“知微”，“知微”即是知几。“神几”意识的整体性、直觉性和灵动性领悟到了这种由微而全、由全而微的广大精微的世界，是“至大无外、至小无内”的。这种“流通”“亨通”就是“畅”，在亨通的基础上进一步把主客体联通和连贯起来，畅神也就是基于对“神几”和“神几”意识的自我肯认，只不过这种认识不限于传统意义上的认识论范畴，毋宁说更接近美学思维或者审美意识，只有在审美认识的范畴中才能更好地理解天人关系和逻辑上的矛盾问题。如果把作为天人意识的主体置于通与不通的状态，矛盾的呈现亦可被认为是一种通向“道”的方法，因其无明确的方法意识但从与“道”的关系来看不失为一种途径和方法，可称之为“非方法的方法”。对主体的分析也即是一种元伦理意味上的对于道德世界的领悟。

而道德自我类似逻辑概念上的一个常项。在一个命题中，常项就是一个套子，基本上不会有变化，除非进入辩证逻辑的领域，而变项即是不同的境遇和道德判断的条件。如果自我执着于这个常项，虽能解决一般道德问题，但不能面对某些特殊道德问题，比如“电车难题”等哲学思想实验的问题。特殊道德问题不是“解决”，而是“面对”，是把经验和历史放在心里之中，用先验的形式、理性的手段、生活的本常去面对问题。正如虞翻注《系辞·下》“其言曲而中，其事肆而隐”说：“曲，诎。肆，直也。阳曲初，震为言，故其言曲而中。坤为事，隐未见，故肆而隐也。”“言”和“事”是对立统一的，两者之间虽有距离，但不可割离，因此其行为方式就是曲与直、中与隐的辩证对待。可见对太极之道和道德世界的领悟是一个过程，此过程所涉及的各种二元问题需要主体灵活把握和应对。就像我们通常所说的智慧要分开来，智和慧各有其用，但有时二者又要合二为一成为理性的凝聚。

虞翻注《系辞·下》“因贰以济民行，以明失得之报”说：“二，谓乾与坤也。坤为民，乾为行。行得，则乾报以吉。行失，则坤报以凶也。”得失吉凶在“有”“无”之间，以乾阳之行独立而浑入世界、人民之间，即得乾坤之旨。这是最为简要的畅神之妙悟。《系辞·下》“易简而天下之理得矣”虞翻曰：“易为乾息，简为坤消，乾坤变通，穷理以尽性，故天下之理得矣。”易简之理即是阴阳乾坤之理，是得失进退之理，也是融入了的“神几”妙悟之理。此中有变通之大道，更有性理之机括。过程性的穷理也就是进一步的了此性，此性了悟，即是消融了道德主体面临的各种问题和麻烦，因而也是外在修习和内在超越共同作用，天下之理才能得于我之心。得于我之心方能感通万物，《系辞·上》“感而遂通天下之故”虞翻曰：“感，动也。以阳变阴，通天下之故，谓发挥刚柔而生爻者也。”这种“感”是一种圆融思维，或者说是一般人很难获得的全域视角，这种全域，是阴阳变动，也是刚柔进退，通之于天下，显现于卦爻符号之中。全域视角则意味着道德相对性的消失，或者是寓于道德绝对性之中，使道德评判基于一个绝对性的根基之上。中国的天人合一，天下思想和天人意识在某种意义上便是这种灵悟“神几”的必然结果，此结果是过程性和开放性的，并非线性结局，相比较乾坤开合，阴阳消长和刚柔进退，它具有比较“沉静”的意味，一切运动都隐含在里面，是真正切入大全式的形而上学之中的，因而它的总体特征是某种“神秘的沉静”。《系辞·上》“无有远近幽深，遂知来物”虞翻曰：“远，谓天。近，谓地。深，谓阳。阴，谓幽。来物，谓乾坤。神以知来，感而遂通，谓幽赞神明而生蓍也。”在虞翻看来，由于天人亨通，乾坤阴阳天地便是一个东西，彼此之间不“隔”，感通的“神几”意识要切入运动的大千世界可以通过蓍卦显现出来。如若把“神几”意识归于形而上，则是一种不动的状态，即《系辞·上》“易无思也，无为也，寂然不动”的状态，虞翻说：“天下何思何虑，同归而殊途，一致而百虑，故无所为。谓其静也专。谓隐藏坤初，几息矣。专，故不动者也。”“天下何思何虑”，首先是因为天下有所思有所虑，思虑是本然，有所本之然，才有对于该本然的超越性的质疑。其次，如果整全看待所有的思虑，无论是从动机还是从效果来看，都是一种折中的平衡。另外，既然殊途同归，就有一种超越的内在需要，“百虑而一致”，是从经验层面看，“一致而百虑”，先有逻辑上的一致，即“神几”意识的客观化直至本体化，再有此世的纷繁复杂的思虑现象，两者的致思路径是不同的。作为本体的“神几”意识是“静”“专”“息”的，是隐含“动”的“不动”者，在卦象上，即为隐藏坤初的“复初”，阳爻隐伏在坤体初爻之下，这里有十分微妙的运动契机，是对即体即用的此世的巧妙的符号描绘。

虞翻易学以消息卦变为核心，把象数易学的象、数、理融合并贯穿于占蓍活动的始终，这是一种新的伦理秩序的象征，它具有不同于一般象数易学的模拟特点，可以说这个体系通过象数符号将“神几”的客观性和主观性统一起来，并赋予了纯粹形而上的本体以立体性、生动性、阶段性和有机性。这将十分有利于揭示道德意识的来源，并且在先验图式和道德境遇的融合过程中，对世界的揭示呈现出了广大精微的“其大无外，其小无内”的特征。这种先验图式具有先天能指的作用，对于这种能指的指明性分析，可以看到象数符号的事实象征；对于这种能指的自证分析，可以看到象数符号的元伦理意蕴。这两种分析实则是一种“面向实事本身”的过程，而面向实事，即是先验分析的落实，是在时间中展开的一种绵延，是

“此在”（dasein）在世的亲历。

第三节　适时合度

“几”的先验德性蕴含着人的道德与世界运动存在某种关联，借用王阳明的四句教“无善无恶是心之体，有善有恶是意之动，知善知恶是良知，为善去恶是格物”①，心本来是无善无恶的，但由于人在此世之中“操心”，作为心的一部分或者是一个功能的“意”就开始发挥作用。“意”之动与人和外部世界的交互取用联系起来，“意”于是就有了是非善恶。去“明”这个善恶之理，修之于身心，也就是致良知的过程，此过程的展开便是为善去恶，格物致知，复归于乾元一阳。但从形式逻辑上理解“几”的先验德性只会使理性陷于悖谬：“几”在有无之间，在动与不动之间，如何具有先验德性？就像本来无善无恶之心，为什么能具有良知一样。除了前文所说“几”的微妙运动和“神”的主体意识之外，还可以用到“时”的理念来说明先验德性和生活世界的沟通以及用于具体生活的中庸之“度”，而这些，无不在虞氏易学中暗示和展现着。《系辞·上》说：“极天下之赜者存乎卦，鼓天下之动者存乎辞，化而裁之存乎变，推而行之存乎通，神而明之存乎其人；默而成之，不言而信，存乎德行。”天下运动自有其机缘，但“神而明之”的是人，通达变化以为我之用的，是人的德行。《周易》自古以来便有预测未来的功能，这种功能联系的不仅仅是人的过去、现在和未来，更是联系着人的道德理性和道德情感，“没有融会贯通的领悟，没有深入细致的观察，没有随机应变的思维，没有神而明之的灵感，没有高尚圆满的道德，也是无法利用《易经》来预测吉凶的。”② 仍以前述《左传》穆姜一事为例，穆姜一开始在东宫的时候，通过占筮得到了随卦，太史认为应该要离开东宫，暗示要尽快逃离出去，不

① 王守仁. 王阳明集：上［M］. 北京：中华书局，2016：108.

② 张立文. 和境：易学与中国文化［M］. 北京：人民出版社，2005：292.

然就会有灾祸。穆姜说了一段很著名的话，其大意是用德性解释元亨利贞，这很好地揭示了德性在《周易》中的基础性地位。

德性的先验需要运用时间概念来阐释。德性和物质运动看似没有任何联系，但在时间结构中，两者紧密相连而又有所区别，如果把原子人的生死之间以及人类绵延相续的过程看成本质性的时间，那么我们与之打交道的世界之运动则是非本质的时间。“本真的时间表象为年月日的累积，即表象为非本真的时间，因此非本真的时间原本是本真时间的表面现象，而本真的时间则是非本真时间的内在状态。”① 这里的内在状态即是指主体的认识、感受、领悟、灵觉等等，这些虽然都建基于对于主体自身绵延的智识，但不可否认本真的时间是具有真正形而上的本源的存在，这与人类冠之以年月日时的物质世界运动的时间区别开来，或者说世界的运动并不是本真时间，而是人类观之以自身后有所领悟，然后赋予运动以时间的意义。这大概也是前述乾卦所表达的乾元精神，乾阳运动的实质、乾卦的创生规则隐含着对于本真时间的领悟，但是乾卦的精神又要落实于坤卦的生成规则之中，精神又要有现实性，这就涉及非本真的时间。可以说，“此在”在众多存在者相联的存在中感受到了本源的存在，非本真时间和本真时间成为表里合一的一体。《系辞·下》“有不善未尝不知”虞翻曰：“复以自知。老子曰：自知者明。”如果把对于本真时间的领悟或者是智识与自身和生活世界结合起来并赋予“善”的意义，那么不善也就是它的反面，这与前述亨通和阻隔所描述的一样。在这种状态或者说境界之中，人生的生与死“之间”的与外物的交道成为善本体的表征。换句话说，无论生活中的善与不善都通达着本源性存在的善本身。在这里，亨通是一种本源性的运动，就像大河流水，无论河里有没有杂质，只要不妨碍到河流本身的流动，都在本体的范畴之内，但凡有一点不是在“亨通”意义上的，都将成为河流的阻断，从而成为不善。因而虞翻用“复”这个字来表达善本体的往复结构，复卦的初爻阳爻比拟本真时间的领悟，这个爻及其所处

① 楚人. 时间哲学简史［M］. 北京：中国华侨出版社，2019：297.

的位置是不变的；复卦之初爻在众卦的运动变化之中，复卦上五爻使初爻处于非本真的流变之中。只有当阳爻来到初爻位置，才使人从非本真时间中作本真性领悟，这便是德性的圆圈式的自循环运动。明了本体，明了时间的本真状态，也就能明了自身，因而自知也就是"知自"，"自"的主体性和"知"的对象性已经圆融，这个过程本身就是"明"。

《系辞·下》："知之未尝复行也。"虞翻曰："谓颜回不迁怒，不贰过。克已复理，天下归仁。""不迁怒"是真正的明的状态，"不贰过"是真正的自觉的境界，虞翻用颜回事说明的不仅仅是儒家的道德情操，更是在揭示本真时间领悟的圆融。站在"乾"的立场上，天下即是善、即是仁；站在"坤"的立场上，克己、复理是一个善的回归的历程，是从可操作的非本真时间回归到善本体的本真时间的过程。《系辞·下》："为道也屡迁。"虞翻曰："迁，徙也。日月周流，上下无常，故屡迁也。"这里涉及对于本真时间的先验结构，作为我们表象的非本真时间存在横向性的链接，而作为我们"神几"意识的本真时间则具有纵向性的链接。这两种链接即是内在状态和表象的开放而无限延展的过程，它本质上就在我们的生死之间，"由于完整的时间链是一个由横向链环和纵向链环构成的整体，所以时间原本具有立体结构"①。这个"立体"只是一个描述，并非空间意义上的。虞翻所说"日月周流"基本上可以理解为时间的横向性，"上下无常"则是对于本真时间的领悟，是纵向链环，屡屡变动不歇的才是"道"。但是，"日月周流"失去对举的语境，就必须进一步思考思维偏向在哪一方面，因为文化和语言的原因，语境又因东西方的差异有所不同。《系辞·上》："县象著明莫大乎日月。"虞翻曰："谓日月县天，成八卦象。三日莫，震象出庚；八日，兑象见丁；十五日，乾象盈甲；十七日旦，巽象退辛；二十三日，艮象消丙；三十日，坤象灭乙。晦夕朔旦，坎象流戊。日中则离，离象就已，戊己土位，象见于中，日月相推，而明生焉。故县象著明，莫大乎日月者也。"这一段注释是在用月体纳甲来解释

① 楚人. 时间哲学简史［M］. 北京：中国华侨出版社，2019：297.

月亮的运动过程，月体纳甲实际上是一种特殊的“象”，这种象把卦象、天象和阴阳五行结合起来，它预示着日月运动也就是对于时间的型相的展示，这种文化语境是完全不同于西方逻辑求真式的对于时间的真理性的追求，而是把主体消隐在世界之中，把万物原本的样子和自身原本的状态结合起来，进而揭示时间的真相。因此“真正的时间中的时间其实不在别处，就在本真的时间和非本真的时间的关系中”①。

不可否认，包括虞氏易学在内的易学文化在用中国文化思维思考时间和揭示真相时，又预设了作为本真时间的主体的领悟本身是具有道德性的。如前述，本真时间和非本真时间互为表里，因而作为万物运动的表征的非本真时间就被打上了德性的色彩。表里澄澈和大化流行结合起来，形成一种类似于太极式的运动：分阴分阳，阴阳互根，阴阳对战，阴阳互摄，即你中有我，我中有你，阴阳又共同功能化地揭示太极，等等。在这里，德性和物性高度融合起来，形成一种内生性的有机结构，在象的思维中，表里澄澈的乾元承载精神德性的一面，全体大用的坤元则承载接续变化的大千世界。就乾元而言，无物不善，因此也就是无善无恶；就坤元而言，一方面要配合乾元精神，另一方面也有自己的特性。现象世界中的善恶，生活中的善恶自有自身的范围和界限，即规范伦理学的原则、规则和具体道德境遇之间的关系，因而生活中的善恶是分明的。结合时间概念，则是非本真时间通过“必要的恶”与“自然的善”把善恶融通起来，形成所谓大化流行，从而才能契合乾元精神，同时成就坤元自身。并且，本真时间如果没有非本真时间的表征，主体的体验的意识结构则是难以想象的，这也便是乾元精神独立性以及契入坤元以成就世界的本意。仍以穆姜为例，她回答占卜者说不必出逃，随卦卦象在《周易》里说“元、亨、利、贞”，没有灾祸。在这里，灾祸是非本真时间意义上的，尽管哪怕有灾祸会发生，会有心情和情绪的变化，但是不会影响到心的领悟，因为本真时间的领悟已经统领着与非本真时间的关系。这个卦辞的“无咎”乃是

① 楚人. 时间哲学简史［M］. 北京：中国华侨出版社，2019：298.

以对本真时间的体悟为前提，换句话说，“咎”或者“无咎”的可能性不能排除道德的考量，不是纯粹的物质运动，不是自然的决定论。《系辞·下》“变通者，趣时者也”虞翻曰：“变通配四时，故趣时者也。”从字面上看，变通只是和四季流逝直接相关，其实不然。“配”是一种直觉的领悟，四时是从主体领悟的角度出发的，并不是单纯从客观的一面观察，对于自身并非独立存在者而言的本真时间是依赖于人的存在而存在的，也就是说，时间本身并非独立的存在者，时间对于人而言只是也只能是一种存在状态，“本真的时间是人的一种存在状态，即是人的生死‘之间’”①。对这种“生死之间”的体验才构成了本真时间，同时本真时间又不可须臾离开现象的非本真时间，这即是“乾”“坤”二元的精义。在这个基础上，才能进一步展开对于在世的价值取舍，即由道德理性和道德情感构成的伦理判断。《系辞·下》：“君子藏器于身，待时而动，何不利之有?”虞翻曰：“三伏阳，为君子。二变时，坤为身，为藏器，为藏弓矢，以待射隼。艮为待，为时。三待五来之二，弓张矢发，动出成乾，贯隼入大过死，两坎象坏，故何不利之有。《象》曰：以解悖，三阴小人，乘君子器，故上观三出，射出隼也。”这种“藏器于身”“待时而动”是由本真之“时”过渡到非本真之“时”的，因每个主体的条件不同而展开的人生经历我们称之为“缘构”。按照李道平的提示，这条注释是解卦和萃卦之间的变化关系，三爻阳爻隐伏，在变化中居于主体地位，是为具有道德德性的君子。解卦下卦为坎，二爻变之正为坤，坎为弓矢，坤为身，因此才有“藏器于身”，“以待射隼”之说。二变阴后，二三四爻互艮，艮为止，为等待，同时也为时，艮卦有时止则止的德性，爻以时而动。三待五来之二，五失位，之二，二动之五，整个过程由解卦中爻四个爻互体坎和离，坎离为弓张矢发。五得正之后，三动阳出成为乾，即三四五三个爻互体为乾，如此则解卦下互离体坏，离又为隼，故有动出成乾，贯穿隼体之象。大过卦有死之象，故入大过死。三爻之正为阳，而解卦三爻为阴，三爻改变了

① 楚人. 时间哲学简史［M］. 北京：中国华侨出版社，2019：304.

中爻三个阳爻，作为上互卦的坎卦和下卦坎卦毁坏，大过毁坏则无往不利。李道平说：“坎心为悖，两坎象坏，故《象》曰以解悖也。六体阴，小人象也。三位阳，君子器也。以六乘三，是小人乘君子之器。上以三为象，故云观三出，射去隼也。《乾凿度》曰二阴之精射三阳，当卦是扫。知阴阳动出，皆为射也。”① 坎卦坏，自然是解悖之语。解卦六爻阴爻而解卦三爻之正为阳，因此才说六阴乘凌于三爻之阳，是小人夺君子之器之象，此语解虞翻“小人乘君子器”。三为象，在时间领悟上很关键，下有详述。站在六爻的视角观三爻的变化，最后三爻动出，互离为矢发，矢发即为射出箭，射向隼。阴阳动出为射，主要是指阴阳爻互相纠缠，互相磨荡而有变。

解卦的这一段虞翻注解，关键点在三爻，能让我们更进一步理解易道文化的“时”的概念（作者按：用“理念”也许更好。但无论用概念还是用理念都无法摆脱西方语境的构造作用，这里暂时使用“概念”一词）。解卦的三爻本为阴爻，这样即可构成下体坎、下互离和上互坎，很好地解释了弓矢在身、待时而发这个重点象意。同时，三可以动出，即变阴为阳，又可满足动出成乾，贯隼之意。因为“搭箭”“贯隼”“得利”是一个狩猎过程的动态象征意象，因而三爻被赋予了非机械思维的使命，即为辩证思维。也就是说三爻是可阴可阳的、随时而变的。第一层理解三爻只是有待于变化的阴爻，阳爻是伏在三爻之下的，这比较机械一点。这第二层理解就是它是可阴可阳的，这也是字面上和卦爻象上的理解，而且还是一种动态的理解，非机械的视角和思维定式。第三层理解，虞翻接着引入大过卦象，并且直接把三爻看成阳爻，而不是变化而来的阳爻，这一点不好理解但有深意。传统注家要么“接着说”，补充虞翻易象，要么就是简单地认为这只是虞翻为了解经的方便强为之说。不可否认，在《周易集解》中有不少地方存在这样的嫌疑，但这并不意味着不可以对虞氏易象作出除了解释卦爻辞之外的深度解读，这要看虞翻是在哪种层次上解释卦爻

① 李道平. 周易集解纂疏［M］. 北京：中华书局，1994：644.

辞，如果是在象辞之间作出某种妥协，那么大可不必翻案。但若是站在更为形而上的层面，就有必要作出某些澄清，比如这里对于“时”的建构。笔者认为，之所以三爻貌似比较“不守规则”，可以根据需要调整爻性，是因为三爻在内在时间上被预设了善性。如果结合被解释的“待时而动”，并赋予三爻伏爻为阳、为君子，并且把卦爻符号所涉及的时间“扁平化”，就不难理解三爻的道德先验性。

可以说，三爻正是在“出生入死”之中形成了对于真实时间的领悟，从君子藏器于身到出入大过卦的死结象示，我们看到的是在“生死之间”的三爻，此君子与其说藏的器是箭矢，不如说藏的是对于本真时间的领悟这个存在本身的“大器”。因而，无论如何，哪怕三爻所处之事万分艰难，也将会带来“何不利之有”的结局。另外，把“器”限于箭矢，具体落实到此世，主体与世界的交道就呈现出一种“不得不”，就必须按照坤元的成就规则完成和完善之，这种“待时而动”是自然的，也是必然的。由此可见，由虞氏易学的象意揭示出来的易道文化对于“时”的理解表现出不同于西方的致思路径。这至少在以下四个方面显现出不同。

第一，中国文化的“时”的概念一开始就和西方有所不同，对于时间西方很少有情感性或者说某种情理结构的解释，但中国自《尚书》《周易》等远古元典起就开始了。《尚书·尧典》说：“乃命羲和，钦若昊天，历象日月星辰，敬授人时。”① 从字面上看，与时间相关的是“日月星辰”“人时”，但是通过“钦若”“敬授”的敬语，我们可以看到昊天和人之间的情感联系，通过“历象”把尧帝、羲和与万民又联系起来。虽然其目的是“授人时”，但在这个原始而又淳朴的过程中，人们创造了与之互动的文化，天人合一的文化基因通过“凝聚的理性”达成某种情理结构，情理结构中的诸因素在某种形式的比例和律动之中结成关联。这种文化“不是自然人性论的欲（动物）本体，也不是道德形而上学的理（神）本体，而是情（人）本体”②。

① 郭齐勇. 中国古典哲学名著选读［M］. 北京：人民出版社，2005：2.
② 李泽厚. 哲学纲要［M］. 北京：中华书局，2015：61.

第二，应该说，中国哲学语境的“时”的概念既不在天，也不在人，而是在天人“之间”。也就是说，对于本真时间的领悟既不是在于宇宙秩序，也不是在于道德秩序，而是在两者“之间”。这个“之间”贯穿着感性存在的真实的人，对于华夏先民而言，此情理结构透露出一种知命达观的人生态度，用艺术符号表征也就是乐感和乐感文化。这个“之间”，语言可以表述但不足以表述，因此才会有中国哲学对于言、象、意的原旨论议。其中，卦爻“象意”被易学家拈出以示天人合一，而天人合一的基础则是对于真实时间的主体领悟。《系辞·上》“子曰：书不尽言，言不尽意。”虞翻曰：“谓书易之动，九六之变，不足以尽易之所言。言之则不足以尽庖牺之意也。”因为易道“所言”，除了言可言的现象，最重要的乃在于揭示流行之大道，即易之动，九六之变中蕴含的道理，这才是言所不能尽的伏羲之意。“言”虽然不能直接揭示“易象”所符示的大道，但由于“言”处在“有所指”（现象）和“无所指”（道，本体）之间，它无所逃于道，这是以“言”示道的可能性；为显现道之广大精微，“言”辅助易象共同表达对于道的刻画，这就是言的有限性和携手“象”来寓道的必要性。从最为广义而言，象可以分为自然象和符号象，若是把只要有人的意识灌注并赋予意义的任何事物都看作符号，那么纳入人的视野的自然象也是其外延中之象。一般而言的符号象，是人创制的有意味的能指。其中，卦爻符号便是最具有包容性的符号象。

第三，易象对时间的领悟是在主体把握符号带来的“隔”与“通”的辩证关系之中。一方面，易象运动具有显现存在的特性，使其足以代表天人之间的“时”；另一方面，卦爻象因其高度的抽象性与自然象区别开来，成为另一种有意味的显现者。《系辞·下》：“是故易者，象也。”《集解》引干宝曰：“言是故，又总结上义也。”① 虞翻曰：“易谓日月，在天成八卦象，县象著明，莫大日月是也。”干宝是在进一步强调易学的象数本质，而虞翻则把自然的日月之象和卦爻象联系在一起来讲：没有比日月运动更

① 李鼎祚. 周易集解［M］. 北京：中华书局，2016：459.

能显现时间的存在。但是尽管日月是最大的法相，它仍然是非本真时间，相对于本真时间的领悟，如果执着于这个“象”就会有碍对于“时”的把握，这便是“隔”。如果通过情理结构，以凝聚的理性贯之以情感来面对直至领悟时间，这便是“通”。从卦爻象的角度来讲，卦爻具有高度的抽象性但同时又有一定的“型相”，因而适合模拟主体自身的体验。在这一点上，卦爻象胜过任何一个有具体形色的自然象，这是“通”。反过来，卦爻象比起自然象缺乏天然的亲近感，接触它、掌握它需要学习的过程，这便是“隔”。

第四，易符号表征的情理结构在悠远的巫史活动中形成主体的历史和历史感。《坤·象》“西南得朋，乃与类行”虞翻注曰：“谓阳得其类，月朔至望，从震至乾，与时偕行，故乃与类行。”从自然象上讲，月体从朔日到望日，是一个形象的线性发展，这可以类比历史的形成和发展；从易符象上来讲，则是从震卦一阳经过兑卦二阳到乾卦三阳全明的一个过程。但是易符号毕竟是人的创造，因此也是对于历史的感受，形成感受的历史。在历史与历史感的交互作用中，主体通过占蓍之类的巫史活动逐渐形成理性凝聚的情理结构，“与时偕行”既可以理解为个人化的理性凝聚，也可以理解为人类在历史活动中自我的分裂与和合。这是“与时偕行”之“时”的一层意思。另外，阳得其类，“乃与类行”，则可以从先验德性的角度进行解释。虞翻崇阳的态度已经赋予了“阳”或者阳爻以超越经验的德性，尽管在生成原则上需要“阴”来辅助，但是太极的回复运动早已决定“阳”的精神承载与形而上的发用。因此，“阳得其类”就是“德不孤，必有邻”，朱熹说：“德不孤立，必以类应。故有德者，必有其类从之，如居之有邻也”①。“阳得其类”可作德性化解释，只不过，易符号的表达要丰富得多。“阳”的与类相行、与时偕行由于“虚无化”了目的性，德性的光辉超越了物理时间，成为一种不被时空拘束的普适性的标准或者内心准则的存在。

---

① 朱熹．论语集注［M］．北京：商务印书馆，2015：118.

一旦明了对于时间的体悟在易符号上的表征方式，就不难理解易学预测对于程序和规则的反动，《道德经》所说的“反者道之动”大概就是这个意思。《左传·昭公十二年》记载“南蒯之将叛也”一事，鲁国季平子的家臣南蒯想要反叛季平子，“枚筮之，遇《坤》之《比》，曰黄裳元吉”①，南蒯以为大吉，就去问子服惠伯。子服惠伯却以黄裳乃中正之色，行不义之事必败来解释。虽然这个例子是以卦辞断吉凶，但很明显，《周易》的占验系统是排斥反道德的诉求的。易道的“几”与《中庸》的“诚”一样，实际上都指向德性化的形上实体。如前述，我们当然也可以想象如果穆姜只是按照卦辞的意思去行动会不会有好的结果。穆姜认为，随卦卦辞中的“元”是德业成就最开始的地方，“亨”是嘉礼中的主宾相会，“利”是道义的总和，“贞”是事情的本体。有了元的初心，具备仁才能领导别人，美好的德行足以协调礼仪，有利于万物足以总括道义，本体坚强才能办好事情。这样的卦辞是对应人的思想和行为的，所以面对占蓍是不能欺骗的。虽然占蓍得到随卦而没有灾祸，但是当时穆姜作为女人而参与了动乱，本来就该尽其本分，但如今做出没有妇德、没有仁德的事，不能说是“元”；使国家不安定，不能说是“亨”；做了事情而害自身，不能说是“利”；违背寡妇的事实而修饰虚美，不能说是“贞”。具有如上四种德行的，得到随卦的结果才可以没有灾祸，但是穆姜都没有，这是不合于随卦卦辞的，不合于卦辞当然就会有灾祸。

通过对于“时”的分析，我们发现以虞氏象数易学为代表的易符号的德性色彩比较厚重。此德性流行于行动之中则为德行，德行一方面承接先验本体，另一方面具有内在标准和准则以指导行动。在虞氏易学中，“适时”而又“合度”是其社会人生的圆满的道德理想。“适时”是形而上的层面，前文已经分析，“合度”则是落实乾阳精神，圆成坤卦的生成活动。《系辞·下》：“阳卦奇，阴卦耦，其德行何也?”虞翻曰：“阳卦一阳，故奇。阴卦二阳，故耦。谓德行何可者也。”德行如何可能？虞翻运用卦爻

① 陈戌国. 春秋左传校注［M］. 长沙：岳麓书社，2006：924.

符号的奇偶属性来解释德行的阴阳协调。在虞翻看来，尽管德行是要阴阳相协，但总有一个落实下来的“合度”标准。虞翻在对于“利”的解释中阐述了“利生”的“度”的原则，《系辞·下》“诎信相感则利生焉”虞翻曰：“感，咸象，故相感。天地感而万物化生，圣人感人心而天下和平，故利生。利生谓阳出震，阴伏藏。”虞翻的意思是屈伸进退就会产生“利”，“利”的盛衰就是阴阳活动，但是这里的“利”还不完全是道德生活中的利益范畴。虞翻说“相感”，其大意是人的思想和行为互相影响。不啻人，天地万物，圣人凡人都是如此，以圣人之心为天下心则能天下和平。万物化生是天地相感的结果，这是最大的“利”。可见虞翻所谓“利”仍然是先验德性的范畴，或者是类似于墨子的“利”的泛化，但在内容上与墨子有明显不同。虞翻用震卦来说明“利”的一阳初生，同时警示具有反道德色彩的“阴”伏藏在阳爻之下。如果仅仅限于这样来谈利，利本身也就无从谈起，在区分关于小人与君子对待利的态度上，虞翻澄清了伦理上的“利”的合度与否的规则。

例如，《系辞·下》“子曰：小人不耻不仁，不畏不义”，虞翻曰：“谓否也。以坤灭乾，为不仁不义。坤为耻，为义。乾为仁，为畏者也。”以否卦在十二月卦中的地位和发展趋势来明晓阴阳进退，并因此规定了小人的外延，即凡是不畏乾阳，不耻坤阴的行为都是不合度的利，具有这样思想和行为的人即为“小人”。《系辞·下》“不见利不动，不威不徵”虞翻曰：“否乾为威，为利。巽为近利。谓否五之初，成噬嗑市。离日见乾，为见利；震为动，故不见利不动。五之初，以乾威坤，故不威不徵。震为徵也。”这一条注释进一步指明乾阳为利，巽近离见，是用互体象进行解释，五之初，是用卦变解释见利则动的意思。五之初是阴阳交接，否极泰来的初始变化，以乾为威，历经噬嗑剧痛，方能融入乾阳。面对人生的种种艰难诱惑，持守即是得利，因而震为动即是乾坤阴阳两大原则贯彻之中引起的思想和行为的波动。君子之动则大体符合乾元精神，真正懂得得失进退无外乎阴阳消息的道理。《系辞·下》“子曰：君子安其身而后动”，虞翻曰：“谓反损成益。君子，益初也。坤为安身。震为后动。”崔觐曰：

“君子将动有所为，必自揣安危之理，在于已身，然后动也。”① 崔觐从日常道德心理的角度解释安身后动，虞翻则主要从易符号表征的角度展示君子人格。山泽损和风雷益在易象上的差别主要是静动之分，益之初即为震之初，乃一阳复生的境地。君子处此地，安身后动，阴阳交融，有坤之利，亦有震初“动而愈出”、回复乾元的态势。“易其心而后语”虞翻曰：“乾为易，益初体复心。震为后语。”崔觐曰：“君子恕己及物，若于事心难，不可出语，必和易其心而后言。”崔注接续孔孟儒教，专从文义上发挥，推己及物、恕道和人，安其心而后言语。虞翻从易符号变化言，益卦从否卦来，否卦上爻变而为益之初，因此下体为震，表征复卦初爻。“定其交而后求”虞翻曰：“震，专，为定，为后。交谓刚柔始交。艮为求也。”崔觐曰：“先定其交，知其才行，若好施与吝，然后可以事求之。”②崔注一仍日常道德理性，指出与人交的基本准则。虞注用益卦上体艮以及震初刚柔相交来解释，体现了易符号在表达道德生活上的灵活性和多域性。“君子修此三者，故全也。”虞翻曰：“谓否上之初，损上益下，其道大光。自上下下，民说无疆，故全也。”否上之初成益，益之综为损，损益之道就在日常阴阳进退之中领悟乾元，否上爻下于下位，损下体兑，损益皆互体坤，乾元伏藏，故说无疆，乾坤全体大用，乃太极之旨要。

《系辞·下》：“小徵而大诫，此小人之福也。”虞翻曰：“艮为小。乾为大。五下威初，坤杀不行，震惧虩虩，故小惩大诫。坤为小人，乾为福。以阳下阴，民说无疆，故小人福也。”小人何来之福？若能根据小惩大诫而内省，并试图做出改变，这便是小人之福。否上之初互体艮，从上乾出，有小大之变。互体坤卦，乾坤激荡，威初为震，因而有“小惩大诫”之说。坤又有小人之象，乾有福之象，阳下阴，阴阳变化趋于协调。综卦损卦下体兑，有民悦之象。合起来看，以谨慎惕惧之心看待变化，则小人未尝不能领悟乾元至善。在这里，虞翻以象示道，对“君子”“小人”并非机械地看待，这正是一种“度”的灵活运用：“‘度’作为第一范畴

① 李鼎祚. 周易集解［M］. 北京：中华书局. 2016：476.

② 李鼎祚. 周易集解［M］. 北京：中华书局. 2016：476.

在认识论需重视‘数’的补充，阴阳、中庸和反馈系统的思维方式需强调抽象思辨之优长以脱出经验制限”①。可以说，在以生存智慧为主导的中国哲学论域中，“度”的灵活性和开放性在“象示”的途径中更能通达道的境界。在虞氏易学中，象示的方法可以说发挥到了极致，在抽象和形象的交织中，灵感和想象自我形塑，形成了一种无法言说的“秩序感”，这种秩序感可以贯彻真、善、美、圣，不仅仅停留在伦理领域，它经由“以美启真”而达至“自由直观”，此即为回复到“太极氤氲”之境。《系辞·下》：“易曰：屦校灭趾，无咎。此之谓也。”《周易集解》引《九家易》曰：“噬嗑六五，本先在初，处非其位，小人者也。故历说小人所以为罪，终以致害，虽欲为恶，能止不行，则无咎。”侯果曰：“噬嗑初九爻辞也。校者，以木夹足止行也。此明小人因小刑而大诫。乃福也。”②“屦校”是对于六五而言，按照《九家易》的说法，六五原本应该是在初位，而现在处于五位，离为兵戈，故有“屦校”之说。处于桎梏之中者为小人。小人所为，唯利而已，因此终以致害。灭趾对初爻而言，若阴处初，虽欲行恶，下体艮，行止之象，故能止不行，如此则没有灾咎。侯果进一步指出，初九爻辞在于强调止行，并以屦校灭趾这样的刑罚来比喻，之所以看作小人之福，是因为这样的小刑能对人心有所开启，因此从这个意义上来说不啻是一次大的诫训。此条注释虽无虞翻注解，但是比照前两条虞翻注解，其象数易学的伦理诫训的方法是一致的。

“度”的理性贯彻不仅仅是在具体的伦理境遇，还应该特别强调对待万事万物的初始态度，应该有一个持存于心的善念，这在易符号之中即为乾元精神。《系辞·下》：“善不积，不足以成名。”虞翻曰：“乾为积善，阳称名。”“积善”也就意味着乾阳创造精神的持存和延续，相对乾卦，坤卦则是承载着生成法则的现实化，因而必然产生方方面面的“恶”。“恶不积，不足以灭身。”虞翻曰：“坤为积恶，为身。以乾灭坤，故灭身者也。”“恶”的产生，以身之欲念为主导，以乾灭坤，以阳灭阴，或者以灵灭身，

① 李泽厚. 哲学纲要［M］. 北京：中华书局，2015：168.

② 李道平. 周易集解纂疏［M］. 北京：中华书局，1994：645.

并非取消“身”的存在的地位，而是让“身”的存在更具合理性，合德性。于是，“身”的存在就必然朝向德行，而德之行又必须重视初始态度，“小人以小善为无益而弗为也”，虞翻曰：“小善谓复初。”在坤的境遇之中，哪怕再小的善行也应该持守善行，不能无所作为，小而积大，方显初心本色，犹如复卦一元复始。“以小恶为无伤而弗去也”，虞翻曰：“小恶谓姤初。”同理，小恶如姤卦之初爻阴爻一样，会渐渐消阳而为坤，从而掩盖乾的光辉。“故恶积而不弇”，虞翻曰：“谓阴息姤至遁，子弑其父，故恶积而不可弇。”如果不能弇恶于萌芽，任其发展，就会有阴消阳而至遁卦。此时子弑其父者有之，臣弑其君者有之，到那时将面对不可逆转的凶灾结局。从初始的小恶不惩，发展到大罪，“罪大而不可解”，虞翻曰：“阴息遁成否，以臣弑君，故罪大而不可解也。”失去乾元精神是从一开始就发生了的，姤、遁、否，是一个顺理成章的过程，是为“不可解”。

从知几通志的主客融合的“几”到主体意志主导的人性能力展现了某种理性内构，即人的逻辑性；妙悟畅神则更多地朝向某种类似于审美能力的理性融化的过程，在这个过程中，情感和想象的作用日显，化而为意志能力的理性凝聚并充实和充盈于日常生活中，天人合一的境界隐藏在这种流动的理性与情感的交融中，形成原则性的适时而动和合度成规，“自我克制、自我牺牲等意志能力习而久之，进入某种特定情感状态即美学—宗教的‘圣贤’境地，就是美德”①。作为人性能力的理性渗入德行并通过语言表现出来，语言在“此在”的“摇摆”中形成此在与世界打交道的境域，形成“缘构”结构。就存在论而言，缘构发生的语言在先，提供某种使之领悟的结构，我们在言语活动之中的语言潜伏在下，这种力量形成某种“支撑”和“托举”，使人们的语言活动“嵌入”在对象化的存在领地并觉悟之。语言本身不是对象，但它构成某种“域”，使得人们有条件进行与存在沟通的活动。这种开显形成“语境”，语境一方面与时间性相联系，成为主体间交流的手段，另一方面又取代和超越时间性，成为此在之

---

① 李泽厚. 哲学纲要［M］. 北京：中华书局，2015：125.

缘的根本世缘。语言的这两种可能性使主体陷入要么取消自身要么形成主客二分的境地。语言在主客二分中本身并无意义，在追求真理的路途中“成为”只是某种媒介，科学的极致往往就是核心手段和方法，这在对于时间的揭示之中可以看到。科学途径是主要的，尽管在哪怕对于物理学中光的运动和时间的联系之中也会存在广域的玄思，但毕竟能让人感到与存在的巨大背离，这就是“存在的遗忘”。与中国哲学语境相比较，西方关于时间有变易之理、不易之理，但没有简易之理。简易之理不是科学的极简方程式，简易之理是在对象化的消解之中以“居中”的方式重构形而上学，“居中”则类似于张载的“叁两显中”的思想。

语言可以取消主体自身，或者说以取消的方式建构自身，其大意是语言可以成为存在的家园，“如果这存在论的局面发生了转变，人不再被看作独立的主体，而是那只在缘构成中获得自身的缘在，语言的地位就大不一样了。语言恰恰是这缘在得到自身存在的缘（Da）”①。言语的语境构成具体的语言或历史，语言和历史相互构成，彼此是不能分离开来的，这是说语言既可以在时间之中，又可以对时间扁平化、虚无化或者是悬置时空的拓扑化。换句话说，不是语言体系或符号体系在先，不是逻辑上的某种框架在先，而是某种先验的构成在先。此在或缘在的“缘境域”的缘构在先，实际上指的是某种形上本体的构成在先，语言经验在开启之域揭示真理，语言体系或符号体系便是某种缘构成。作为象数易学代表的虞翻易学一方面和其他象数易学家一样通过象数符号开显真理，另一方面又和义理易学家一样通过语言揭示真理。但虞氏易学的独特之处在于，语言文字已经退居到形成了一种有意味的美学意义上的“隔”的效果。相对于易符号，语言文字已经居于某种辅助地位，完成了直观的伦理境遇，与形上本体直接沟通的却是易符号及其变化形式。

① 张祥龙. 海德格尔传［M］. 北京：商务印书馆，2007：278.

第五章　易例缘构：道德境域

第一节　境域象征

如前述，卦爻结构和卦爻运动是一种先验图式，它象征的是太极运动，卦爻这种特殊的能指是对缘构生成的源域的结构性刻画。作为卦爻结构和运动之典型形式的虞氏易学即是对于道德的源域生成的重要提示，是太极氤氲生发的缘构之道。《系辞·下》“天地絪缊，万物化醇”，虞翻曰：“谓泰上也。先说否，否反成泰，故不说泰。天地交，万物通，故化醇。”泰卦上下卦体现阴阳相交，故能万物相通，“化醇”一词很能表达形上结构的意味。天地状态氤氲而不可见，阴阳相通则变为可见万象，阴阳背离则乖谬大道，万物消遁不可见也。因此，谈泰卦必及否卦，“化醇”不是一种逻辑结果，而是天地源发的境域构成。孔颖达曰：“以前章利用安身以崇德也。安身之道，在于得一。若已能得一，则可以安身。故此章明得一之事也。絪缊，气附著之义。言天地无心，自然得一。唯二气絪缊，共相和会，感应变化，而有精醇之生，万物自化。若天地有心为一，则不能使万物化醇者也。”① 这种源发的境域可以如孔氏所言是“一”，“一”可

① 李道平. 周易集解纂疏［M］. 北京：中华书局，1994：653.

以安身崇德。氤氲之气，可以作为道德预设的基础，虽然天地乃无心之天地，但在先验结构中阴阳相互感应，变化之机神妙不可言说，而有经变化的万物化生，如果天地自有意志，反倒不能达至化醇的境界。在这里，不管是虞氏易学一贯所用语言和卦爻相结合的方法还是孔颖达的哲思生发，都在强调一点，即无思无为之天地是万物生成发展的源出之境域。“问题不是我们做什么，也不是我们应当做什么，而是什么东西超越我们的愿望和行动与我们一起发生。”① 而这种源出之境域正是“超越我们的愿望和行动与我们一起发生”的东西，是人的行为背景的总和。

《系辞·下》“男女构精，万物化生”，虞翻接着说：“谓泰初之上成损，艮为男，兑为女，故男女构精。乾为精。损反成益，万物出震，故万物化生也。”泰初之上是泰卦的初爻变动至上爻，其余爻往下降一个位次则为损卦。这一段纯看注文，并不能解释这一点：男女效仿阴阳交通则能有人类的繁衍生息，由此才能在现实性上确立主体。虞氏易学的核心还是在于通过卦爻象和语言的相互参证中发现易象的价值，从而抵达源始的境域之中。泰变损展示了通过初爻运动而至上爻呈现的可能性，也就是模拟了太极构成和运动的可能性，在这个变动之中，“象”的逻辑映射了语言逻辑，超越了一般主体的情意结构，通过直观的方式将人带到太极源境之前。再对应艮兑成损，阳精上交，男女交媾，源境中的本卦和综卦成为一体，损益互通，方有益卦下卦之震所代表的万物出震，始有万物化生也。干宝在这一段注文说：“男女犹阴阳也。故万物化生。不言阴阳，而言男女者，以指释损卦六三之辞，主于人事也。”② 干宝直接通过人事之理注释，损卦六三爻说“三人行则损一人，一人行则得其友”，很明显是通过人缘聚散来象征阴阳交互变通，指明人事之理通于阴阳之道。

这种通过卦爻变化和卦爻辞交相诠释太极本体的方法在虞氏易学中得到了很好的体现，就易符号能指系统而言，象数和语言能交相辉映。一般

① 加达默尔．真理与方法：哲学诠释学的基本特征：上卷［M］．洪汉鼎，译．上海：上海译文出版社，1999：4.

② 李道平．周易集解纂疏［M］．北京：中华书局，1994：653.

而言，学者偏向认为虞氏易学重在以易符号来解释卦爻辞，笔者认为，在揭示太极这一点上毋宁说两者都有作用。在太极的层面上，易符号在解释语言的同时，语言亦在解释易符号，可以说两者有殊途同归的目的。但是，语言有着自身不可突破的障碍，在表达太极上不可避免存在“隔”的一面。易符号则不同，因其高度的抽象性且内在地包含具象这一点就有无可替代的优势，因此，易符号“降格”来解释卦爻辞，实在是共在一条路上的“不得不”，这种让存在绽出的符号系统打破了一般能指的局限，在追问存在的路上逐渐消隐此在时再次呈现此在，使此在鲜活地在场。虞氏易例是卦爻符号的体系化和灵活运用的范例，从思入此在、接引此在的角度来说，它所展示的域场在诸多方面与海德格尔所描述的存在暗合，且有能力成为海德格尔所言源发境域即缘构的象征工具。

“缘构”来自德文“ereignis”，是海德格尔后期的一个核心概念，海德格尔认为通过揭示“ereignis”的原发意境，才能达至通向真正之存在的澄明境域的有效途径。ereignis 在德文中的意思是“发生的事件”，它的动词“ereignen”的意义是“发生”。海德格尔把这个词看作由两部分组成，即前缀“er-”和“eignen”，“eignen”意为“（为……所）特有”“适合于……”。“eignen”与形容词“eigen”（意为“自己的”“特有的”）有词源关系，并因此而与“eigentlich”（“真正的”“真正切身的”“真态的”）相关。① ereignis 的前缀“er”具有“去开始一个行为”和“使（对方尤其是自己）受到此行为的影响而产生相应结果”的含义。总括以上所说的，这个词就有“在行为的来回发生过程中获得自身”的意思②，如果从它的词源义“看”这个意思来理解，er-eignen 原本意味着 er-aeuge，即“去看”或“使……被看到”（er-blicken），以便在这种看（blicken）中召唤和占有（an-eignen）自身，有学者将这种“看”理解为“相互对看”。③ 海德格尔想要将 Ereignis 成为缘在在世的一种回溯，这种

---

① 张祥龙. 海德格尔传［M］. 北京：商务印书馆，2007：275.

② 张祥龙. 海德格尔传［M］. 北京：商务印书馆，2007：276.

③ 张祥龙. 海德格尔传［M］. 北京：商务印书馆，2007：276.

回溯的境域对任何缘在来说“去除”了时间，或者说通过将时间扁平化、虚无化或者是拓扑化使面向“缘（源）域”的任何“自身”纯粹化，即通过与道合一的方式“取消”了主体自身，从而避免了西方主流哲学思想主客二分的传统理路。可见，这种与道合一使“思”与“在”高度融合，已经到了哲学语言和哲学理性的边界，换句话说，通过不断地“言说”达到了维特根斯坦“对于不可言说之物我们必须保持沉默”的相同效果。这种途径使任何自身觉悟到任何存在者都在大化流行之中，任何自身的建构都是在自身的相互牵引和相互磨荡之中成其为自身的，这种作为最终“源头”的自身之缘具有先验的结构，这并非宇宙生成论的事物在时间上形成的关系，但是它具有某种关系的结构，这就是“缘发生”，是先验的“自身的缘构成”，即为“缘构”。

“缘构”（ereignis）这个词语在翻译过来时存在一定的争议。孙周兴把它翻译为“本有”或“大道”，这是基于海德格尔后期思想、复杂的语言和时代特征以及哲学问题等几个方面的考虑和妥协。他说：“本有（ereignis）标识的并不只是一个欧洲—西方的基本事件，而毋宁说，是我们这个世界技术时代的、跨文化（文化间的）的一个基本事件。”① 这个“基本事件”是存有历史的转向：“第一个转向是指原初思想的隐失和形而上学哲学的发生，即存在之被遗忘状态，我们可以称之为存在的转向；第二个转向是指形而上学的终结与后形而上学思想的发生，即存在之被遗忘状态的克服，我们可以称之为本有的转向。”② 因而，海德格尔的本有（ereignis）之思需要从存在或存有的历史之角度来理解。在海德格尔看来，历史上的形而上学之思所思的是存在者的存在：“形而上学一直未思的是作为存在的存在，作为二重性运作的存在，作为解蔽—遮蔽、在场—不在场、显—隐的差异化运动的存在本身。”③ 存在和存有的差异化运动在存有本身之本质呈现即“本有”中转向“思—言的归属”，而在存有的分解或存在的绽

① 孙周兴. 后哲学的哲学问题［M］. 北京：商务印书馆，2009：257.
② 孙周兴. 后哲学的哲学问题［M］. 北京：商务印书馆，2009：261.
③ 孙周兴. 后哲学的哲学问题［M］. 北京：商务印书馆，2009：263.

出中对于存在者的态度和行为让本质呈现，即让作为本有的存有本质呈现，有如《周易》的复卦，思想或乾元返回自身，只有返回才能成就本有，只有返回才能成就大道，因此“真正的合乎实事的思想姿态应该是一种中道、中庸”①。此即所谓居中的纯发生性的意义，敞开之境域即是一个“归本”的“居有”，可以说“本有（Ereignis）是一个现代心灵的警示：在我们这个异化、弃本、非自身化的时代里，海德格尔以其沉潜压抑的本有（Ereignis）之思发出一种殷切的呼吁——回归本身、返回自身！”②

如上所述，Ereignis 内在地涵括了本有和大道之意，在某种意义上与老子的“道”和《周易》的“太极”接近，这就使得孙译一方面要考虑到 Ereignis 字面上的和海德格尔哲学思想使用之中的特殊用法，另一方面还要经受来自中国哲学语言的压力以及两个不同语言境域交织所产生的困境，从而无法兼顾中西方的不同意味：“大道与本有也标明了我自己的困惑和无奈，因为大道和本有其实指的是同一个 Ereignis；但不止于此，我这个标题也可能指示东—西方思想的道路的交通和交汇，或者说，一个世界性的思想基本事件的生成。”③ 相较孙译，王庆节翻译为“自在起来”④，但是这个译法权且先不看是否照顾到 Ereignis 字面，单是短语式的呈现效果可能会损耗到语言自身本来就应该具有的张力结构。张祥龙翻译为“缘构发生”或“缘发生”⑤，考虑到海德格尔思想的原发性、境域性以及其思想与中国思想存在诸多的共通之处，用“缘”或“缘构”这个词比较好地传达出海德格尔要表达的意思，笔者接受张氏的译法。

“缘构”因其与太极之道的紧密关系，不可能是一个清晰的可用语言完全把握的对象，它具有“有而非有”“无而非无”的特征，“有”是就

---

① 孙周兴. 后哲学的哲学问题［M］. 北京：商务印书馆，2009：265.

② 孙周兴. 后哲学的哲学问题［M］. 北京：商务印书馆，2009：271.

③ 孙周兴. 后哲学的哲学问题［M］. 北京：商务印书馆，2009：259.

④ 王庆节. 解释学、海德格尔与儒道今释［M］. 北京：中国人民大学出版社，2009：127-139.

⑤ 张祥龙. 海德格尔思想与中国天道：终极视域的开启与交融［M］. 北京：生活·读书·新知三联书店，1996：163.

它的词根“发生”而言，“发生”就是对于存在者的线性序列运动的非对象化，但是存在者本身需要自身的磨荡、牵引才能产生关系。也就是说存在者不是从来就有的，任何自身都不是现实的，都处在“是其所是”的过程中，这就是“非有”；“自身的缘构成”在主客二分的主客体“之前”就已经是缘构的存在，道德在世界的本源的构成之中，而构成本身并非一个现成的“某物”，该构成的结构怎样并不是一个认识的问题，而是一个此在在世的体验的问题，从这一点来看，这便是“无”。但是缘构境域不是概念式的对于意义的安排，而是意义的自我构成，有着不断生成的潜能和势能，不断地将意义生发而至高阶，这大概也就是“生生之谓易”的真义。在意向之流动中，此在通过现在的体验而得以预持过去和保持对于将来的本真态度，从而达至最高的太和境界。因此，不是在追问道德在主客体形成对峙之前它的本源的构成中，而是在在世伦理的体验中此在和世界才具有对于“无”的一种否定属性，即“非无”，它便是缘构于道德本真状态的意义自我构成。《系辞·下》：“阴阳合德，而刚柔有体。”虞翻曰：“合德谓天地杂，保大和，日月战。乾刚以体天，坤柔以体地也。”缘构境域就如阴阳乾坤、日月天地相磨荡、相牵引和相杂糅，太极的源发构成即是一种刚柔迭交、阴阳相成的太和氤氲境界，有而非有、无而非无是对于这种状态的语言描述上的“不得不”。“存在（sein）这个词语一度作为有待思的东西已经揭露了什么，这个词语有朝一日也许作为被思的东西将掩蔽什么。”① 这肯定和语言的有限性相关，但不一定能限制易符号的特殊能指作用，下文将述及。

若从时间的本真状态来理解，则缘构代表着时间的立体结构或者说成为沟通元伦理学和规范伦理学的境域的有效途径。本真的时间就像一个先验范式，而非本真时间就是“常人”所感觉到的，两者具有不同的层次。“对非本真的时间的认知，即对时间的表象的认知让我们想到了在同一个层次上进行横向连接的链环。对本真的时间的认知，即对时间的内在状态

① 海德格尔. 海德格尔文集：路标［M］. 孙周兴，译. 北京：商务印书馆，2014：1.

的认知让我们想到了在不同层次上进行纵向连接的链环（内在状态与表象的连接）。由于完整的时间链是一个由横向链环和纵向链环构成的整体，所以时间原本具有立体结构。"① 这种立体结构源发地"被抛入"人的原初体验视域，该视域引发"几微"，从而"存在者某种决定性的境况，它们与人之存在本身相联系，必然地与有限的此在一道被给予"②。《系辞·下》："易曰：三人行，则损一人。一人行，则得其友。言致一也。"侯果曰："损六三爻辞也。《象》云：一人行，三则疑，是众不如寡，三不及一。此明物情相感，当上法絪缊、化醇、致一之道，则无患累者也。"③ 侯果所说"患累"，是与化醇致一之道相悖的，所谓物情相感乃是源发之构成，这不啻是一种敏锐的"终极识度"。所谓"三人""一人"者，则完全可以看作缘构境域的主体体验的不疑不惑的境界。唯有此种境界，才能对于时间的本真状态有所领会，才能对非本真状态的线性变化有真正的认识。《系辞·下》："六爻相杂，唯其时物也。"虞翻曰："阴阳错居称杂。时阳则阳，时阴则阴，故唯其时物。"阴阳相对而又相辅相成，如果将阴阳运动放置在缘构境域和日常流逝时间的关系上来看，我们就会发现自身与世界始终处于一种分裂的状态，某种不确定性使得二者的界限存在悖反的规律，这是偏倚日常的视角；若是偏向境域，则尽管"人一旦想弄清楚世界和生命的总体性，他就会感到自身置身于最终的互不相容性之中了"④，但此不相容性，又将在无限性的认识界限上消解这种二律背反，因而"人始终处于通往无限者或者整体的道路上"⑤。用阴阳譬喻，则是虞翻所说错居相杂，阴阳相互磨荡，它既在源发结构之中（太极氤氲），又在现象世界之中，所以说"唯其时物"。时阳则阳，时阴则阴，不过是对于太极运动在卦爻象征层面的"能象"（即卦爻作为特殊的能指而言）明察。

---

① 楚人. 时间哲学简史［M］. 北京：中国华侨出版社，2019：297.

② 海德格尔. 海德格尔文集：路标［M］. 孙周兴，译. 北京：商务印书馆，2014：14.

③ 李鼎祚. 周易集解［M］. 北京：中华书局，2016：476.

④ 海德格尔. 海德格尔文集：路标［M］. 孙周兴，译. 北京：商务印书馆，2014：14.

⑤ 海德格尔. 海德格尔文集：路标［M］. 孙周兴，译. 北京：商务印书馆，2014：15.

因之，境域化的存在在本体论的意义上消解了诸般难缠的道德困境。道德和价值的终极实在和真理不会是某种现成的对象，而这恰恰是概念式思维难以逃脱的命运。终极存在不是知觉的对象，也不是名相概念把握的对象，甚至不是某种精神的辩证发展和运动。从源发的意义上，它是一种包括想象和感知的纯粹直观。“终极并不像概念哲学家们讲的那样是最终不变的实体，而意味着发生的本源。本源是无论如何不会被现成化为认知对象的，而只能在直接的体验中被当场纯构成地揭示出来。”① 道德域便是这种纯构成，从概念思维的困境中走出来，将伦理与道德、主观与客观、内在与外在、行为和规范、无限和有限、理性和感性、境域和境遇统一起来，能够避及断裂式的旧有思维导致的人的异化，转而形成道德的切身性，切身的对于太极氤氲的预持和保持经由转识成智达至意义安排和意义生成的高度融合。这种“生生之谓易”的意义自我构成的状态可以用《周易》中的“太一”来表述。“太一”在经文中两现：一是《系辞·上》释“大衍之数五十，其用四十有九”，崔觐说：“舍一不用者，以象太极，虚而不用也。且天地各得其数，以守其位，故太一亦为一数，而守其位也。”② 这是具体把“一”视为具有时空意义的数字。二是注《系辞·上》“是故易有太极，是生两仪”，虞翻曰：“太极，太一也。分为天地，故生两仪也”，此“太一”，可以理解为元气，天地即为至大混元法相，也可以理解为对于太极的某种象征寓示，两仪即是太极。

“一”是指天地未分时的混沌状态，也可以认为是存在之源发境域的构成缘（先验关系），从智慧的圆成的角度看，它是混同主客体的非对象的“高阶对象”。一方面，“一”由道生，或者说自生即为道，是某种原始的混沌之气。该混沌之气经由内在结构的激发而生成天地万物，“道生一，一生二，二生三”便是元气生成的合理展开，“三”内在地包含“一”和“二”，但又不是“一”和“二”，它展开为万物。同时，这个表述也是对

① 张祥龙. 海德格尔思想与中国天道：终极视域的开启与交融［M］. 北京：生活·读书·新知三联书店，1996：8.

② 李鼎祚. 周易集解［M］. 北京：中华书局. 2016：418.

于源发境域的结构刻画。另一方面，“一”就是“统一的”“全体的”意思，是道的核心，万物的形上本原。《庄子·天地》：“一之所起，有一而未形。”成玄英疏：“一，应道也。”同篇有“通于一而万事毕，成玄英云：一，道也。事从理生，理必包事，本能摄末，故知一，万事毕”。① 这和虞翻解释的“太一”是“分为天地，故生两仪”并无本质的区别。站在“一”的角度，“二”是“一”；站在“二”的角度，“一”是“二”。《淮南子·诠言》：“一也者，万物之本也，无敌之道也。”这里的“一”即是从本体的角度上说，“一”如果从本体上说，从对世界的涵摄上说，便是存在之源发境域的意义。我们问“道德在主客体之前它的本源的构成是什么?”，就是在问道德境域在主客未分之前的结构、刻画、状态是什么。

注《系辞·下》“天下之动，贞夫一者也”虞翻曰：“一谓乾元。万物之动，各资天一阳气以生，故天下之动，贞夫一者也。”乾元和阳气应是两个完全不同的概念，阳气很明显是元气生成说的概念，而乾元在更多的时候是在表示某种根据，尤指存在源发的精神性的原因。这条注文仍然可以把“一”做两方面的理解，但不同于此前的在于，虞翻首先做出了乾元是“一”的解释，这就把元气生成包含了进来，天一阳气是在这个基础上资养万物的。所以，根据虞翻对“一”的描述，贞夫一者之“贞”，是不同于“一”和“二”的“三”，是对于本体和运动生成的太极氤氲之境的“正其义”。这便是对于存在的纯粹发生性的最好注解。虞翻说“万物之动，各资天一阳气以生”，这是以元气来解释“太一”。不得不说，中国古代哲学的很多存在论解释多是宇宙生成论，这固然和中华文化的特质相关，即缺乏系统的抽象解说能力，但在伦理道德的绵延式的情理结构的“生生”上是别的文化无法可比的。其实，本体论和生成论不做硬性区分也许就能开显存在的真实义，只不过某些语言在字面上使其定了性。比如《淮南子·诠言》所说：“万物所出，造于太一。”其生成论是比较明显的。但因中国文字的圆融性，我们仍可以将之视为本体源发，“造”是一个过

① 王先谦. 庄子集解［M］. 北京. 中华书局，1987：99.

程，也是某种根本原因。“在这个世界上说汉语好像是一件特异的事情。它还血肉相连着三千多年前的文字。我们读的《诗》不少还在押韵，写出的字体还会眨眼睛，挖出的两千三百年前的竹简还直接地打动我们……而且，中文的书法成了艺术，接通了画意。它既不愿意只是象形，也不愿意去拼音，而是惦念着那‘能象’。它说明这个语言更古老还是更敏感？可能都有，尤其是后者。因为有了这惦念着、敏求着的感应，它才总可以用古老在现在写出未来。”① 有生命力的汉字是一种感应着的文字，所谓“敏求着的感应”是一种无时不在和无处不在的提醒：不能遗忘存在。存在的源发境域包含着“一”与“多”的“多”，但非“多”的简单叠加。“感应”着的是一种关系，这种关系内在包含分布式的对象思维关系，同时也是汇聚式的圆融结构，感应本身即是一种“居中”的纯发生性，因而感应有着某种先验的召唤，它既可以因某物和另一物“依感而应”，也可以应着缘构的刻画而感。所谓“居中的纯发生性”便是对于缘构的刻画的明察。海德格尔临终时所说“道路，而非著作”即是一种“居中”的态度，这里的“居中”并非不偏不倚，而是此在“恰恰”思到存在中，作为对于存在召唤的呼应，感应用自身与自身的世界联系起来作为回答，因而感应本身即是居中（非对象性的此时此刻）的纯发生。“此在就是此在的发生，而且仅仅就是这种发生。此在，只有当它作为此‘发生’的时候，才作为此—在而留存，作为此—在而在场。所以，唯当我们的思之此在能透明地共鸣于存在本身发生着、聚集着的到场，后者才会真正达乎此在，显现为此在。”②

易符号恰是感应的直观的“关联物”而非仅是产物。感应的回溯是太极氤氲，作为联系此在和此在的世界的“是”而开显，因此可以用连续性、刚强性、显明性的阳爻之阳来形容；而非感应的日常相较于感应本身则是断续性、柔弱性、晦暗性的，可用阴爻之阴形容。阴和阳都是对于太

① 张祥龙．概念化思维与象思维［J］．杭州师范大学学报（社会科学版），2008（5）：8.

② 余平．海德格尔存在之思的伦理境域［J］．哲学研究，2003（10）：66.

极的开显，既可以融入对象性的思维，又可以思入非对象性的形上思维。一般的理解，易符号是作为感应的产物而存在，是对于感应的记录，这只是一个方面。另一方面，它还是存在之缘构的象征，是一种先期而至的“牵引”，牵引的是此在世界的在场，它往往采用“非”或者“非非”的形式来不断否定而达至肯定非自身的自身，即缘构境域。就像《孙子兵法》的作者孙武是反对战争的，能够不打仗就不打仗，战争是迫不得已的选项，哪怕是在能够胜利的预期之下，所以孙武强调“不战而屈人之兵”。这不仅仅是一种战术的算计，达到“屈人之兵”的效果（如果可以这么看的话）这句话还有高远的战略定力，即为“不战”，和平才是理想。但不管战或不战，都要有一番“能胜”的谋划和“敢胜”的意志。所以“不战”不是作为某种谋略的结果而出现的，而是先期而至的。

易符号与语言能指的最大不同即在于它既能包含语言能指的指物功能，比如虞氏易学用易例解说卦爻辞，又能引入语言所没有的非对象性思维的机缘，使得物的创设可以依据易符号来进行，比如《系辞·下》开篇“古者伏羲氏之王天下也”一段所预示。可以说，易符号兼具“引入”超验的追问和先验的追问两种对于存在的追问形式，易符号随时都可以脱离语言能指的指向所指，使得它的“场”扩大，至终而能形成“域”的效果，即缘构境域，这是先验的追问；易符号还可以经由某种路径上升而为超验存在的象征。此种路径在“牵引”“某物”或者“什么”的尽头跳出此在世界的境域而直接转为超验形象的产物，两者的区别在于易符号在“牵引”世界出场时是主动的还是作为工具成为超验存在的预设。

因而，易符号最有可能解决主客未分的前反思的问题。张祥龙认为，这是“能象”的独特之处，“这是一种更原发的理性思维方式”①。原发是指指向缘构境域而言，所谓理性思维方式是指合理地构造和推演及其运用的运思方法。但不可否认，易符号在源发性上还具有灵性思维的一面，这是别的符号或能指所不具备的。除了原发性，能象还具有诸如非对象化、

① 张祥龙．概念化思维与象思维［J］．杭州师范大学学报（社会科学版），2008（5）：6.

补形、纯势态、潜在全息和时性的特点。① 能象之“能”是指“象既不可还原为‘形/无形’，也不可还原为‘质’，而只能出自纯势态”②。此纯粹的势态是一种被赋予的“准备动作”，它来自太极的赋能，时刻准备着牵引和招惹出意义来。它似乎具备某种定力，在更原初地引发着意义时总是从隐藏之处现身，在不突显之处涌现出来，这使得“某一个、某一族意义和存在者被生成”③。因而这种无定形之形应该是具备某种非静态的发生结构的，即被赋予地表达着太极之道的某种“先验刻画”。这种刻画一方面可以随缘起而生，又随缘起而落，它就像格式塔心理学所说的在寻找形式并“补形”着。另一方面这“生生”的结构透露着全息的世界，同时也是潜在的能在，它将时间压缩在某一个具体的“象”中，但它是活的时间，随时准备在某个被意识到的时刻释放出来，“时间使人在随其行之中得其自身（意识）；而此随身的意识又会参与时间的生成”④。《系辞·上》：“易与天地准，故能弥纶天下之道。”虞翻注曰：“准，同也。弥，大。纶，络。谓易在天下，包络万物，以言乎天地之间，则备矣。故与天地信也。”易道之大，乃在包容涵括万事万物，而所谓“言乎天地之间”是能象之表现，此“言”实则以非言的方式以“备”招引缘构境域，所以是能与天地共伸的（信，伸也），在能“象”太极这一点上，能象与天地之实象是如影随形，共同进退的。这便是一对阴阳，在阴阳之“能”这方面是要交还给赋予方的。

反过来再看元气太极，作元气解的太极除了“一”“天一”，又可作“太一”，基本意思是指元气。如《孔子家语·礼运》：“夫礼必本于太一，

---

① 张祥龙．概念化思维与象思维［J］．杭州师范大学学报（社会科学版），2008（5）：6-8.

② 张祥龙．概念化思维与象思维［J］．杭州师范大学学报（社会科学版），2008（5）：7.

③ 张祥龙．概念化思维与象思维［J］．杭州师范大学学报（社会科学版），2008（5）：7.

④ 张祥龙．概念化思维与象思维［J］．杭州师范大学学报（社会科学版），2008（5）：8.

分而为天地，转而为阴阳，变而为四时，列而为鬼神。”① “太一”又作“大一”，如《礼记·礼运》：“是故夫礼，必本于大一，分而为天地，转而为阴阳，变而为四时，列而为鬼神。”郑玄注曰：“大音太。”孔颖达疏曰：“必本於大一者，谓天地未分，混沌之元气也。极大曰大，未分曰一，其气既极大而未分，故曰大一也……分而为天地者，混沌元气既分，轻清为天在上，重浊为地在下。”② 这个例子把被解释项的人伦秩序的“礼”与元气生成结合起来解释，可以看到能指之所指具有德性论的意味，这是先验的德性，人伦之礼融合在自然秩序之中的解释可能带来混乱，因为人伦和自然还是有区别的，这说明了语言能指的逻辑局限，同时给卦爻能象留下了充分的空间。

《系辞·上》“成性存存，道义之门”虞翻曰：“知终终之，可与存义也。乾为道门，坤为义门。成性，谓成之者性也。阳在道门，阴在义门，其易之门邪。”语言虽然存在有限性，但在描述的过程中可以以非逻辑化的形式通向世界的在场。如果本真地“知终”，则太极与此在相互响应，彼此不分直至“终之”，这就是两相适宜之“义”。可见，太极之源发境域原本就具有道德的意味，是伦理学的缘构，即原伦理学。除此之外，意识到的此世和不管有没有意识到的常人之世因其遮蔽状态而不在场或潜在的“缺乏”，就如乾坤阴阳之门，道义存焉。“门”这个意象常开常合，是对“终有一欠”的此在世界的现象的动态的呈现，所谓“性”是在这种阴阳相辅相成的作用之中形成的。在这里，不在场和在场、遮蔽和去蔽在彼此的作用之中“分解”，太极通过源发境域而常新，生生之谓易是“易之门”之本有，在俗世的层面为规则和秩序奠基，这便是道德境遇而非境域的生成。所谓“域”，“不是物理学中讲的场，而是指两方充分地相互引发、激活和构成着原本意境的状态。所以这域是自身摆动（震荡）着的”③。阴

① 王国轩，王秀梅，译注. 孔子家语［M］. 北京：中华书局，2011：375.

② 孔颖达. 礼记正义［M］. 上海：上海古籍出版社，1990：437.

③ 张祥龙. 海德格尔思想与中国天道：终极视域的开启与交融［M］. 北京：生活·读书·新知三联书店，1996：164.

阳的自身摆动而形成千变万化的具体情况便是境遇，境遇之发展有伦理原则和伦理规则，二者又源出于道德境域，或者是通过发生着的事实逐渐达至实事澄明之境，在这个意义上是回溯到源发境域。复卦六四爻爻辞："中行独复。"《象》曰："中行独复，以从道也。"虞翻曰："中谓初。震为行。初一阳爻，故称独。四得正应初，故曰中行独复，以从道也。俗说以四位在五阴之中，而独应复，非也。四在外体，又非内象，不在二五，何得称中行耳?"虞翻所谓复卦初九之"中"，已然不是爻位意义上的了。虽然初九为阳爻，但仍然可以称为"中"，在这里的"中"是指乾阳处于道德境域和道德境遇的转换之间。因此，具有伦理意味的"中"就带有两重意义：一是道德境域的澄明性，此在带此澄明之境来领会自身和世界，因而又与日常相异，便有所谓"独"的领悟，"应"的易例在这里恰是打开对存在之"畏"的契机，接受存在的指派；二是太极之缘构在震行之中开显，在此在之持续操心中回复自身，是自身与自身的分解运动，在理想和现实之间"烦忧"着，四爻得正应初是牵引和回复到乾阳之"独"的状态，即源发境域。得正应初是四爻和初爻一起回应存在之呼喊，如果只是理解为四爻和初爻的相应，那就是处在具体道德境遇之中，是原则和规则构成的世界了，它们同是来自存在的"指派"，"原始伦理学的性质从存在之真理出发对人的本质进行重新定位，认为人的实质和行为的依据是由存在之真理提供出来的，人的律令和规则是由存在本身来指派的"①。

《系辞·上》"精气为物，游魂为变"虞翻注解曰："魂阳物，谓乾坤也。变谓坤鬼。乾纯粹精，故主为物。乾流坤体，变成万物故游魂为变也。"这个解释比海德格尔"天地神人"的四维结构要更丰富。所谓"鬼"，归也。(《说文解字》)② 这一维的出现弥补了在元气生成的潜能和现实之间的变化，而不仅仅是超越性的预设。魂虽不可见，但仍属阳，与魄相对。魂谓乾坤，实则是魂谓乾坤之乾，变化而为坤鬼。可见，在乾坤、阴阳和魂鬼之间是有变化生成的通道的，这进一步反映了"结构之刻

① 孙周兴. 后哲学的哲学问题［M］. 北京：商务印书馆，2009：104.
② 许慎. 说文解字［M］. 北京：中华书局，1963：188.

画”对于结构本身的相“欠”，即一种流变的态势转换的过程。在原始伦理学的意义上，人的“被抛入”的状态即是“欠”的有力表达，它是境遇对于境域之“欠”。不过，终有一死的领会着世界的此在不会主动“消隐”，他必以各种应对方式来与各种事物相照面，而所有照面无非是在宣示着某种“无”化：“这个存在者在世，就是说，它能够领会到自己在它的天命中已经同那些在它自己的世界之内向它照面的存在者的存在缚在一起了。”① 这样，线性刻画就在“震行无眚”（震卦六三爻）中获得秩序感的同时散失了秩序，时间性取得了“无”的意义，“缘在与世界打交道的原初方式也是域状的（‘用得称手的’‘寻视的’‘有空间和方向的’等等）而非线性的或主体对客体的；缘在的‘根身’——牵挂和时间性的三个向度也因此是缠结域型的而非前后相序的”②。

那么，一种持存的敞亮着的去蔽状态是怎样的呢？《系辞・上》：“继之者，善也。成之者，性也。”虞翻曰：“继，统也。谓乾能统天生物，坤合乾性，养化成之，故继之者善，成之者性也。”可以说这是作为原始伦理学的总纲。境域并非静态的不可思议的境界，境域和境遇的区别也不是硬生生地，在世之中乾元自身领悟到统天生物，健行不息，这便是原始境域，也是普遍性的境遇。但是境遇回复到境域也不是一蹴而就的，这需要坤卦的化育养成之道，乾坤相合方能成就自身。可见，乾坤之完美相应相合就是善，照此善而继，便具有了善性。在境遇而言，便是“崇德广业”，《系辞・上》：“夫易，圣人之所以崇德而广业也。”虞翻曰：“崇德效乾，广业法坤也。”易之道，无非就是合于乾坤，通俗讲就是一方面取乾之意崇德，一方面即是取坤之意广业。对于源发境域的持续领会是贯彻在与此在之世界诸事物照面之中的，因而崇德即是广业；在与事事物物的不断打交道之中光大其性，扩展其性，此性在世之中又回复到了太极氤氲之中，

① 海德格尔. 存在与时间［M］. 陈嘉映，王庆节，译. 北京：生活・读书・新知三联书店，2006：66.

② 张祥龙. 海德格尔思想与中国天道：终极视域的开启与交融［M］. 北京：生活・读书・新知三联书店，1996：164.

这即是真正的崇德。太极乾坤是水乳交融、互相成就的。

第二节 卦爻秩序

爻位的分别自《易传》始有较系统的剖析，爻位的不同以及附在爻位上的阴阳爻相互发生关系造成了秩序感，由之而映射伦理规范。虞氏易学对爻位易例做出了相关整理和创造，显现了一种新的秩序形式，这使得爻位易例更加完整和更加成体系的同时不乏灵活性，这也更能象征人事吉凶和指示道德应当。

一、持守正道：之正

《说卦》“将以顺性命之理”，虞翻曰：“谓乾道变化，各正性命，以阳顺性，以阴顺命。”乾道的创生原则在世界之不断生成之中居于首要地位，乾坤相和始有品物流形，始有各正性命，万物之间与源发境域相应之性是一样的。脱离这个原点，据坤卦之终成原则，万物将各秉其性，成为自身的“自性”。因为《坤》卦终成的参与，自性开始渗入“命”的成分，也即个体的运动变化的轨迹，同时显现为吉凶，《系辞·上》“是故吉凶者，失得之象也”虞翻曰：“吉则象得，凶则象失也。”象得象失，既是得失又不是得失，得失是坤性，非得失是乾性。以阳顺性，更多的是指向原点之性，即对于太极氤氲的体悟和明察，这是乾卦的牵引作用；以阴顺命则是坤卦的分解作用，顺命而不是完全流于坤阴之中。顺命而能向阳，一方面在终成上安于坤阴，另一方面能让性因时显现，这就是所谓“正”。之正的“之”可以理解为趋向，它是“成既济定”的既济卦的隐含，“正”的伦理秩序并不妨碍乾性的表达，既济卦的动力当然是来自乾元。可以说，做到了“正”的伦理安排，也就指向既济，符合乾元，趋向着缘构。

所谓易例的“之正”，即根据爻位阴阳而使不当位的阴阳爻性变成当位爻。如坤六三“含章可贞”虞翻注曰：“贞，正也。以阴包阳，故含章。三失位，发得正，故可贞也。变得位，故贞吉。”是说六三不得位，变正即得位。这里的“贞”即为“正”，虞翻几乎将所有的“贞”解释为“正”。再如蒙卦卦辞“利贞”虞翻注曰：“二五失位，利变之正，故利贞。蒙以养正，圣功也。”二五爻不当位，之正为六九，方有养正的圣教之功。爻变之正，可以理解为之正前后的连贯性运动，“应当说，从已成象意义上论及爻之当位的传统当位说，主要表现为一种静态，而虞氏易从未成象意义上论及爻之当位，则主要表现为一种动态”①。正是这一静一动展现了一阴一阳的道德意味。爻变之正，当然就会引起卦变，不过这种卦变不是在整体上进行解释的，而是因为某种解释的需要而定的，大都是因为卦爻辞所展示的伦理境遇的需要。如明夷卦辞“利艰贞”注曰：“五失位，变出成坎，为难，故利艰贞矣。”明夷六五失位之正则上体为坎，下体仍为离，坎为险为难，便于解释卦辞所设定的“艰”的境遇。在这里，五位的爻性归属是通过“之正”易例所象征的“利艰贞”之意决定的，因为明夷卦象就是一个艰难的历程，无论上卦是坤还是坎都充满危险。所以，“之正”的爻性变化是与大局趋势息息相关的。归妹之九二：“眇而视，利幽人之贞。”虞翻曰：“视，应五也。震上兑下，离正，故眇而视。幽人，谓二。初动，二在坎中，故称幽人。变得正，震喜兑说，故利幽人之贞。与履二同义也。”一般都把初爻变动看作特殊的爻变，初本来当位，但是为解释幽人特变，初变下体坎，坎为狱，故为“幽人”。但这条注释是针对二爻而言，因此有必要把旁通变化考虑进来。也就是说，归妹卦变向渐卦的过程中初九发生了变化。九二之正，兑变为震，所以说震喜兑悦。此卦所提示的变化有两个途径，一个是旁通变化为渐卦，此变化过程所涉及的卦都是在坤阴终成原则之中。另一个是变向既济，不正变正，符合的是乾阳创生原则。因此卦中不仅二爻变，只要是不当位的都应该变化。由此而上，五爻变阳，仍与二爻保持相应的关系。就二爻刚变的状况

① 刘玉建. 两汉象数易学研究：下册［M］. 南宁：广西教育出版社，1996：621.

是与履卦二爻之正是一样震出兑悦的。《兑·象》“说以利贞”注曰：“二三四利之正，故说以利贞也。”这是同时指出三个爻变正的例子，兑卦二三四不正当变，变后下互为坎，利于贞正。兑卦卦辞“亨，利贞。”虞翻曰：“大壮五之三也。刚中而柔外，二失正，动应五承三，故亨利贞也。”按照卦变，兑卦从大壮卦而来，大壮五爻居三而三爻居五即为兑，变后才有所谓刚居三四爻之中而柔居五六爻之外。二失正当变阴，与五爻相应，带动五爻与三爻相交换，故而才有承三的说法，这是把之正说与卦变说联系起来的看法。也可以这样理解，即按照“成既济定”的步骤，二爻变之后三爻变，即为“承三”。“亨，利贞”也即是亨通、贞正。第一种理解是从运动入手而至本体，第二种理解是从本体入手而联系运动，不管如何都是指全局和局部的统一，是境域和境遇的统一。

这种统一即是讲究阴阳平衡和顺应大局，也是把全局和细节结合起来的考虑。如《屯·象》“宜建侯而不宁”注曰：“成既济定，故曰不宁，言宁也。”所谓“成既济定”，也就是六个爻全部变正之后所呈现的既济卦的卦象，这既是理想的目标也是推动现实的力量。从爻变上看，是要求每个爻变正。屯卦只有六三不正，之正便为既济。这种理想的秩序被描述为“不宁”。“不宁”即为“宁”，非为“反训”，《说文》“不”意为鸟儿上飞不下，这里的解释实际上是“不”的假借义。“不”孳乳为“丕”，金文作“丕显”的意思，意为“大”。《诗经》有“不显不承”，是为“大”的意思。该卦六二“匪寇婚媾，女子贞不字，十年乃字”虞翻曰：“匪非也。寇谓五。坎为寇盗，应在坎，故匪寇。阴阳德正，故婚媾。字，妊娠也。三失位，变复体离。离为女子，为大腹，故称字。今失位为坤，离象不见，故女子贞不字。坤数十。三动反正，离女大腹。故十年反常乃字。谓成既济定也。”虽为解释六二，但实际上是引出六三当变，直至联系到全卦成象的过程。这里除了之正易例，还用到相应、互体以及卦数的方法。上体坎，五处中，代指坎，与二相应，故非为寇盗之事。除了三爻，其他爻都为正，故有阴阳正位之说。二爻正，阴阳相通相应，应婚事。三爻失位，若正位则为离卦的女子大腹便便之象，为妊娠之象。但现实是下互为坤，为阴消阳，离象消隐不见。据《系辞·上》天九地十，坤数十，故有十年之说（也有根据月体纳甲象所得数十的观点）。三爻变动返回阳爻，大腹之象重现，下互坤是反常的，因而六三当变，以利生产。六三变，则全卦为既济，最为理想，故成就既济卦，鼎定安宁、泰和之状态。

有了全局的平衡统一，适时应变还应该把握瞻望和关注的统一，也要注重细节和细节之间的联系。损卦上九："弗损益之，无咎，贞吉。"虞翻曰："损上益三也。上失正，之三得位，故弗损益之，无咎，贞吉。动成既济，故大得志。"除了上九宜正，虞翻另外还提到了九二宜正。上爻变正和三爻变正是应该要结合起来的，即使不考虑相应和卦变，从"既济定"的角度也应如此。从上九的角度看之三得正因为之正谈不上有损，而从两爻的联系站在三爻的立场来看确是损上益三，故有"无咎，弗损益"的表述。得正为吉，在虞翻看来，既济即是牵引运动趋向缘构的理想图式，故说大得其（趋向太极氤氲）"志"。损卦九二："利贞，征凶，弗损益之。"虞翻曰："失位当之正，故利贞。征，行也。震为征，失正毁折，故不征。之五则凶，二之五成益，小损大益，故弗损益之矣。"九二失位当正，兑变为震，震为征行，现二为阳便是失正，毁折震象。如果只是静观二爻，不变爻性，而是直接与五爻相应而动，则卦变而成益卦。单二爻之五是有损，若看全卦之变为益卦，则是有益之事，这便是"小损大益、弗损益之"的意义。此条注释充分联系到了二爻和五爻的处境、二爻变动的可能性，可以说对于境遇的方方面面有了较好的兼顾。对于爻和爻相互提示的还有如革卦九三象辞："革言三就，又何之矣。"虞翻注曰："四动成既济定，故又何之矣。"这条象辞的意思是三已经近于四，而四不正，正当变革之时，四正则成既济，革命即将功成，三应当坚持正见，继续努力。此条看上去是在解释三爻，实际上重点在四爻的之正。

从之正的动力来看，之正爻变除了本位当正，还有一个动力来源即爻应。如涣卦"利贞"虞翻注曰："二失正，变应五，故利居贞也。"涣卦九二失正，变阴以应于五位之阳。爻应除了传统相应之说，还有一种与伏爻相应，这种例子很少。如《睽·彖》："柔进而上行，得中而应乎刚。"柔进上行，乃言睽自无妄来，无妄六二上行至五变为睽。无妄卦六二变六五是为得中失正，应乎刚可以理解为和变卦成为睽卦之后的九二相应。但是虞翻说："刚谓应乾，五伏阳，非应二也。"此意为睽卦六五不是应九二，而是和六五伏爻九五相应，这显然是来于京房的飞伏之说。但是京氏不言本爻和伏爻之应，这应该是虞翻的创造。这里乾应该理解为九五伏爻的乾阳之意，并不是说九五伏爻与九四上九构成乾，因为一般而言没有爻和卦的相应，爻卦相应没有其例，但不妨碍在成象上的用象解说。这个例子的意蕴在于，六五因为居中而有内部之应，完全可以理解为六五居于上体乾卦之应中，虽三四五爻不成乾卦，但是考虑六五伏爻阳爻，这就变成了一种牵引之力，六五获得绵绵之乾元精神创造的伟力。可见，之正易例都是在与其他易例的关联之中方显其价值，比如和得中之说的联系，大壮九四"贞吉"注曰："失位，之五得中，故贞吉。"九四当变，但不限于本爻，六五也当变。《大壮·象》"大壮利贞，大者正也。"虞翻曰："谓四进之五乃得正，故大者正也"，在这里不是说六五变正，而是说四进于五得中，四变为阴，五居阳，上体坎正。这里的得中、之正，是联系了两爻变正，似已具有消息卦变特征，因为我们也可以把它看作四五换爻。

之正的要求和卦之消息往往呈现矛盾，这暗示着道德冲突尽管不可避免，但总是有办法解决。这与其他易例的关联往往是综合性的，这在前述例子之中可以看到，仍以大壮为例，大壮卦辞："利贞。"虞翻曰："阳息，泰也。壮，伤也。大谓四，失位为阴所乘。兑为毁折伤，与五易位乃得正，故利贞也。"九四处于阳息的进程之中，但这个位置不正而且被阴所乘凌，上互兑卦毁折之象，与大壮的卦义同。所谓"大谓四"，是指四爻所处关系重大，它要么之正而保守，要么不正而激进。总之，它要有所选择。待五爻之正后，四爻才由保持贞正而亨通，故"利贞"。大壮九二《象》曰："九二贞吉，以中也。"虞翻曰："变得位，故贞吉。动体离，故以中也。"九二之正，既中且正，故有"贞吉"之说。六五："丧羊于易，无悔。"虞翻曰："四动成泰。坤为丧也。乾为易。四上之五，兑还属乾。故丧羊于易动各得正，而处中和，故无悔矣。"六五之正或是四五换爻都处中和而无悔，牵出丧羊于易之卦象，把过去、现在和将来重叠起来，凸显了中和的重要价值。上六：“羝羊触藩，不能退，不能遂，无攸利，艰则吉。”虞翻曰：“应在三，故羝羊触藩。遂，进也。谓四已之五，体坎。上能变之巽，巽为进退。”上六的问题是阳已不及其位而导致进退两难之境，虽与三有应亦不能改其状，所幸四爻五爻之正有了化解的基础。体坎，中爻为阳，若六五持守其正则虽艰却吉。若服从旁通变巽，则进退亦不可知。可见，一般而言只要持守其正，再艰苦都会有好的结果。“故不能退，不能遂。退则失位，上则乘刚，故无攸利。坎为艰，得位应三利上，故艰则吉。”“退失位”是指不按照之正或不能持守正位，上六虽然乘凌之正之后的九五爻而无有其利，但得位应三度过坎艰必能有另一番景象。这就是《象传》“艰则吉，咎不长也”对于艰吉的解释。虞翻曰：“巽为长。动失位，为咎。不变之巽。故咎不长也。”若果变为上体巽，则阴阳颠倒，失位得咎，得不偿失，坚持得正则再大的咎过也能对付。

有的情况是两爻因为某种关联同时之正。比如爻位相应和爻位相邻，互易其位，易位后两爻俱正，其本质是两爻之正。如泰九二《象传》虞翻注曰：“二与五易位，故得上于中行。”二五易位，两爻得正，二上得中正，卦成既济。解卦初六虞翻注曰：“与四易位，体震得正。”初四易位，两爻得正。这在伦理事实上的启示颇同于如前述的局部和局部之间的紧密联系的例子。爻位相邻即临近两爻相易得位而之正的，但是两爻并非相应。比如颐卦卦辞虞翻注曰：“五上易位，故颐贞吉。”颐卦五爻和上爻换位，两爻当位，并非相应。

二、特事特办：特变

“特变”是指爻正而变，这和之正易例是正好相反的。从表面上看其目的在于融通卦爻辞。它包括一般特变、震巽特变。特变在伦理学上的寓示在于有些事不能简单地套用价值标准，其伦理目的是暗含在悖谬的行为之中的，可以说特变是从相反的方向统一手段和目的的方法，就如要跳得更远，我们往往回头走一些步子，以利起跳。一般特变如归妹九二的解释联系到初九，初九不当变，但是为解释幽人，则令其变，这里我们也可以把它看作是旁通渐变的起始部分。再如乾卦“圣人作而万物睹”虞翻曰：“五动成离，日出照物皆相见。”乾五本正，动变不正成离，为特变。所以一般特变就是从正爻变为不正爻，它是为了符合某种过程性的安排。

震巽特变只限于震巽二卦，此二卦之正有特殊规律，不当变的也要变化。变化的结果则是震变为巽或是巽变为震。巽卦上九“丧其齐斧，贞凶。”虞翻曰：“变至三时，离毁入坤。坤为丧，巽为齐，离为斧，故丧其齐斧。三变失位故贞凶。”荀爽曰：“军罢师旋，亦告于庙，还斧于君，故丧齐斧。正如其故，不执臣节，则凶。故曰丧其齐斧，贞凶。”① 巽卦三爻本来是当位的，之所以要变，是因为上九应三的需要，三爻失位贞凶。这里的“贞”是指变动，三爻有舍小家顾大家不惜违反规则的意味。荀爽以齐斧告之庙解释上九，并没有看到上九与九三的关系。另外，这个例子不仅可以从震巽特变的角度看，还可以从旁通渐变的卦变来看，因为虞翻明确提到“变至三时”，而且后续语言都在解释旁通渐变的成象过程：变至三，下体震，下互坤，三爻不变则上互下互均为离，变后上互艮，这就是三变而离卦毁，故离毁入坤。坤象为丧，巽象为齐，离象为斧，故有“丧其齐斧”之说。九三仍然面对的是两个道德原则的冲突：满足“成既济定”则不能兼顾上九和旁通渐变；满足上九和旁通渐变，则又留下暂时不能“成既济定”的遗憾。益卦六二：“或益之十朋之龟，弗克违，永贞吉。”虞翻曰：“谓上从外来益初也，故或益之。二得正远应，利三之正，已得承之。坤数十，损兑为朋；谓三变离为龟，故十朋之龟。坤为永，上之三得正，故永贞吉。”这里本来是要解释六二，但是基本上是在解释上九和六三换位以及三爻的诸般变化。这个例子相当独特，之正和特变相互交织，而且其意识定点不再拘泥于某个固定的爻位而是在爻位之间作流动地看待。这又主要和卦变有关，虞翻认为益卦来自“否上之初”，即“上从外来益初也”，这是“连动”易例，即初爻以上某一爻来到初爻，其他

① 李鼎祚. 周易集解［M］. 北京：中华书局，2016：353.

爻顺次累进一个爻位的方法。这虽然与一般所说的三阴三阳卦变中的益来自否的四之初（四初换爻）在结果上一样，但其变化方式和过程取象有很大的不同。“二得正远应，利三之正，已得承之”不是在说益卦六二，而是在说益卦的三阴三阳来源卦否卦。否六二远应，并非指六二应五，而是否之六二带动上九回复到初爻的位置产生“连动”。在将动未动之际，利于三爻持正，二爻承于三爻。但变为益卦之后初变为二，二变为三，三变为四，四变为五，五变为上，六二正位自不待言，三上换位才得“永贞”。这实际上是否卦六二正位进爻为益卦之三爻变化引起的结果，二爻本不当变，但是外在环境发生变化，又不得不变，由之而引出了一系列的变化。

《说卦》释震卦说：“其究为健，为蕃鲜。”虞翻曰：“震巽相薄，变而至三，则下象究。与四成乾，故其究为健，为蕃鲜。巽究为躁卦，躁卦则震，震雷巽风无形，故卦特变耳。”虞翻的解释是震巽雷风无形，不同于其他的天象，所以当特变。《说卦》又释巽卦说：“为近利市三倍。”虞翻注曰：“变至三成坤，坤为近。四动乾，乾为得。至五成噬嗑，故称市。乾三爻，为三倍。故为近利市三倍。动上成震，故其究为躁卦。八卦诸爻，唯震巽变耳。”这里用到旁通渐变之象来解释“为近利市三倍”，但他强调旁通终变即巽卦最终变为震卦。巽变而为震，震为躁卦，躁动而无形，这就是震巽特变的根据。比如恒卦“利有攸往”虞翻注曰：“终变成益。”恒卦初六、九二、九四、六五俱不当位，应该变正以成既济，但是虞翻说终变成益，即下体巽成震，上体震成巽。如果按照旁通终变当然成益卦，但是就之正来说的确是特变。当然，此例之造仍是为解说经文，并不是逢震巽则变，比如归妹卦上体震，就并没有谈到震变为巽，而是强调此卦来自泰卦，反复强调三进于四的重要作用。中孚卦上体巽，也没有谈到变为震，只是说此卦来自讼卦。可见震巽特变的适用对象不是普遍性的，而是一部分需要变的才会变化。

但震巽特变绝不是没有任何情形的随意为之，所谓“特事特办”一定有该事的所处境遇，发生发展变化的条件一旦具备就会有变的可能。变化的目的指向不是体味源发境域（成既济定），就是按照坤卦终成原则最终变为与之相反的东西（旁通渐变与旁通终变）。巽卦九五："贞吉，悔亡，无不利，无初有终。"虞翻曰："得位处中，故贞吉，悔亡，无不利也。震巽相薄，雷风无形，当变之震矣。巽究为躁卦，故无初有终也。"从虞翻的注释来看，他是将此卦作震巽特变来看待的。其实，震巽特变不妨也可以看作旁通之例，因为震巽互为旁通，故而李锐说："此旁通以震巽特变为义，盖旁通之变例也。"① 然而讲旁通渐变却是后面一句爻辞："先庚三日，后庚三日，吉。"虞翻曰："震，庚也。谓变初至二成离，至三成震，震主庚。离为日，震三爻在前，故先庚三日。谓益时也。动四至五成离，终上成震，震三爻在后，故后庚三日也。巽初失正，终变成震，得位，故无初有终，吉。震究为蕃鲜白，谓巽也。巽究为躁卦。躁卦，谓震也。与蛊先甲三日，后甲三日同义。五动成蛊，乾成于甲，震成于庚，阴阳天地之始终，故经举甲庚于蛊彖、巽五也。"这里虞翻已经明言与《蛊·彖》辞注解同，也就是说同属于旁通渐变。其解法亦同于《蛊·彖》，震纳庚，下体变至三为震，变至二时为离，离为日。下体三爻之变为前为先，故有先庚三日，先庚之时乃是益卦。上体据理则为后庚三日。巽初经变得位故吉。巽卦五变则为蛊卦，甲庚乾震乃是举一二而概阴阳终始之义也。这里虞翻把震巽特变和月体纳甲以及旁通变结合起来，表面上是为了解决难以解释的"先庚三日后庚三日"的问题，实质上是通过诸种易例进行伦理秩序的象征，通过解决道德境遇的问题来通达道德境域，即回复到缘构的境界。同于此例的还有《蛊·彖》"先甲三日，后甲三日"的虞氏易注。

三、是非权衡：权变

与特变的不同在于，"权变"是有明确的经权关系，行为的选择项是比较清楚的，而特变所涉及的行为暂时无法归类，没有很确定的规则体系，只能根据形势的需要和趋势的发展做出判断。作为易例的"权变"是指当一卦上体为巽时，下体三爻为九三时，九三本当位而变为不当位，这

① 李锐．周易虞氏略例·震巽特变第八［M］．续修四库全书本．上海：上海古籍出版社，2002：261．

时九三爻阳变阴应于上爻，然后上爻与之换爻而成既济卦。还有一种就是按清代学者李锐的说法，一卦中，当下体为巽时，上位为九阳居之，则九三变而成阴，与上九换爻成未济。一般而言，权变是指前者。后一种情况是指鼎卦，鼎卦虞翻多次谈及三阳之变，九三变而换爻，实则未变，只是令上九之正。严格说来，鼎之变并非权变，但是考虑到巽卦虽然自身先变，但其结果仍是权宜变化而使上九变之，故不妨列为其例。第一种情况实际上其结果是上九变为阴，九三并没有变化，虞翻为何如此绕弯子不直接令上九之正呢？这里要涉及《系辞·下》对巽卦的解释。其曰："巽，德之制也。"虞翻注曰："巽风为号令，所以制下，故曰德之制也。"是说巽风为号令，具权威之象，能制其下。"巽称而隐。"《周易集解》引崔觐曰："言巽申命行事，是称扬也。"① 意为巽可发布命令，依政而行。"巽以行权。"《集解》引九家易曰："巽象号令，又为近利。人君政教，进退择利，而为权也。春秋传曰：'权者，反于经，然后有善者也。'"② 这里除了重申巽卦的权威发令之意外，还引用《公羊传》对"权"的解释，即权为经的灵活运用，这是事物原则性和灵活性的辩证统一。九家易的解释颇为中肯，巽卦即为威权，又为威权的灵活使用。所以巽卦自身作为威权，并不轻易言变，先使应爻变之，而后换爻再变。清代易学家李锐将鼎卦列为权变，并说："爻当其位，经也。爻不正而变之正，亦经也。变正为不正则权矣。"③ 这种解释未免过于广泛，因为并非所有的变正为不正就是权变。他还提到鼎卦为权变的理由："易所谓反身也，未济男之穷，六爻皆错，乾道消灭，反之而成既济，是未济亦有反身之道。然则鼎之亏悔亦权之善者哉。"④ 男之穷即乾道不正，消灭之象，反之即旁通既济。故未济反身即为既济，其理可以相通。鼎卦亏悔是指九三而言，全卦只有九三

① 李鼎祚. 周易集解［M］. 北京：中华书局，2016：483.

② 李鼎祚. 周易集解［M］. 北京：中华书局，2016：485.

③ 李锐. 周易虞氏略例·权弟十八［M］. 续修四库全书本. 上海：上海古籍出版社，2002：266.

④ 李锐. 周易虞氏略例·权弟十八［M］. 续修四库全书本. 上海：上海古籍出版社，2002：266.

为正，九三变而行权宜之事，是为“亏悔”，然其终变为未济，旁通既济，故其“权”义仍在。李氏以旁通联系未济、既济两卦，结合鼎之九三，与上九变而换爻，其理由还是说得过去的。

权变主要体现在家人卦和渐卦两卦上。家人上九：“有孚威加，终吉。”虞翻曰：“谓三已变，与上易位，成坎。坎为孚，故有孚。乾为威如，自上之坤，故威如。易则得位，故终吉也。”这里明显体现了权变特征。九三变而与上九换爻，所谓“乾为威如”是指九三乾阳，“自上之坤”是指九三变后往而居上六之阴位，得位成既济以成终吉。联系象辞，我们亦可看到虞翻在此卦实行权变的社会伦理理想。家人卦上九《象》曰：“威如之吉，反身之谓也。”虞翻曰：“谓三动，坤为身。上之三，成既济定，故反身之谓。此家道正，正家而天下定矣。”三动权变而反身，既济乃和谐之象，和谐自家始，所以此卦权变的动力乃是“家道正，正家而天下定。”因此权变并非所有上体居巽的皆从之，而是根据具体的卦爻辞而定，这就表现了注经派的鲜明特色。再看渐卦。《渐·象》曰：“进以正，可以正邦也。其位刚得中也。”虞翻曰：“谓初已变，为家人。四进已正，而上不正。三动成坤，为邦。上来反三。故进以正，可以正邦。其位刚得中，与家人道正同义。三在外体之中，故称得中。《乾·文言》曰，中不在人，谓三也。此可谓上变既济定者也。”① 初之正应四变而为家人，其权变的理由则同于家人卦。四正上不正，三先动之，上反于三成既济。关于“中”，除二五为“中”外，三四亦言“中”，五上为天，初二为地，三四即为人爻，三得刚德，变而动成既济，这里又体现了虞翻充分看重人在天地之间的主观能动作用。此条注解可谓与家人卦相得益彰。渐卦还表现了权变的变化过程。先看初六。初六：“鸿渐于干，小子厉，有言，无咎。”虞翻曰：“初失位，故厉。变得正。三动受上成震，震为言。故小子厉，有言，无咎也。”三虽已动，在初之时，故还未与上换爻，受上是指相应将动。初六之正下体震，故有言“无咎”。九三“鸿渐于陆”，虞翻曰：“高平称

① 李鼎祚. 周易集解［M］. 北京：中华书局，2016：324.

陆。谓初已变，坎水为平。三动之坤，故鸿渐于陆。”初变之后，三在二三四坎水之中，此时已变阴，将居上九所居坤阴之位，上体巽为飞象，故以鸿渐于陆喻之。又“夫征不复”，虞翻曰：“谓初已不正。三动成震。震为征、为夫而体复，象坎阳死坤中，坎象不见。故夫征不复也。”初正后，三变体震，与六四成复，三变将去，坎象已坏。故“夫征不复”。又“妇孕不育，凶”，虞翻曰：“孕，妊娠也。育，生也。巽为妇，离为孕，三动成坤，离毁失位，故妇孕不育，凶。”同理，因为三变的原因，三四五互离之象灭，所以妇孕不育。但是三变乃“权”，三终将复为乾阳，所以最终将是吉辞。又“利用御寇”，虞翻曰：“御，当也。坤为用，巽为高，艮为山，离为戈兵甲胄，坎为震寇。自上御下，三动坤顺，坎象不见。故利用御寇，顺相保。保，大也。”仍然是在讲三动而产生的象变，坎离俱坏，只留坤顺。自上御下，已然谈到巽卦行权的力量，三上即将换爻，巽令之，坤顺之。此爻象辞也在围绕三动而谈。《象》曰：“妇孕不育，失其道也。”虞翻曰：“三动离毁，阳陨坤中，故失其道也。”三爻动变则上互离消，三处上互坤之中，阳不能陨灭在坤，因此还会有一次变化，即三上爻体交易，如此方不“失其道”，“权”的意思凸显了出来。“利用御寇，顺相保也。”虞翻曰：“三动坤顺，坎象不见，故以顺相保也。”其理同前，三动下互坎消，坎消坤成，坤阴为顺，故以顺相保，为三上交易打好基础。九五：“鸿渐于陵，妇三岁不孕。”虞翻曰：“陵，丘。妇，谓四也，三动受上时，而四体半艮山，故称陵。巽为妇，离为孕，坎为岁，三动离坏，故妇三岁不孕。”同上，三动坎离俱坏，四五半象为山于前，巽妇不孕，乃因三变，三阳爻位为三，故取“三”数言之。又：“终莫之胜，吉。”虞翻曰：“上终变之三，成既济定。坎为心，故《象》曰得所愿也。”上终变之三意为上九而居三位，上位六阴居之，卦成既济，上体坎，为心，故曰“得所愿”。五爻言权变已成。上九：“鸿渐于陆。”虞翻曰：“陆，谓三也。三坎为平，变而成坤，故称陆也。”权变已成，乾阳居于三位时动变，坎成坤。此与九三爻辞几乎一样，不过九三乃是动变之前，上九乃是动变之后。此条充分体现了九三与上九因权变而相应的特征。又：

"其羽可用为仪，吉。"虞翻曰："谓三变受成既济，与《家人·象》同义。上之三得正，离为鸟。故其羽可用为仪，吉。三动失位，坤为乱，乾四止坤，《象》曰不可乱，《彖》曰进以正邦，为此爻发也。三已得位，又变受上权也。孔子曰：可与适道，未可与权，宜可怪焉。"上之三，九三复位，既济成。离象复正，故而与九三爻辞互为呼应，最终得到吉辞。上九之来，确只为九三而发，九三动而失位，乱象丛生，上居上位，则徇巽之权，道权一体，夫子有言矣。全览诸爻，除六二、六四并不明言权变之外，从初六一直到上九，无不牵动九三，初六至上九之注，也可见权变之过程。实际上，六二与六四在取象上无不用到九三动变与否的成象而酌取之，可见，渐卦全卦中心皆在九三也。九三者何？权宜动变以应上也。家人和渐卦之行权变有其共同特征，首先两卦均强调正家平天下，《家人·象》讲家道正以平天下，《渐·象》辞讲正平家邦，其理皆出于两卦权变结果俱为既济定，既济就是讲安定家邦的。两卦均是上体巽，巽以行权，其三爻俱为阳爻，巽令三变，是为行权。不难看出，此二卦之所以行权变，乃是因为解释卦爻辞的需要。所以并非上体巽卦三爻阳爻的都要实行权变，这一点与震巽特变相同。比如小畜卦和巽卦就没有权变，巽卦则是用到了震巽特变。

四、同声相应：相应

同声相应之"同"不是完全一样的意思，应理解为异质同构的意思。异质是具有某种同一结构下的完全相异，同构是哪怕完全相异的两个事物都具有某种一致的结构。异质同构何以可能？首先，存在者得以存在的存在之根据是由存在赋予的。太极氤氲不是某个具体事物，也不能引起意识定点，但是它是"道生一"的起始和源头。"凡是在某种东西能被我们所产生并因而被我们所把握的地方，存在就没有被经验到，而只有在产生的东西仅仅能够被理解的地方，存在才被经验到。"① 其次，"道生一"之

① 加达默尔. 真理与方法：哲学诠释学的基本特征：上卷［M］. 洪汉鼎，译. 上海：上海译文出版社，1999：13.

"生"和"生生之谓易"之"生"的动力来源是什么？除了神学的解释即某种外部的超越现实的力量之外，只能从太极内部寻找，也就是说自身即为自身的发展动力，此动力因同构而统一场域，因异质而源生力量，可以说"异质同构"或者说"同构异质"是太极之道运动发展变化的动力来源。再次，异质同构的阴阳若同构占据主导一面，则会有元气之凝聚而为物物事事；若异质占据主导则变化倏忽而生，使得事物朝其反面而行而变。最后，依据易道，万物穷尽其形式时便回复到原始氤氲之态，此回复或为"泰极否来"之复卦所提示，亦可理解为万物的穷尽是无始无终的，是无限的，在大千万有之中表现太极，此为大有卦之所示。《系辞·上》："是故卦有小大，辞有险易。辞也者，各指其所之。"虞翻曰："阳易，指天。阴险，指地。圣人之情见乎辞，故指所之。"卦和辞的设置和发用，无非即是圣人对于众百姓的提示，"小""大"即为阴阳变化在卦上面的一个形式，"相应"即是导致这种形式形成的一个重要因素。圣人之情对应事实之"情"，圣人之情又据事实而引动行为，此行为即为"应当"，因而卦和辞之所指是纷繁复杂的伦理事实和伦理应当。《系辞·上》"通变之谓事"虞翻曰："事谓变通趋时。以尽利天下之民，谓之事业也。"相应的动态必然结果是通变，其静态结果是展示即将变化的不同爻的状态，这即是指向变化的。所以圣人之事业即是注重这种事物之间的相应，把它化为应时而动以利于天下的人民。就"相应"这种易例所展示的伦理行为而言可以分为如下三种。

第一，在传统《易传》相应说的基础上，强调变化之后相应，这是对于以往理论的吸收再造，可以说超越了传统之说，在伦理道德的提示上更加具有行动变化的创造意味。"应"与"不应"由过去的一种关于事实的性质判断成了"应该如何"的规范判断，尽管传统相应之说包含着一定的"不应"之例应当使之"应"的思想，但该思想隐匿而不显，不能很好地指导人的行为。虞翻的创造在于把两爻是否相应转变为如何让两个爻相应，这是基于爻变或者说之正说的理论基础之上的。如困卦上六："曰动悔有悔，征吉。"虞翻曰："乘阳，故动悔。变而失正，故有悔。三已变正，已得应之，故征吉也。”上六乘阳不吉，但上六得正，若动必有悔。所谓三已变正，是就上六和六三的位置相应而言，六三虽为阴爻但考虑到上六之乘阳，因而变阴为阳与上六相应，故“已得应之，征吉”。“征吉”即为如此（六三变爻）前行可有吉利。此爻之《象》曰：“困于葛藟，未当也”，虞翻曰：“谓三未变，当位应上故也。”“困于葛藟”是比喻的说法，上六不能变爻，故说未当，只有当三爻变与上六相应才有吉事。故同词条“动悔有悔，吉行也”虞翻曰：“行谓三，变乃得当位之应，故吉行者也。”三爻的变爻一方面是基于本位之正的考虑，另一方面也是上六邀应的需求。这样的例子在虞氏易注之中比较多，这种易例的伦理启示在于，应关注外界的现实情况，适时改变自己的态度和境况以期求得比较好的结果。但三爻毕竟是变为阳爻，并不是原本的阴爻，这也就说明了针对某件具体的事情应该有具体的应对之策，而不能死守原本的观念不放。

第二，重视爻位之“应”，指出不当位之应和当位之应的差别并认为相应在沟通内外的联系之中具有重要作用。这对于领悟道德原则和道德规则的冲突是有帮助的。蹇卦初六：“往蹇，来誉。”虞翻曰：“誉谓二，二多誉也。失位应阴，往历坎险，故往蹇。变而得位，以阳承二，故来而誉矣。”“往蹇”的原因在于初爻失位而要前行，若变爻则能与二爻之誉相关联，但无论如何不能说应阴，因为传统相应说没有这个说法。其《象》曰：“往蹇来誉，宜待时也。”虞翻曰：“艮为时，谓变之正以待四也。”结合《象》传，初爻意欲变爻而与四爻相应。由此可以理解虞氏所说乃欲变初爻为正，但也可以理解为虞氏强调初爻位置和四爻位置的相应关系而暂时不必理会爻位上所在爻的爻性。因此无论初爻怎么做（变爻或者不变爻），都潜在地存在与四爻的相应关系，如果不考虑到这一点则前路险阻蹇涩。甚至当不当位也都放在相应说之后，意为应当处理好与外界的关系才有自身的发展。但是这并不意味着违背德性而与此在之世界妥协，更不是指可以为了一时利益而做出违背道德的事情，因为一时的权变本身即是道德的，为了解决道德冲突而不得不在两者之间有所取舍。从“成既济定”的角度看，即便是暂时不正的爻最后也都变为了正位之爻。换句话说，所有权衡之机虑虽然一时不正甚或违背初衷，但最后皆为正大光明。所以相应绝不是毫无道德原则的，相应恰恰是维护道德原则而在具体境遇之中损害了部分的道德规则。

如果一个爻既是正位的又可以与别爻相应，那当然再好不过，如既济卦。但若是不应而又不正，这时候是先满足正位还是相应呢？虞翻认为应该以相应为先，充分反映了他灵活机变的人生主张，这或许来自他独特的人生际遇。未济卦之《象》曰："火在水上，未济。"侯果曰："火性炎上，水性润下，虽复同体，功不相成，所以未济也。故君子慎辨物宜，居之以道，令其功用相得，则物咸济矣。"① 侯果认识到火水上下，其性发之方向是相反的，此类同于天地否卦，阴阳乖违，万物生机全无，故君子宜谨慎。此条"君子以慎辨物居方"虞翻曰："君子，否乾也。艮为慎。辨，别也。物谓乾阳物也，坤阴物也；艮为居，坤为方；乾别五以居坤二。故以慎辨物居方也。"虞氏所谓，正与侯果同，但又有所区别。否乾是说阴消阳至于坤卦，然后上体乾之五爻通于下体坤之二爻遂有未济卦，虽未明言六爻皆失位，其实都在说失位之后由于相应而产生较为满意的后果。"乾别五以居坤二"即是由否卦来之众爻失位，但六爻相应是隐含在这句话之中的，如果没有相应，则君子之"以慎辨物居方"就是一句空话。"以慎"是因为失位，"辨物居方"则是因为上下相应才能做到。又颐卦六三："拂颐，贞凶。十年勿用，无攸利。"虞翻曰："三失位体剥，不正相应，弑父弑君，故贞凶。坤为十年，动无所应，故十年勿用，无攸利也。"此条注释可见虽然虞翻强调正位，但是相较相应，宜先之。二五爻无应才导致上互、下互层层坤阴，坤数十，故有"十年勿用"之说。至于六三相应却凶的解释在于，此爻本来极其凶险，首先失位，进退失据，再又与除初爻之外的另五爻成剥卦大互之象，所谓"弑父""弑君"是这些险象导致的，故"贞凶"。又睽卦之上九"先张之弧，后说之壶"虞翻曰："谓五已变，乾为先。应在三。坎为弧，离为矢，张弓之象也，故先张之弧。

---

① 李鼎祚. 周易集解［M］. 北京：中华书局，2016：385.

四动震为后。说，犹置也。兑为口，离为大腹，坤为器。大腹有口。坎，酒在中壶之象也。之应历险以与兑。故后说之壶矣。”此条注释亦能传达虞翻对于相应的高度重视。五正位则上体乾，正位前后以四为中心形成上下两离一坎，所谓张弓之象。四动正位下互体震，与乾形成前后的观念。所谓“应在三”，是三上相应，此相应把众象连贯起来，才有“先张弓”“后张弓”以及其后“酒在中壶”之象，之应历险，是因为有此相应才有脱离坎险的机会。又旅卦初六之《象》曰“旅琐琐，志穷灾也”，虞翻曰：“琐琐，最蔽之貌也。失位远应，之正介坎。坎为灾眚，艮手为取，谓三动应坎。坎为志，坤称穷，故曰志穷灾也。”初六不正，穷困琐琐，虽然失位，但有远应，即初四相应，若四爻之正则下互坎，上体艮为手为取，三在坤体之上，有穷困之意，但坎为志，有初四相应困难当能克服。此卦之上九“丧牛于易，凶”虞翻曰：“谓三动时坤为牛。五动成乾，乾为易。上失三，五动应二。故丧牛于易。失位无应故凶也。五动成遁，六二执之用黄牛之革，则旅家所丧牛也。”三动为坤，五动为乾，上失位，故有“丧牛于易”。失位固然，无应则会凶险，故令五爻动变而与二爻相应，六二有旅家所丢失之牛，这样二五重新建立了联系，有利于找回所丧之牛。

第三，相应不宜只是理解为与外界的沟通，还要看到自身行动力的建构即动力源来自自身，但是自身亦是阴阳组合。静时自有阴阳之静与阴阳之动，动时亦有阴阳之动与阴阳之静，这便是来自本位伏爻之应的启发。在道德行为上尤指道德动机的潜藏性以及与现象之间具有相互呼应的关系。《睽·彖》“说而丽乎明，柔进而上行，得中而应乎刚”虞翻曰：“说，兑。丽，离也。明谓乾。当言大明以丽于晋。柔谓五，无妄巽为进。从二之五，故上行。刚谓应乾，五伏阳，非应二也。与鼎五同义也。”睽乃是因二爻之阴爻上至五爻换爻而成。睽卦辞“小事吉”虞氏注：“大壮上之三在系，盖取无妄二之五也。小谓五。阴称小，得中应刚，故吉。”从卦变体系而言，睽自大壮上之三，但从卦义的联系来看，虞氏取自无妄卦，即从无妄二之五来，二爻居于五位乃是相应，亦可意为卦变导致，得中自是五位处中，应刚可以说是应于阳爻可得吉利，但应于乾阳并非应于二位的阳爻，虞翻说得很明白，“刚谓应乾，五伏阳，非应二也”。不是与二爻相应，而是与五爻所伏的阳爻相应，不得不说这是一个创造，以前从没有人有如此体例。因而，相应的原则便扩大为爻性不同，卦体同构，飞伏相连。换句话说，除了传统相应原则，伏藏之卦爻也参与了相应。这在伦理上的启示在于道德应当贯穿于可能性与现实性的辩证运动之中，伏爻是可能性，是可能的应该，飞爻是现实性，是现实的应该。还可以象征为伏爻是原因、必然、本质和内容，而飞爻是结果、偶然、现象和形式。除此之外，飞伏关系是意念之动、动机发生的寓示，有道德属性的意象结构一旦形成，则必有与之对应的动机，不管它如何隐藏。此例中，说为兑，丽为离，明谓乾。这是指从无妄来的上体乾卦，经过“无妄巽为进。从二之五，故上行”之后，其结果为“柔谓五”，上体变为离，而下体兑。整个过程是五爻由阳爻变为阴爻，对应之伏爻也变阴为阳，可见，道德动机不是一成不变的，它一定是随变而变，由此造成了纷繁复杂的行为和世界。“当言大明以丽于晋。”乃是虞翻对于乾阳承载先验德性的文字描述。这个例子说明，无论是动机还是行为，其产生都是阴阳共起的，亦即必能剖析为阴阳结构，无论物质与精神，对象性的现象都是二元模式，二元也许存在时间上的先后继起，但从逻辑上看只是一个“二”，同时在本体同一性上也只是一个“一”。若考虑时间性的发生，则又有“二生三”，此“三”既不是“一”又不是“二”，既是“一”又是“二”，这里的“三”已经是阴阳发展变化的另一阴阳结构，脱离原有阴阳而跃迁至新的结构之中，其内在就有阴阳。这便是相应易例之所以能够符示道德伦理的哲学原则。《睽·象》所言“与鼎五同义也”意为鼎卦亦有此例。

鼎卦卦辞“元吉，亨”虞翻曰：“大壮上之初，与屯旁通。天地交，柔进上行，得中应乾五刚，故元吉，亨也。”与屯旁通之大壮亦有天地相交动荡不已的特征，鼎在卦变卦序中是自大壮来的。大壮上爻与初爻换爻即为鼎，也可以反过来说鼎初爻与上爻换爻即为大壮，故有“柔进而上行”之说，至于“得中应乾五刚”则是指鼎五爻得中立定，飞爻阴爻与伏爻阳爻之应。所以才有该卦卦辞接着说“柔进而上行，得中而应乎刚，是以元亨”，虞翻曰：“柔谓五得上中，应乾五刚。巽为进。震为行。非谓应二刚，与睽五同义也。”大壮上体震卦与鼎下体巽卦为卦变之动力，其相互鼓荡，互为因果。虞翻尤其指出鼎之五爻非是与二爻相应，意为飞伏相应，这与前述分析睽卦一样，故“与睽五同义”。

五、中庸之道：得中

强调中位的重要性是《易传》的特点，如《乾·文言》“大哉乾乎，刚健中正，纯粹精也”。这里的“中”是列在“正”之前的，并与刚健之义同列。可见“中”的重要地位。“中”与“正”一样，其道德意义很容易为人联想起来，这说明有些道德原则是很显明的。“中”之所以被人重视，还在于“中”位的爻辞一般都是吉利的，最差的情况也就是无过错而已，因而卦之中位包括中位的变化以及中位与其他易例的联系历来被人重视。需要注意的是，“中”所具有的道德意味并非从“中”这个字联系起来的，也不是简单从上下卦体的中位得到的，而是从中位的爻和其他爻的关系以及和所处之卦的关系及其相关卦变和爻变之中体味而出的，理解这一点十分重要。虞翻承接历史上的取中的价值观，但在中爻的变化形态上更为细致一些，也就是说道德境遇的呈现更为直接和清晰。经统计，《周易集解》多至约七百处言“中”，其意大体不出虞氏易学范围，但是虞氏易学有别人想不到之处，可以说创造性地使用相关理念是虞翻解易的一大特色。

以复卦为例。复六四：“中行独复。”其《象》曰：“中行独复，以从道也。”虞翻曰：“中谓初。震为行。初一阳爻，故称独。四得正应初，故曰中行独复，以从道也。俗说以四位在五阴之中，而独应复，非也。四在外体，又非内象，不在二五，何得称中行耳?”按照虞翻的解释，四爻并非得中之中位，倒是初爻，可以称为“中”。其理由是，四虽然得正应于初爻，但不能说四为得中，所谓“中行独复，以从道”，是从四爻与初爻的相应的关系而言。一般所说，四处五个阴爻之中间，而又独与初爻即复初相应，所以可称之为“中”，这是错误的。四在外即上体，非内象，不是在二爻，又不在五爻，因而不能说“中”或者得中。初爻为什么能称为“中”？这与复卦卦义有紧密的联系。所谓“中谓初。震为行。初一阳爻，故称独”就说明了复初其“中”的先验德性，震行带动此性，尽管重重阴爻，但仍能独守其道，慎独其身，虽“独”而“中”。也就是说，初爻在独特之复卦之中，即将此先验德性化为德行，如此方得中庸之道。那么，“中”的道德设定，到底是因为位置（五爻和二爻）之“中”，即道德境遇赋予道德思想和行为的不偏不倚、所思所行适中，还是“中”本身并不完全依爻位而定？某一爻之所以“中”，是先验之德性赋予的，只要能贯彻到思想和行为之中去，便是时时处处“中”。根据虞氏易学，似乎二者都有，但与传统一样，大多数情况下都认为二五爻才是中，复卦之所以以特例出现，除了复卦卦义，还与虞氏易学先验道德的太极观念相关。如果把“中”理解为“掌握分寸、恰到好处”的“适中”，则“中”的问题便是实用理性之“度”的问题。但是“中”和“度”一样，“并不存在于任何对象中，也不存在于意识中，而首先是出现在人类的生产—生活活动中，即实践—实用中”①。尽管虞翻不可能有这样的认识，但他所说的意指太极运动和先验德性在特征上确实可以把“中”的被赋予性和不确定性看作一种源流关系。复卦的特殊性也赋予了初爻以“中”的特性。复卦卦辞说：“出入无疾，朋来无咎。”虞翻曰：“谓出震成乾，入巽成坤。坎为疾，十二消息，不见坎象，故出入无疾。兑为朋，在内称来；五阴从初，初阳正息而成兑，故朋来无咎矣。”其意为初爻乾阳的出现不仅是时间上的，生成上的，更是“赋予”的意义上的。震成乾相对巽成坤，都意味着乾初的光辉即将上行，而坤阴即将隐遁，这当然具有先验德性的色彩。另外，前面无险阻、无疾患，乃是二爻以上均无坎卦，作为卦变总纲的十二消息卦之一的复卦上行到第二爻即为兑卦，再往上就能预测到乾卦浑然辉光，兑就在此过程之中，故朋来无咎。而所谓“五阴从初，初阳正息”都说明了初爻价值的正确性，而此正确性来自缘构体会和太极氤氲，此即“中”

---

① 李泽厚. 哲学纲要［M］. 北京：中华书局，2015：170.

的来源，也是复初与乾元在这个意义的关系上又称为乾初的原因。复卦之《象》曰："雷在地中，复。先王以至日闭关，商旅不行，后不省方。"虞翻曰："先王谓乾初。至日冬至之日。坤阖为闭关。巽为商旅，为近利市三倍，姤巽伏初，故商旅不行。姤象曰：后以施命诰四方。今隐复下，故后不省方，复为阳始，姤则阴始。天地之始，阴阳之首。已言先王，又更言后，后，君也。六十四卦，唯此重耳。"在这里，虞翻把乾初象示为具有道德合理性和正当性的先王，同时还象示以二十四节气的一元复始的冬至之日。可见六十四卦之中，此卦意义重大。乾初和坤初具有旁通相对之意，复姤阴阳之始，故复初和姤初放在一起说。如同复初，姤初也已经具有不因爻位而具备的阴消的先验能力，故有"今隐复下，后不省方"的说法。但不能因此理解复初或者姤初能够脱离复卦和姤卦而仍能具有某些先验属性。《复·彖》："复，其见天地之心乎。"虞翻曰："坤为复。谓三复位时，离为见，坎为心。阳息临成泰，乾天坤地。故见天地之心也。"荀爽曰："复者，冬至之卦。阳起初九，为天地心。万物所始，吉凶之先，故曰见天地之心矣。""天地之心"的描述仅见于复卦，其实并非复卦才能见天地之心，其他卦也能见天地之心。只是说复卦特别能感受到天地之心，如荀爽所说因为"阳起初九，为天地心"，乾阳经过十二消息的阴极之坤阴才终于能够显现，认识此乾阳德性、保存此乾阳德性方能处万物之所始，料吉凶之事先。虞翻则直接陈述复自坤来，其趋势将为继续息长。"阳息临成泰"，则下乾上坤、乾天坤地，阴阳交通，泰卦始成，故有"见天地之心"的预料，或者说乾初本就蕴含了泰卦的鼎定。

如何修持这种不易把握的中道呢？如同"之正"，需要两个方面的持续用力：一是经常存有悔己补过之心，二是注重小的细节，不因小而失大。《系辞·上》"无咎者，善补过也。"虞翻曰："失位为咎，悔变而之正，故善补过。孔子曰：退思补过者也。"这里虞翻虽然是在讲正位，如何修正其心，但从先验德性变而为道德原则的角度而言，也适用于得中的要求。因为不中和不正一样，是可以经由己心而察觉得到的，《系辞·上》"震无咎者存乎悔"虞翻曰："震，动也。有不善，未尝不知之。知之，未尝复行。无咎者善补过。故存乎悔也。”震之动不仅象示心外之物的运动，还能象示心的运动本身，所谓“有不善，未尝不知之”乃先验德性之心的自我辨识，“知之，未尝复行”就意味着真正的道德认识是一定能够化为行为的。中道和正道都存于“悔”，“悔”是修持的表现之一，也是一种反向自心的方法。在某种意义上，“无咎”才是最好的结局，虽然希望吉利并没有错，就像避免凶灾是人之常情一样，但自省补过的经常性结果只是无咎而已。《系辞·上》“忧悔吝者存乎介”虞翻曰：“介，纤也。介如石焉，断可识也。故存乎介。谓识小疵。”若能于微小中识得是非对错，则可保无咎矣。一个人若能持守中道，无论境遇如何都有能力辨别是非，故虞翻说“介如石焉，断可识也”。

复卦初爻之“中”，从狭义上理解已然失去易例的体系性而进入广义的事实动态和道德范畴，因而遵循传统中位之说而又具备创新性的解释在伦理寓示上就显得重要了。虞翻在两个中爻的位置上则更加重视五爻得中，如随卦六五之《象》曰“孚于嘉，吉，位正中也”虞翻曰：“凡五言中正，中正皆阳得其正，以此为例矣。”中正在五爻又是阳爻，一般即为吉词。虞翻推崇阳居五爻之位是与一直以来的爻位贵贱说有关。《系辞·上》说“天尊地卑，乾坤定矣。卑高已陈，贵贱位矣”，又说“三多凶，五多功，贵贱之等也”，《乾·文言》解释上九说“贵而无位”，爻位贵贱系统化于京房，京房接续传统爻位说，将人伦事理与五行八卦、爻位贵贱结合起来，形成了一整套的占算系统，“六十四卦中的每卦的六爻都可以配上六亲，这是至今民间所用纳甲筮法断卦配以六亲的本源所在”①。尽管虞翻易学的目的不是占算而是解经，但其仍然在伦理道德的表征上继承了这些论说，并认为爻位所指示的秩序是人们应该遵循的。大体说来，虞翻认为五位最贵，次之上爻，次之二爻，次之三四爻，最次初爻。这与社会生活和伦理秩序形成了一一对应的关系，如比卦之九五爻辞“显比”，虞翻曰：“五贵多功，得位正中，初三以变体重明，故显比。谓显诸仁也。”

① 郭彧. 京氏易源流［M］. 北京：华夏出版社，2007：75.

五位之所以显贵，是因为聚集众功之所在，五位中位，九五更是得正，故有仁之说，初三位得正为离，照耀之象，故显仁。另外，就爻位关系而言，虞翻秉承《易传》“二与四同功而异位，其善不同，二多誉，四多惧”“三与五同功而异位，三多凶，五多功，贵贱之等也”“其初难知，其上易知”等说法，这些说法的伦理内容在于维护封建统治的需要，只不过加了一些阴阳类比的论说而已，如遁卦九四“小人否”，虞翻注曰：“阴在四多惧，故小人否。”四位离五位天子近，本惧，阳居其位君子惧，阴居其位小人惧。虞翻在这里并没有发挥，实际上，君子之惧和小人之惧是不一样的：君子惧动机之善在君王那里是否行得通的问题，不以自身的利益为标准；小人之惧是以自身是否获得利益为标准，当然就是惧结果是否对自身有效。又如蹇卦初六：“来誉”，虞翻注曰：“誉谓二，二多誉也。失位应阴，往历坎险，故往蹇。变而得位，以阳承二，故来而誉矣。”二位多誉是因为二爻处于下卦之中位，初爻失位，与四又无应，上卦坎险，故说往去将面对蹇难。初爻变正则阳爻与二位之阴达成承受关系，“来而誉”，是指初爻往二爻前进则有较好的结果。按照乘承的规则，二爻阴居变正之后的初爻阳爻之上，应该是阴二乘凌初阳，之所以说以阳承二，大概是指在变正之后初二各得其位，二爻之“中”的德性发挥了作用，积极影响了初爻。

可见，虞氏易学之中位的意思更为灵活，但他仍不放弃传统的中位说，即二五爻居上下卦之中，为中位。除了重视五爻中位之外，二爻中位也是中的思想的承载者。《乾·文言》：“九二曰：见龙在田，利见大人，何谓也？子曰：龙德而正中者也。”虞翻曰：“中下之中，二非阳位，故明言能正中也。”下卦之中也是中，二虽然不是阳位，需要阴爻居于阴位才能为正，但能居中就很好了。另外，虞翻讲中，常常以“中正”代替中，于是需要当位之中才是最理想的。如大壮九二《小象》：“九二贞吉，以中也。”虞翻曰：“变得位，故贞吉。动体离，故以中也。”这是说，九二变正得位，体离，方得中正。为了保持践行中正说的道德应当，虞翻也有将飞伏说引为中位之说。如《离·彖》“柔丽乎中正，故亨”，虞氏说：“柔谓五阴，中正谓五伏阳。”其意为，离卦本来五位阴爻居之，只是“中”而已，但虞翻要把“中”和“正”联系起来。“中”和“正”关联无非是把五爻阴爻变正而为阳爻，但这似乎有背离卦的卦德。于是他将伏爻与之联系起来，说阳爻伏在五位阴爻之下，如此阳爻隐藏，可谓有“正”。这个例子进一步说明中正的理念在旧有伦理规范中居于重要地位。

六、以一统众：乘承比据

传统的“乘”“承”“比”“据”包括“隔”“折”等易例的伦理内容均依道德关系的不同而不同，但不管怎样，众易例始终在围绕乾阳为先验德性这一点上进行论说，下面逐一讲述。

（一）相乘

传统所说“乘”即是相邻两个爻上阴下阳的关系。虞氏易学对于阴阳之阴的理解主要在于阴是辅助阳的，阴本身并无先验德性，而阳不仅是与阴相对的物质运动层面的要素，更为重要的是，阳具有先验德性，这也是阳又被称为“乾元”“复初”的原因。据此，两个爻之间只能阳居于阴之上才是“正确的”，而阴居于阳之上则是不对的，是需要调整的。《系辞·下》：“子曰：非所困而困焉，名必辱。”虞翻曰：“困本咸。咸三入宫，以阳之阴，则二制坤，故以次咸。为四所困，四失位恶人，故非所困而困焉。阳称名，阴为辱，以阳之阴下，故名必辱也。”困卦可以看作是咸卦的三爻下降至二爻，二爻由阴变阳，故制坤。四爻失位，与三原为比，现三为二，三阴凌于阳。阳在三阴之下，故有名被辱之事。也有违例之处，但能解释，如家人卦之六四：“富家大吉。”《小象》曰：“富家大吉，顺在位也。”虞翻曰：“三变体艮，艮为笃实。坤为大业。得位应初，顺五乘三，比据三阳，故曰富家大吉，顺在位也。谓顺于五矣。”三如果变不正则上互艮，下互坤，这是解释爻辞的权宜。从阴阳互相涵摄的角度或者从飞伏的角度也可以如此看。六四承顺九五，与初爻相应，是吉利的好兆头，再看与三爻的关系，三处下卦之上，四乘凌三爻，又称“据”，其主要依凭的是九五的力量，初至五又都正位，“顺在位也”，因而“富家大吉”。此条注释的伦理启示在于：只看某个道德行为的属性是不够的，必须看到构成该行为的关系，此其一；行为关系因视域转换有可能导致道德冲突，这个时候应该回到各自的立场尽可能地达至协调，此其二。

有的时候虞翻把象和象之间的关系也称为“乘”，这和阴阳爻虽无直接关系，但与阴阳有关联。如小畜卦九三爻辞“夫妻反目”虞翻曰：“豫震为夫，为反。巽为妻。离为目。今夫妻共在四，离火动上，目象不正，巽多白眼，夫妻反目。妻当在内，夫当在外，今妻乘夫而出在外，象曰不能正室。三体离需，饮食之道。饮食有讼，故争而反目也。”小畜旁通豫，豫上体震，与小畜上体巽一起称为夫妻，小畜上互离，离为“眼目”。“反目”之说有两个源头：一是从象上看，夫妻在四，是指震巽之象主要在两个互相旁通的上卦，而离象处于上互，故有目象不正之说；二是从“承”“乘”的角度看，四乘三或者说三承四似可看作夫妻反目的原因。也可以从旁通二卦的上体联系来看，上体巽而旁通震，所以说“妻当在内，夫当在外”，现在巽妻现而震夫不现出在外，象曰“不能正室”是有乖逆之象。

一般来说，阳在上而阴在下是阴承阳，阴在上而阳在下才称为“乘”，阳上阴下说成阳乘阴，实则是阴承阳，这不必看作自乱其例，只是语言的混用而已，如泰卦九三爻辞“艰贞无咎。勿恤其孚，于食有福”，虞翻曰：“艰，险。贞，正。恤，忧。孚，信也。二之五，得正，在坎中，故艰贞。坎为忧。故勿恤。阳在五孚，险坎为孚，故有孚。体噬嗑食也。二上之五据四，则三乘二。故于食有福也。”泰二之五是为成既济定，九三虽有艰难险阻，但是信心还是比较足的，成既济定后，下互坎象，之所以“勿恤”，是因为下体不动之时还是乾卦，动后上体坎象为中心有孚。二上五之后在四阴之上，三乘二阳之时，初至五有大互噬嗑之象，故“于食有福”。在这条注释中，三乘二是变卦之后的成象，是阳居阴上。虞翻基本上不会在一般体例中说阳乘阴，只有在动变体例中才这么说，这动变也许就是一个变例的条件。另外，还存在隔位相乘的例子。屯卦之六四“乘马班如”，虞翻曰：“乘，三也。谓三已变坎，为马，故曰乘马。马在险中，故班如也。或说乘初，初为建侯，安得乘之也。”三变坎是“之正”意义上的，坎为马又为险，有险但有一班马队前进之象。此象亦可通过三乘初看出，三阴隔二阴乘凌初阳，初建侯不能同为二三所乘，结合此爻婚媾之事没有大碍。

“乘”的体例主要是阴爻居于阳爻之上因此而产生的诸般不吉利，有的爻没有不吉是因为该爻所处该卦的位置较好。换言之，虽有困难但是有人帮助。但是困难过后如果你不能意识到自身的问题乃至错误，就会发生不吉利的事情。总之，作为先验德性的乾阳最好是正大光明地出现，并且压制代表利益关系的阴爻，只有这样才能进一步修德广业。

（二）相承

“承”是两个爻阳在上阴在下，可称为阴承于阳。“承”的道德意义与“乘”一样旨在维护德性的地位，只不过“承”是从正面说，而“乘”是从反面说的。蒙卦之六五“童蒙，吉”，虞翻曰：“艮为童蒙，处贵承上，有应于二，动而成巽，故吉也。”上体艮为童，六五阴爻处贵是指五位中位，承上是指上九阳爻。应于二，动正为巽，有吉辞。吉辞的原因主要是六五顺从上九。跟“乘”例一样，遇到诸如“之正”“卦变”等动变情况，则又有说下阳承上阴的，尽管与体例不合，但爻性关系一样，而且都是发生了爻的动变。如蹇卦之初六：“往蹇，来誉。”虞翻曰：“誉谓二，二多誉也。失位应阴，往历坎险，故往蹇。变而得位，以阳承二，故来而誉矣。”二爻中正，故多誉。初爻失位与四爻敌应，上体坎险难之象，故有“往难”之说。初爻之正为阳，阴阳相承，故“往而有誉”。其实这里是阴在阳上，应该说阴乘阳，说阳承阴，是从初爻的立场出发，将往而有变，而二爻的位置保证了“誉”的结果。也有把伏爻关联起来论“承”的，如观卦之初六“童观，小人无咎，君子吝”，虞翻曰：“艮为童。阴，小人。阳，君子。初位贱，以小人承君子，故无咎。阳伏阴下，故君子吝矣。”上互艮象为童，初六为阴为小人，而阳是伏藏与初爻之下，虽然初位下贱，但初六阴爻承于伏爻阳爻之下，是小人顺从君子之象，所以无有咎害，但是对于阳爻伏藏而不显来说无疑是有悔吝的。

也有爻变之后的爻位相承，如夬卦之九四“悔亡”虞翻注曰：“四之正，得位承五，故悔亡。”九四变正阳变阴，与九五为相承关系。还有隔位相承，如随卦之六二“系小子，失丈夫”虞翻曰：“应在巽。巽为绳，故称系。小子谓五，兑为少，故曰小子。丈夫谓四，体大过老夫，故称丈夫。承四隔三，故失丈夫。三至上，有大过象，故与老妇、士夫同义。体咸象，夫死大过，故每有欲嫁之义也。”所谓应在巽，是指下体旁通巽，巽震相系。二五应，有兑为小子。所谓丈夫谓“四”，是指三爻至上爻大互大过卦象，故有老夫之说。六二隔着三爻承四爻，即所谓承四隔三，虽承有隔，故失丈夫之象。二至上体大互咸卦之象，咸有与人相感之意，故夫死而欲嫁也。此卦二爻隔离四爻而又称承四，方有“失丈夫”之说，此为关键。也有隔数爻而相承，蛊卦之六五《小象》“干父用誉，承以德也”虞翻曰：“誉，谓二也。二五失位，变而得正，故用誉。变二使承五，故承以德。二乾爻，故称德矣。”这里直接用“德”来描述二爻阳爻，阳爻亦即乾爻。二五皆失位，变而得正，二又有誉，故有用誉之说。变二承五，隔了三爻四爻却仍称“承”，并认为变正之后的五爻为“德”，可见阳爻确有承担道德责任的意味。

（三）相比

“比”有比邻的意思，其伦理意蕴在于道德关系蕴含在某些具有相同属性的事物之中，因相同而显“物以类聚，人以群分”的价值。如比卦之卦辞“比：吉”虞翻曰：“师二上之五，得位，众阴顺从，比而辅之，故吉。与大有旁通。”按照卦变规律，比在复系，从师来是指师卦二爻上至五爻即为比卦，比卦一阳处于五位，得位得中，有统领众阴以成就事业的意思。众阴当然相比而助，因而吉利。其旁通象是大有卦。这里的“比”和传统所说相邻两个爻已经有所不同，这里是除五爻之外的其他几个爻共同出力相助。同卦之六四：“外比之，贞吉。”虞翻曰：“在外体，故称外。得位比贤，故贞吉也。”这是把六四和九五放在一起说，因受五位之辉光照耀，因而六四顺承，这里的比实际上是属于承的范畴。

虞翻虽然就比的易例注释较少，但他能继承之，并且做出了相关的引申，体现出他创造性强的个性和为学特征。

（四）相据

“据”所对应的伦理境遇更显复杂。一般来说，“据”是指阳爻处于某一阴爻之上，这个时候我们也称其为阳乘阴。“据”又指一个阳爻居于几个阴爻之上，有时候是指阳爻居于几个阴爻之间。反过来，如果某一阴爻或者几个阴爻居于某一个阳爻之上，也是属于“据”的易例。“据”的结果大部分都是“吉”或者“无咎”，极少数情况下，“据”的结果是“凶”。比如随卦之九四：“随有获，贞凶。有孚在道，以明，何咎。”虞翻曰：“谓获三也，失位相据，在大过，死象，故贞凶。《象》曰：其义凶矣。孚谓五。初震为道。三已之正，四变应初，得位在离。故有孚在道，以明，何咎。《象》曰：明功也。”所谓“获三”，应该是指四据于三或者说四乘三、三承四，只不过此二爻均失位，三爻至上爻大互大过卦之象，大过为死，故而有凶。五爻中正可为信，初爻体下体震为道之始，三之正，四变阴以应于初爻，上互体离，明之象，五在其间，故有孚在道而又光明，没有咎害。此爻整体而言无咎，但是若只考虑四据于三则是处死象之中，故不利。此类例子极少，一般阳据阴都为吉，这个例子主要牵扯到大互之象。另外，阴爻之间有阳爻称为阴据阳，从作用上看，也可称为阳据阴，因此，某些特殊情况所谓阴据阳也可以为吉，如家人卦之六四“富家大吉”。其《象》曰：“富家大吉，顺在位也。”虞翻曰：“三变体艮，艮为笃实。坤为大业。得位应初，顺五乘三，比据三阳，故曰富家大吉，顺在位也。谓顺于五矣。”三变上互艮，艮坤笃实大业，与初相应，得位，承五，乘三，初至五均为得位，大体上可以趋向吉利。所谓比据三阳可以理解为四在上据三位阳爻，但并不符合据的一般规范，再者理解为四位阴爻在三、五、上的阳爻之间，则可称为据阳。据前述，此则为吉，况且还有服从五爻的四爻随顺。

“据”的一般体例如蒙卦之九二：“包蒙，吉。纳妇，吉。子克家。”其《象》曰：“子克家，刚柔接也。”虞翻曰：“坤为包。应五据初，初与三四同体，包养四阴，故包蒙，吉。震刚为夫，伏巽为妇，二以刚接柔，故纳妇，吉。二称家。震，长子，主器者。纳妇成初。故有子克家也。”九二与五爻相应，同时据初爻阴爻。所谓初爻与三爻四爻同体，是指都为阴爻，也可以说，二爻处于四个阴爻之间，是一阳据四阴，有引领众人前行之意。震巽旁通，长子主器，刚柔相接，都是以二爻据四阴为准，故有二爻称家之说。再如无妄卦之六三：“无妄之灾，或系之牛。行人之得，邑人之灾。”其《小象》曰：“行人得牛，邑人灾也。”虞翻曰：“上动体坎，故称灾也。四动之正，坤为牛，艮为鼻为止；巽为桑，为绳，系牛鼻而止桑下，故或系之牛也。乾为行人，坤为邑人，乾四据三，故行人之得。三系于四，故邑人之灾。或说：以四变刚牛应初，震坤为死丧，故曰行人得牛，邑人灾也。”上爻动而大互坎，四动则为下互坤，又下互艮上互巽有系牛鼻象。上体乾，四变后下互坤，乾四据阴三，阳据阴，故有“行人之得”。四据三亦三系四，邑人处大互坎之中，故有灾害之说。如果四变应之于初，震坤死丧，因之有行人得牛，邑人有灾祸。六三爻辞注释把四据三三系四以及之正相应结合起来，包括大互动变之前和之后的成象关联一体，很好地解释了得牛获灾的爻辞。

（五）其他爻例

另外，基于爻位的爻性的变化带给卦的变化和成象的变化，有些体例显得比较松散，但在伦理境遇的暗示和寓意上有提示的必要。比如“隔”的体例，“隔”是某一爻处于具有“乘”“承”“比”“据”的两个爻之间，形成某种阻碍的作用。随卦六二“失丈夫”虞翻注曰：“应在巽。巽为绳，故称系。小子谓五，兑为少，故曰小子。丈夫谓四，体大过老夫，故称丈夫。承四隔三，故失丈夫。三至上，有大过象，故与老妇、士夫同义。体咸象，夫死大过，故每有欲嫁之义也。”六二应于上互巽卦之五爻，故为系。上体兑卦故为小子。三至上为大互大过老象，为丈夫，二爻隔着三爻承四故有失去之象，大互又有咸卦之象，咸为恋爱，因此夫死大过，经常有欲嫁人的念头。在这里，“隔”意味着失去。

爻位的“爵位”之说起于西汉京房，虞翻也承续这个说法，通过爵位等差贵贱表示人伦秩序和等级观念。如《乾·文言》“见龙在田，时舍也”，何妥的注释是：“此夫子洙泗之日，开张业艺，教授门徒，自非通舍，孰能如此。”以孔子教授门徒寓于二爻君子之位。这直接是从道德属性来进行解释，德高者居于二五尊位。虞翻曰：“二非王位，时暂舍也。”这是从等级上进行解说，明显用到了京房爵位说，二位是大夫之位，有辅相之功，但并无王者之尊。时暂舍是相对于五位尊贵之位而言，暂时还不能到达那个位置，只能广修德业，乾健善行。

另外，虞氏易学在爻位方面还有“孚”和“折”的体例。所谓“孚”，其字面意思是“信”，信德、彼此互信、有信心、有信念、有信仰，都可以从易象中体会得到。虞氏易学把“信”和坎卦直接联系起来，这可能和坎卦的卦形、卦德有关系：从卦形来看，内中一阳而两边俱为阴，有阴从阳的意思，阴代表与世界交接的事事物物，而阳是某种精神性的存在，类于乾元。从卦德来看，坎卦一般理解为“陷”，即“有危险”的意思，但是危险和德性是有联系的，没有德性，那么危险就近在眼前，如果有德性，会降低危险的等次或者避免危险，可见大易的精神基本上是道德本位的。具体而言，该体例以二五尊位为准，若坎卦在此二位，则为“孚”。又以五位为多，如果此二位是阴爻，则根据卦爻的要求进行阳爻卦变，然后以坎为“孚”进行解释。

坎为孚信是比较固定的，也是虞翻的首创，在这个意义上可以将虞氏易学理解为先验德性论者。但他的思路和中华传统德性文化的思路比较一致，先讲自然，这个自然与西方传统意义上的不一样，西方的自然主要演绎出理性、规律等等，中国讲自然主要演绎出伦理道德。如《系辞·上》“变通配四时”，虞翻曰：“变通趋时，谓十二月消息也。泰、大壮、夬，配春；乾、姤、遁，配夏；否、观、剥，配秋；坤、复、临，配冬，谓十二月消息相变通，而周于四时也。”虞翻的解释是将十二月卦和四季变换结合起来，并没有一句在讲伦理德性。但其实它已经蕴含了伦理的意思，这主要和中国的语言文字的全体性、美学性和直观体验性有关。四时在变，导致这个变化的原因或者根据其实是在一阴一阳之中，就是牟宗三先生所说的乾的创生原则和坤的终成原则："中国的道德形上学这个深远的玄思有两个智慧，客观地讲就是天命不已，主观地讲就是纯亦不已。这是中国文化智慧的最早的根源。"① "天命不已"是乾元赋予的，"纯亦不已"是坤的规范。另外，还要联系到别的文字一起来看。《说卦》"观变于阴阳而立卦"，虞翻曰："谓立天之道曰阴与阳。乾坤刚柔，立本者卦。谓六爻阳变成震、坎、艮，阴变成巽、离、兑，故立卦。六爻三变，三六十八，则有十八变而成卦。八卦而小成，是也。《系》曰：阳一君二民，阴二君一民，不道乾坤者也。"这是因循阴阳而有指示阴阳的符号，实际上是在进行符号学的对于能指的分析。尽管如此，仍然不脱离也不可能脱离"乾坤"来分析，既如此也就不能从根本上脱离乾坤创生规则和终成规则，即某种先验的德性结构。如果顺着这个思路，演绎出人伦规范、道德天理也就是必然的和顺理成章的。《说卦》"发挥于刚柔而生爻"，虞翻曰："谓立地之道曰柔与刚。发，动。挥，变。变刚生柔爻，变柔生刚爻，以三为六也。因而重之，爻在其中，故生爻。"从天道到地道，阴阳而为柔刚，设卦爻而拟其运动则可观其变化之效，爻者，效也。《说卦》"和顺于道德而理于义"，虞翻曰："谓立人之道曰仁与义。和顺谓坤，道德谓乾。以乾通坤，谓之理义也。"有刚柔方有天地之间的人极，有人始有仁义分别，仁义并不是后天始有，而是从乾坤阴阳中合乎逻辑的展开和演绎出来的。乾元被赋予仁的先验德性，其结构内在地包含了与创生原则相协同的终成原则的与物相接的和顺之道。因此，坤道虽然是乾道的反面，但是是统一的反面也就是一面，坤本就在乾中。只不过强分的话，乾是先验道德，坤是缓和、顺变，坤的展开也就是以乾通坤的过程，这个过程就理性的分辨来说叫作"义"。义虽然由乾元的仁所贯彻，但它已然不是纯粹的仁，而

① 牟宗三. 周易哲学演讲录［M］. 上海：华东师范大学出版社，2004：13.

是乾通于坤之后，坤缓缓展开的仁，此即是义，因而义是世界的善恶总原则，诸多原则和道德规范循此而定。又因为坤道总有形态的变化和过程的更替，主体辨识难免存在一定的局限，“义”也就有必要也能够回复到“仁”的纯粹状态，这种反复和回复的过程就是天命。《说卦》“穷理尽性以至于命”虞翻曰：“以乾推坤，谓之穷理，以坤变乾，谓之尽性。性尽理穷，故至于命。巽为命也。”“命”总括了万物的变化，但又蕴含着天的先验构成，也即乾元的德性，因而天命的结构由两部分构成：一是乾元的展开，变之中有不变，围绕的是乾元，二是坤道的展开，不变之中有变，围绕的是坤道。穷理是就坤在乾推的融成之中把乾的精神落实到事事物物之上，万物之理的穷尽处方显乾元精神，此可谓回复，回复要经过反复的过程，此是从坤入手得乾之本体，坤就是乾；尽性则是循着乾元精神，无论外部世界如何变动，只是按着这个意去看待世界，因而变化的世界无非乾元的不同形式，或者说分享了乾元精神，这是从乾上看坤，乾就是坤。所谓“以至于命”，是明了个体和世界的趋势，天命不可违的意思可从以上两个角度得到体会。虞翻以巽卦象征命，寓意无所不在，无孔不入，至大无外，至小无内。总而言之，乾元德性是玄远而悠长的，牟宗三以《诗经》的“惟天之命，于穆不已”来形容这个德性本体。一方面，万物究其根本都是由这个“天”成就的，另一方面，这个天有着自身对于自身的规定，“惟天之命，于穆不已就是天的本质，就是天之德，天德就是健”①。

这颇不同于西方的理路。从柏拉图开始，终极实在被当作最高级的理念对象，哲学家相信通过静态的概念式的把握和动态的辩证式的运用就能够认识到这个绝对的观念。因此，西方主流哲学观以数学知识为形式范式，以逻辑为理性展现形态。终极实在以主客二分的视域呈现出来，这种呈现囊括了唯理论和经验论的视角，它的历史无效性在历史本身的前进中获得了消隐的特性但从不会退出历史的舞台，这毕竟和原始性的思维基质相关。以中华文明为代表的东方的求智慧者则恰恰相反，东方的思想家认

---

① 牟宗三. 周易哲学演讲录［M］. 上海：华东师范大学出版社，2004：13.

为概念化、观念化和表象化只能使我们从根本上被桎梏在“无明”的狭小境地之中，丧失掉体验终极实在的原发视野，而只有在对前概念或非概念的表象的直接体验中，终极实在和真理才有可能被领悟。这种直接体验的方式成为原始思维的结构基座，成为后来思想的源泉，易学思维恰恰是在这个基础之上组合起有意味的符号，带着主体进入体验的境域。由于易学符号的美学性、自组织性和直观性等特点，能指自身“运动”起来，这已经不是旧有的语言哲学意义上的能指，毋宁说易学符号是“象指”或“能象”，它的一个重要的功能和作用就是带领主体暂时脱离“伦理境遇”而进入“伦理境域”之中。

虞氏易学之诸多易例的创造即是充分运用了易学符号的“象指”作用。回到虞氏易学的“孚”之例，可以说，这个易例往往是在多例共同作用的过程中展现自身的。如大有卦六五：“厥孚交如，威如吉。”虞翻曰：“孚，信也。发而孚二，故交如。乾称威，发得位，故威如吉。”所谓“发而孚二”是指六五动而之正，不说六五动变，而说发，是指六五动变而引发上九和九四一起之正，即上体坎，即为孚信。同时，变后的九五发而引动九二之正动变为六二，即有九五与六二相应，这个过程可以称作“交如”，是牵一发而动全身的交相变化。下体乾，发而得位，故有威如和吉利的赞词。又如夬卦卦辞“孚号有厉”，虞翻曰：“阳在二五称孚。孚，谓五也。二失位，动体巽，巽为号，离为光。不变则危。故孚号有厉，其危乃光也。”这里既说二五为孚，就不应该又说孚在五位，其实虞翻是在强调五位为孚的重要性。在这一卦中，阳爻处二位和处五位是不一样的，单从正位来讲，二位就是失位的状态，失位当变，这有违于孚信之道。所以阳在二位固然也可以称孚，但是比较五位来说价值是较低的。

最后，爻位显现的秩序中还有一种虞翻发明的“折”例。所谓“折”，是指某一卦之中某一爻发生了变化，从而改变了原来爻与爻、上下体、上下互、大互和大互之间的关系，主要变化体现在对原有成象的毁损。毁损是相对原象而言，从反面来讲也可以理解为生成了另一种新的卦象。这个例子在道德寓意上主要表现为道德情景因某种重要条件而改变，相应地，有关的道德认识和道德体验就跟着发生变化，有时候也可以意指评价标准因时而异的情况。如噬嗑卦“亨，利用狱”虞翻曰：“否五之坤初，坤初之五，刚柔交，故亨也。坎为狱，艮为手，离为明，四以不正，而系于狱。上当之三，蔽四成丰，折狱致刑，故利用狱。坤为用也。”噬嗑卦从否卦来，否卦五阳下而至初位，阴爻上而至五位，遂有噬嗑，五阳交于初阴，有亨通之象。上互坎，下互艮，上体离，四位系之狱乃因不正。上若之三则成丰卦，所谓蔽四是指三上易位得位，四虽失位，但已然成丰之象。噬嗑卦三四五为坎，为“狱”象，今蔽四而毁狱象，丰卦之《大象》又说“折狱致刑”，故有“折狱”之说。李鼎祚案：“颐中有物曰噬嗑，谓九四也。四互坎体，坎为法律，又为刑狱，四在颐中，齧而后亨。故利用狱也。”① 李说从颐卦中有九四，九四系于三四五之狱，故有“利用狱”之说。

第三节 互体缠结

所谓“互体”是指一卦之内因爻和爻在数量上的排列组合的多少而形成的各种成象。如益卦，上体巽，下体震。除此二象之外，还有多种。其他种种，皆为互体，如经典的三爻互体，二三四为一卦，在益卦的下互二三四则为坤，三四五为一卦，在益卦的上互则为艮。这是一直以来用得非常多的三爻互体，也有四爻互体、五爻互体的，其用法不广泛，但也为易学家适时取用，比如京房和郑玄等人。到了虞翻，互体已经成了较为系统和有待进一步发展的易例，在虞氏易学中，三爻互体、四爻互体、五爻互体均有合理的运用，除此之外，虞氏易学还有争议较大的“半象”之说，“半象”能不能放在互体的范畴之中是个见仁见智的事情，从成象的结果来看，亦可放在易象中解说，从不同角度呈现事物来说，亦可放在互体之

① 李道平. 周易集解纂疏［M］. 中华书局，1994：237.

内。虞翻的创造性在于将传统互体与卦变、爻变等易例紧密地结合在一起，因而互体说得到了完备和系统的发展，互体不仅在静态成象上具有优势，更能在卦爻变的运动中呈现阶段性、局部性的变化特征，因而能更好地“象示”事物，从而为蕴含伦理意蕴打下基础。

一、三爻互体

三爻互体是《易传》《左传》《国语》以来最常用的一种互体形式。它主要展现了事物变化发展中的过程特征。仍以益卦为例，若变为任一个其他卦，是需要取用上互艮卦和下互坤卦的，艮卦和坤卦构成剥卦，剥卦是为益卦变化之中的一个中间卦，益卦变化时就有剥卦的特点。又如《大畜·象》：“大畜，刚健笃实，辉光日新。”虞翻曰：“刚健谓乾，笃实谓艮。二已之五，利涉大川。互体离坎，离为日，故辉光日新也。”大畜上艮下乾，为笃实刚健，二爻乾阳之五爻阴爻之位，五爻下而至二爻，方能下体离卦而下互坎卦，同时上互离卦，离象为光明，故有“辉光日新”之说。这一卦是从动变的角度来成象，大畜、艮、乾均为阳卦，被赋予诚实和刚强的德性，这个德性是要在事物上落实才能显现出来，而互卦就是落实的一个阶段。在这里，坎离相互缠结，至少寓示着两点：第一，坎离相互成就，相互依托共同成为大畜卦的展现形式，离无坎则无光，坎无离则成险，两者对立统一而有“利涉大川”的事业；第二，坎离可以成为具体途径上的具象，比如坎为水为险，离为日为光照，在具体境遇中水和光照是有利有弊的，但无论如何不离大畜卦的成象框架，要保证大畜之德性在互卦坎离的道路上得到证实。

我们再看静态成象的例子，如蒙卦之初六：“发蒙，利用刑人，用说桎梏，以往吝。”虞翻曰：“发蒙之正，初为蒙始，而失其位。发蒙之正以成兑，兑为刑人，坤为用，故曰利用刑人矣。坎为穿木，震足艮手，互与坎连，故称桎梏。初发成兑，兑为说，坎象毁坏，故曰用说桎梏。之应历险，故以往吝。吝，小疵也。”蒙卦之初六为蒙之开始，此爻失位，得位则下体兑，兑为刑人，上互坤为用，故有“利用刑人”之说。桎梏之象，从下体坎开始。坎为穿木，艮为手，下互震，为足，手足皆被束缚之象，这里用到下互震卦。初六正位则穿木之象折，桎梏得脱。初六处坎之象中，以往则有小悔。整个初六的解释是刑人脱桎梏，往前走而有小的瑕疵的意思。下互震卦与诸象共同构成初六所处境况，同时蕴含应该怎么做的象示。

三爻互体所用例子庞大，大体不出帮助阐述事实的过程以及蕴含伦理应当的理则这两点。

二、四爻互体

“四爻互体”基本上是在虞翻手中创设的。四爻互体与三爻互体的最大不同在于构成互卦的四个爻经过半象的帮助可以直接视为一个卦象。如乾卦之《大象》“终日乾乾，反复道也”虞翻曰：“至三体复，故反复道，谓否泰反其类也。”是说乾卦经由复卦开端，至阳增长三爻为泰卦，泰卦三爻至上爻可以看作复卦，所以说“反复道也”。又如小畜卦之《大象》“君子以懿文德。”虞翻曰：“君子，谓乾。懿，美也。豫坤为文。乾为德，离为明。初至四体夬，为书契。乾离照坤，故懿文德也。”下体乾为美德，上互离为明，旁通豫，相辅为文。初爻以至于四爻体夬，夬卦为书契之象，故有文明以照天下之意。在这里初至四用到四爻互体。所体互象为夬卦，与乾德离照共同寓意文明而化成。可以说，在乾元德性的表达上，四爻互体夬卦很好地参与到构建其德性实践的途径即文书体系上，为乾元光照获得了一个有效展开的坤道终成之方法。再如渐卦之九三“鸿渐于陆，夫征不复”，虞翻曰：“高平称陆。谓初已变，坎水为平。三动之坤，故鸿渐于陆。谓初已不正。三动成震。震为征、为夫而体复，象坎阳死坤中，坎象不见。故夫征不复也。”下体艮可为高平之地，初爻失位当变，水动而得均衡平准，三爻阳爻动之于坤体之上，三伏阴，与下二爻构成坤，或与二三四爻构成坤，艮卦为高，坤为平，三动之坤而有飞鸟飞于高陆之象。若初动三亦动，则下体震，有出征之象，同时震可为“夫”象，初三动变之后，初至四有复卦之象，三动是得位而动，象征坎之中阳隐亡于坤之中，故有夫出征，半途之中，遇事阳隐而不复回也。这个例子的关键是三爻当位而变，其变的动力当属权变，即暂时之变。权变通于具体情境，战伐之事，事急从权，当灵活应对方为不败之略。之所以出征而不能回，是三位爻阳陷于坤体之中，初至四体复卦，阳陷而不能复即其意。

三、五爻互体

“五爻互体”对于道德生活的象征性明显要优于以上几种，其原因是五爻互体之中包含着三爻互体和四爻互体，这就为符示复杂的道德生活中的人和事奠定了能指符号的基础。五爻互体和四爻互体一样都是取用了半象互体，但是五爻互体要更加灵活一点。蒙卦卦辞“匪我求童蒙，童蒙求我”虞翻曰：“童蒙谓五，艮为童蒙。我谓二也。震为动起，嫌求之五，故曰匪我求童蒙。五阴求阳，故童蒙求我，志应也。艮为求，二体师象，坎为经。谓礼有来学，无往教。”这里初爻至五爻互体为师卦，蒙之上体艮为童蒙之求。师卦即老师居于二位，二三四三爻互体震，动起而为有求有应，这里不宜看作二爻去应五爻，相反是五爻应于二爻，所谓“嫌求之五”，其实无论二应五还是五应二，其实质都是二五相应，彼此感通，之所以理解为是五爻求之于二爻，乃是五爻互体即大互师卦。既然是师卦就有五个阴爻绕着二爻乾阳的卦象，师教之于众也就是理中之象和理中之则，可以说正是师卦保证了蒙卦的五爻求之于二而非相反，尽管师卦有“出师以律”的说法即为出兵打仗的意义，但在这个象则中应该只能选取施行教育、施事于教的意义。可见五爻互体有一种在整体上保证意义选取的作用。下面的论说皆是在这个基础上进行的。“五阴求阳，故童蒙求我，志应也。”这个“志”，是童蒙应该求取于我的应当，也是一个事实。“艮为求，二体师象，坎为经。谓礼有来学，无往教。”又谈到师卦之象，经于二爻，蒙卦下体坎，坎为经书，上体艮，是有求于经典，然经典须有教师解释阐发才能明，在礼上就表示为有来学的，但无往教的，这既能明学生求取之志并磨砺其志，又能保持在尊师的过程中明于其道。再以小畜卦九三爻辞为例。辞曰：“夫妻反目。”虞翻曰：“豫震为夫，为反。巽为妻。

离为目。今夫妻共在四，离火动上，目象不正，巽多白眼，夫妻反目。妻当在内，夫当在外，今妻乘夫而出在外，象曰不能正室。三体离需，饮食之道。饮食有讼，故争而反目也。”小畜卦五爻互体在于初至五体大互需卦，需卦从某种意义上帮助小畜卦规定了相关道德关系。小畜卦之旁通卦为豫，豫卦上体震，为夫象。巽为妻子，小畜卦上互离，因为离不在上体之位，又巽为多白眼，故而有“反目”之象。原本夫主外妻主内，今妻显而夫藏，小畜、豫处于飞伏之状态，故而有“不能正室”之说。最后说到三体离卦、需卦，是指三四五三爻互体离，初至五大互需卦。离卦是核心之象，需是饮食之道，这从大的方面规定了夫妻反目的事实内容，争吵是因为日常“饮食”而起，同时又蕴含着离卦反目的细节。需要注意的是，初至五不能直接大互需卦，它是把四爻和五爻看作“半象”坎卦，因此才有需卦的大体情形。这里也可以说是上九不正，变正之后直接成为需卦，但是与互体之说已经有了差别。

四、半象互体

关于“半象”，尚秉和在《焦氏易诂》中曾举需之既济和涣之未济为例述之，认为焦延寿用到“半象”。但是这只是一种可能，因为尚氏援例甚少，不能说明问题。至于京房，亦不可谓用到半象，刘玉建先生认为京房实用之，并举二例为说，① 笔者认为是值得商榷的。京氏于归妹卦说：“阴复于本，悦动于外，二气不交，故曰归妹。互见离坎，同于未济。适阳从阴，刚从外至，九四至刚，六三悦柔。返无其应，凶并羊，涉卦之终，长何吉也。”② 刘先生以为归妹卦下互离，上互坎，二者结合应为既济，但是京氏说同于未济，那么京氏当以半象之说解决此问题，先以二三半象坎，再以四五半象离，于是而得未济。考之此节易注，京房反复强调阴阳不谐，阴复于本，是说归妹卦在兑宫之中处于“归魂”卦，自“游魂”小过而来，小过下体艮，为阳卦，变为归妹，下体兑，为本宫阴卦，

① 刘玉建．两汉象数易学研究：上册［M］．南宁：广西教育出版社，1996：273.

② 卢央．京氏易传解读［M］．北京：九州出版社，2004：518.

是复于本也。归妹上体震，震性动，兑性下，阴阳不相交。从爻而言，三柔四刚，俱不相应，也是凶兆，凶并羊，羊为兑。据此可知，京氏所谓互见离坎，是离坎为未济，同于未济，并不是得之于互体易例，更不是说取自半象，而是申明未济阴阳不谐同于归妹，“涉卦之终，长何吉也”。未济终卦与京氏归妹处于八宫终卦，同为阴阳不调，其理一也。另外未济卦传曰：“水火二象，坎离相纳，受性本异，立位见隔，睽于上下，吉凶生也。”① 刘玉建认为“睽于上下”，是京氏通过半象从未济卦中互出睽卦：上体离仍为离，下体坎之二三爻半象兑卦，结合而为睽卦。考之传文，京房是在说明坎离互异的特性，所谓“睽于上下”，亦是指坎离水火不合之象，确不见有用到半象的痕迹。况通读《京氏易传》，没有半象的概念，也不见有他例用于半象的。

半象之说者创于虞翻。半象的内容是，凡相近两爻，均可互出包含此相邻两爻的经卦。比如两阳爻既可为乾卦，又可为巽卦或兑卦，因为此三卦包含有两个相邻的阳爻，其他类推。最为详细分析半象的是方申的《周易互体详述》，不过方氏稍有不同，一卦中的初二两爻只能互出初爻在初位的经卦，还有五上两爻只能互出以上爻为上位的经卦。比如乾卦半象互体：初九九二互兑，下半。九二九三互兑，下半。互巽，上半。九三九四互兑，下半。互巽，上半。九四九五互兑，下半。互巽，上半。九五上九互巽，上半。② 所谓“上半”“下半”，是指两爻在互出卦中的位置而言。乾卦初九、九二只能互出兑卦而不能互出巽卦，九五、上九只能互出巽卦而不能互出兑卦。虞翻使用半象的总原则是便于注经，并不是随意皆可使用半象，因为半象的适用范围广，很容易导致一种无原则性的滥用易象。兹述几例如下。

需卦九二爻：“需于沙。小有言，终吉。”注曰：“沙谓五，水中之阳称沙也。二变之阴称小，大壮震为言，兑为口，四之五，震象半见，故有

---

① 卢央. 京氏易传解读［M］. 北京：九州出版社，2004：503.

② 方申. 方氏易学五书·周易互体详述［M］. 续修四库全书本. 上海：上海古籍出版社，2002：50.

小有言。二变应之，故终吉。”二五不应，二当变阴相应，阴为小。需卦在卦变中自大壮而来，大壮四至五，即为需。大壮中震言兑口，需四之五，四五半象震卦，又互兑为小，故“小有言”。此卦关键在二四五爻，为何三四不能互震？因为动爻在四五。讼卦初六：“小有言，终吉。”虞翻注曰：“小有言谓初四易位成震言，三食旧德，震象半见，故小有言。”初四易位，下互震为言，二三半象震，故“小有言”。《小畜·彖》：“密云不雨，尚往也。”虞翻注曰：“需坎升天为云，坠地为雨。上变为阳，坎象半见，故密云不雨，尚往也。”小畜卦自需卦而来，需上六变阳则为小畜。坎在上卦为云，在下卦为雨，变巽为阳，四五坎象半见，下互兑为“密”，故“密云不雨”。直接用到半象的还有贲卦六五爻注、渐九五爻注、涣六四爻注、《说卦》“兑为泽”注等等。间接用到半象的如丰卦九三“丰其沛，日中见沫”注。其注曰：“日在云下称沛。沛，不明也。”丰上体震，下体离，离为日，四五半象坎，坎上为云，坎下为雨，日在云下，故不明也。益卦卦辞“利有攸往”虞翻注曰：“二利往坎应五，故利有攸往，中正有庆也。”二五互应，言往坎，则是四五半象见坎，两爻相应，五处中正，虽赴坎而有利也。另见需卦《象》传“君子以饮食宴乐”注、同人卦九四爻注、豫卦辞注、丰卦上六爻注等等。

由于半象的运用过于灵活，亦不免于被人指责。如顾炎武《日知录》卷一所言，焦循《易图略》卷七所诟。焦循说：“虞翻解小有言为震象半见，又有半坎之说。余以为不然，盖乾之半亦巽兑之半，坤之半亦艮震之半，震之下半，何异于坎离之半，坎之半，又何异于兑巽艮之半？求其故而不得造为半象，又造为三变受上之说。试思半象之说兴，则履姤之下均堪半坎，师困之下皆可半震，究何从乎？虞氏之学，朱汉上讥其牵合，非过论也。”① 虞氏半象虽有一些弊端，但是其取用却有一定之法，比如上例《小畜·象》传注，四五只能取象坎，坎为云在上，不为雨，这正好配合了《象》辞的解释。若取象离、巽或者艮，均没有相应的逸象对应，则达

① 焦循. 易图略［M］. 北京：九州出版社，2003：133.

不到解经的效果。可见半象虽繁，却不能过于随意地使用。高怀民认为，应该将半象注经和半象本身对发明易道的价值分别开来。① 笔者以为这种态度是可取的。

第四节 卦变化育

“卦变”是几乎所有易学家所留意的课题，因为易道的原则就是变，唯变所适，不可为典要的精神就深刻地表现在诸种卦变体系之中。一般认为，系统性、整体性地发掘卦变易例的始于虞翻。更重要的是，虞翻借助卦变体系实际上在表达一种和谐的宇宙社会秩序和人伦理念，在某种意义上，卦变是“成既济定”的理想图式的一个表达手段或者是一个不可或缺的变化过程。这个过程在易学家手里是一幅变动不居的图形、图像和图式，但实际上秉承的是儒家赞天地之化育的人文精神，并试图开创出一种新的精神气质和精神风貌，尽管大多数时候它是以蕴含、寓示和符显的方法表示出来的。

其实，卦变的源发性始于乾坤，卦变对于万物变化以及由之而生的善恶观念的模拟可以直接追溯到乾坤。乾坤也就是天地，它产生万物并且化育万物，以《周易》的阴阳符号为基础的卦变一是在“化成”万物，二是在“育成”万物。“化成”主要涉及事实层面，但它内部必然蕴含着价值的导向，即“育成”；“育成”主要涉及价值层面，但它又不能脱离事实而独立存在，因而它必然包括了“化成”。卦变也就是要通过符号显现出天地万物的“化成”和“育成”的过程，此即“化育”。《中庸》说：“惟天下至诚，为能尽其性；能尽其性，则能尽人之性；能尽人之性，则能尽物之性；能尽物之性，则可以赞天地之化育；可以赞天地之化育，则可以与天地参矣。”② 这一段话与《周易》里表达天地万物进化或者叫化育的文

① 高怀民. 两汉易学史［M］. 桂林：广西师范大学出版社，2007：159.
② 朱熹. 四书集注［M］. 长沙：岳麓书社，1998：46.

字的意思是一样的，只不过《中庸》先拈出一个“至诚”，然后“至诚”能表达万物之性，而人之性不在万物之外，所以“至诚”也就表达了人之性，这是第一层意思。以这第一层意思为基础，进而又能阐发第二层的意思：人之性能够通过至诚得到最好的发扬，那么人之性不在外物之外，都是天地造化而成，所以尽人之性也就是尽物之性；包括人之性的物之性都能参透，那么就可以站在天地化育的队列之中，自身不在天地化育的队列之外；“赞”在这里不是主体对于客体的简单赞叹，而是在天地化育的队列中共同领悟和推进这个化育，而这个总的过程，就叫“与天地参”。所以只有天下最“至诚”的人才能充分实现自己天性，这个天性类同于张载所谓“天地之性”，是祛除了“气质之性”的纯粹部分。一个人能够充分实现自己的天性，他就能够充分实现外物以及他人的天性，他就能够帮助别人充分实现“他者的自我”之天性，也就能充分实现万物的天性，他也能够让万物充分实现天性。如此，就可以赞助天地化育万物，也就可以跟天和地并列了。并列不是把人归并到天地之中，而是并列为天地人“三才”。三才就是三种因素，三种要义，三种道理，归结起来实在只是一个，即太极之道。

《说卦》“参天两地而倚数”，虞翻曰：“倚，立。参，三也。谓分天象为三才，以地两之，立六画之数，故倚数也。”在这里，虞翻很好地解释了六画卦的寓意，三才以天定，而地两之，是地有刚柔，故而三分为六。崔觐曰：“参，三也。谓于天数五、地数五中，以八卦配天地之数。起天三配艮，而立三数。天五配坎，而立五数。天七配震，而立七数。天九配乾，而立九数。此从三顺配阳四卦也。地从二起，以地两配兑，而立二数。以地十配离，而立十数。以地八配巽，而立八数。以地六配坤，而立六数。此从两逆配阴四卦也。其天一地四之数，无卦可配，故虚而不用。此圣人取八卦配天地之数，总五十而为大衍。”① 崔氏的解释把数与卦的相配以某种规律结合起来，同时解释了天地之数与大衍之数的关系，值

① 李鼎祚. 周易集解［M］. 北京：中华书局，2016：502.

得信服。但不管如何，“天一”与“地四”合而为五，此和数为虚，“一”为衍三才之虚，以虚说实，指出实的来处；“四”为刚柔之虚，是地之虚，指出刚柔的来处，这样，阴阳、刚柔俱有来处，表现在人之性上，阴阳和刚柔的来处即是人之性即仁与义的来处。可见，仁义不能简单说成来自阴阳或者刚柔，而是与阴阳和刚柔一道有共同的来处，这即是前述“缘构”或者“氤氲太极”的结构，如果可以强分太极结构的话。天地人之德如果可以归并于一个圣人自是更有可信度和承传的意义。《说卦》：“昔者圣人之作易也。”虞翻曰：“重言昔者，明谓庖牺。”以庖牺作为非人格神的人格神，恰恰是乾坤精神在人身上的完美体现，据此才能更好地分开来说。《说卦》：“是以立天之道曰阴与阳，立地之道曰柔与刚，立人之道曰仁与义。”崔觐曰：“此明一卦立爻，有三才二体之义。故先明天道既立阴阳，地道又立刚柔，人道亦立仁义以明之也。何则？在天虽刚，亦有柔德，在地虽柔，亦有刚德，故《书》曰：沈潜刚克，高明柔克。人禀天地，岂可不兼仁义乎？所以易道兼之矣。”① 此“兼之”，便是人对于乾坤也就是对于阴阳和刚柔的得兼。因此，正是因为有人的存在，人对于天地乾坤的秉持，才有了人所特有的仁义。在这个意义上，可以说仁义来自乾坤。《说卦》：“兼三才两之，故易六画而成卦。”虞翻曰：“谓参天两地，乾坤各三爻，而成六画之数也。”所谓乾坤各三爻，是指有了人的出现，则与天地共，独成一极，成六画则是两地的结果，因为阴阳不是化成的结果，它伴随乾卦健行精神而来，只有坤成的终成原则才赋予了坤卦刚柔的秉性在有形之物上的“性”。因此，用地两之，实则迭用刚柔，这既是对阴阳精神的落在实处，又是对人性之仁义的圆融解释。《说卦》“分阴分阳，迭用柔刚”虞翻曰：“迭，递也。分阴为柔，以明夜；分阳为刚，以象昼。刚柔者，昼夜之象。昼夜更用，故迭用柔刚矣。”这里的“递”，可以理解为传递，但已然不是一个对另一个的传递，而是“逝者如斯夫”的大势，是活泼泼的生成，也是活泼泼的消逝，总之是一个变化的“理式”。如果能理

① 李鼎祚．周易集解［M］．北京：中华书局，2016：503.

解为“理式”，那么这个“理式”既是阴阳或者说是阴阳消长。以昼夜作为寓示，既是明刚柔，也是明刚柔往复、不断承续、不歇永年的“生生”之势。在这里，“理解怎样得以可能？这是一个先于主体性的一切理解行为的问题，也是一个先于理解科学的方法论及其规范和规则的问题。”① 可以说，对于该理式的理解在此之前已经在进行了，因为理解本身就在这个“生生”之大势中。

整个化育的过程即仁义变现和仁义回归的过程，进一步说，人之性有来处即有归处，来即归，归即来，如此而已。因而单从源发性上讲，人之性与阴阳、刚柔一般，是一个东西；从“生生”的具体化育过程来体认，则人之性来自阴阳激荡、迭用柔刚。了解了这一点，卦变体系以及卦变在化育变化的过程中展现的种种形色也就既可以理解为仁义化育来自阴阳刚柔变化，也可以理解为仁义化育是归向源发性的缘构之域即太极之道的。“来”，不能拘泥于单一关系的你来我往，跳脱地看，是某种互为因果，是“同归于尽”；“归”，亦不能只看“生生”之大势，精审之时，体念不差，也只是一时之来。用普遍联系和辩证的方法看待问题，这就是易学和易之道的本质特征，当然也是作为易例之一的卦变的本质特征。大体来说，爻位、互体、卦变和卦象对应着动中之静、静中之动、动中之动和静中之静四种动静辩证的偏向，当然这只是一个大致的概括。

卦变说强调在普遍联系之中的事物和事物之间的变化的过程，强调变化本身并不意味着忽视变化的动力来源和变化之后的结果。从某种意义上来说，卦变的首要任务是通过对变化的模拟带给人们进入缘构境域的一个路径，或者是赋予一种整体直觉观的信心，对于事物之间保持有机的、必然的、系统的发展径路的信念。而这种信心和信念从何而来？这既不同于西方唯理论的形式和形式感或者先验的架构，尽管我们常常借用某些术语作出相应的表达，也不同于经验论者的经由科学的观察和推理得出，它可以经由唯理论和经验论的某些观念和方法得出。更重要的是，也可以不经

① 加达默尔. 真理与方法：哲学诠释学的基本特征：上卷［M］. 洪汉鼎，译. 上海：上海译文出版社，1999：6.

由甚至完全不经由西方的哲学范式达至。它就给出一种符号的演化，可以不需要语言，和禅宗一样，达到乃至超出经由语言、逻辑指引的目的。卦变变化中，整个体系不是科学，不是艺术，不是宗教，甚至也不是哲学，但它流淌着理性和情感还有灵性和开悟。它也不是语言，不是仁义道德、善恶是非，但是从它的变化之中，常常存在语言的“诉说”，在动变之“几”里，萌生善恶和善恶观念。

大体说来，卦变所预示的伦理思想遵循两个路径：一个是乾坤相交而生六子，一个是十二消息卦生其他众卦。如果以《道德经》的“道生一，一生二，二生三，三生万物”为喻，则乾坤生六子为“道生一”，乾坤生十二消息为“一生二”，十二消息生其他众卦为“二生三”，追其源头，皆可上溯到乾坤。乾坤提供的是变化的根基或者说变化的根源所在，乾坤的非语言符号表述避开了如前述语言尽意和不尽意的问题，只关注运动本身及其运动所带来的“迫使”主体回复到氤氲太极的契机，至于为什么要回复到缘构境域，这不是语言和理性能够完全回答的。从某种意义上讲，乾坤卦变之中又流淌着理性，通过理性来表述理性是没有问题的，这是尽意的一面；另一面，乾坤卦变是不能或者不能完全通过理性来体认的，这是指不尽意。因为语言一说出来，逻辑理性一开始启动，就有了意识定点，但是形上本体是不必然地需要意识定点的，散开意识定点，把意识流贯到事物之中，在尽而不尽之时，倒可以通过非语言或者反语言的方式来达到，禅宗的偈子即是这样揭示真相的，如“空手把锄头，步行骑水牛。人从桥上过，桥流水不流”① 之类。

前面也谈到，义理易学和象数易学是殊途同归的，两者在揭示太极之道方面其实并无高下之分，都具有自身的独有的特征。不妨将二者与中国思想史上的心学和理学以及禅宗的渐悟和顿悟做一番比较，我们能发现，思想史上的成体系的范式总有一个与之对应的另一范式的存在，就像阴阳相对，这也许说明了阴阳无处不在，它在思想领域一样有作用。我们知

---

① 释道元. 景德传灯录［M］. 成都：成都古籍书店，2000：571.

道，明代的心学代表人物王阳明强调人人都有可能达到圣贤之境，是因为人人都有良知：一方面，人心有自觉，有求知欲；另一方面，人心与道心是联系起来的，道心就是至善，就是境界，人能感同身受，而之所以达不到较高的境界是因为没有致良知。平心而论，普通人要一蹴而就达到至高境界是很难的，对此，王阳明提供了一条途径，就是知行合一，通过事上磨，直指本心，心即理。而宋代思想家、理学集大成者朱熹则提供了另一条途径，那就是从外物入手，慢慢格物，格物就是明白事物的道理，明白了事物的道理就能怡然自乐。你可以有不侵害别人而自为此乐的快乐，但是你逐渐明白了万事万物，领悟了世界，你自然就明了物欲之乐的弊端，进入了敞亮之境。这个时候，你的一悲一乐是与众生连在一起的，你能感同身受别人的悲喜，别人也能受到你的悲喜的影响，更重要的是，所谓连在一起已经不是简单的心理学上的同情感。因为境界的达至，自身与别人的悲喜在心理上的感受已经被提升和超越，尽管悲喜的表现还是一样，但它的形式已经改变。因而超越的悲喜在传播和影响上已经没有障碍和变形，它融合了良知，它必然直指人心，到达每一个心灵的角落，孔颜乐处就是这样一种快乐。这如同打蛇，王阳明如打七寸，时时提醒你，有一个良知；朱熹则周密部署，欲活捉此蛇。比较起来，义理易学类似朱熹而象数易学类似于王阳明。之所以有此类比在二者所借用工具明理的手段不一样，朱熹用语言来尽意，如前述，语言在尽意上是有先天的缺陷的，因而朱熹每讲一个道理，语言自身就在反叛该道理，这是有限对于无限的反叛，这是有限的“宿命”。所以必须再用另一番语言来救场，如此则形成只是希求通过语言来表达大道的哲学家的苦恼，而高明的哲学家懂得语言和大道之间的临界点和临界面，他会把语言和语言的交织首尾一贯，在语言自身的碰撞和渗透之中激发出大道，而不是在临界点和临界面之间欲言又止，左右摇摆。简单讲，他能领悟于无声处有真意，但他不能停下他的语言，要他不说是不可能的。而王阳明主要是在语言边界的地方止步，希望通过此时无声胜有声的方式来显现大道。

卦爻符号就在语言的说与不说“之间”。所谓语言是存在的家，是指

“说”这个行为天然与存在相联系。人能感悟存在，“说”与“不说”不是指存在是“存在”的，而是指“有”存在。因而存在就不是一个所指，虽然它可以被当作所指。存在的特性寓示着肯定有说之外的方式来带入存在，重新思考存在，这个方式之一就是不说或者是沉默。不说是私人的，不可公度的乃至神秘的，但是不说的神秘仍然可以经由说或者说与不说之间的某些方式来呈现。在存在的角度来看，说与不说是一体两面的，都是指向那个存在，因而说与不说一定存在某种联系。另外说的边界是可以经由极致的说来“毁灭”自身从而达到它的反面。比如前述禅宗的偈子，在这里，语言已经达到自身的极致，从某种意义上讲，这个境界类同于沉默悟道，尽管他在“糊涂”地说着，它消融了自身从而在极限处显露了它的反面。除了说与不说，在表达存在上，另外就是一般行为自身。分两种境遇，一种是日常语言和行为。在这里，“说”是与思考、行为紧相联系的，尽管日常的语言并不是在讨论存在，但是它与之相伴随的生活与世界息息相关，语言作为自觉或不自觉的一分子在共同呈现存在。另外就是在关键用力处用某些行为切入存在，在这里，语言可以是伴随的也可以是不伴随的，还可以是沉默的。“语言的真正统一性（如果有这种统一性的话），不可能是一种实体的统一性，而必须更确切地被定义为一种功能的统一性。”① 尽管语言是功能性的存在者，但它联通人与存在的作用是不可替代和不可忽视的。况且，在语言的帮助下，别的符号的创造才有可能。人是符号的动物是就人的创造文化的本性广义而言，“没有符号系统，人的生活就一定会像柏拉图著名比喻中那洞穴中的囚徒，人的生活就会被限定在他的生物需要和实际利益的范围内，就会找不到通向理想世界的道路——这个理想世界是由宗教、艺术、哲学、科学从各个不同的方面为他开放的”②。

易学符号相对来说是人通过对于太极的领悟而创造出来的文化符号，但这一符号的独特性在于它本身就是一个体系，如果按照皮尔斯符号学，

---

① 卡希尔. 人论［M］. 甘阳，译. 上海：上海译文出版社，1985：166.
② 卡希尔. 人论［M］. 甘阳，译. 上海：上海译文出版社，1985：52.

将易符号作再现体、对象、解释项的结构分析，其结构将相当复杂。无论从静态成象还是动态成象来看，易符号的符形是对事物现象及其相关意识的模拟，重在象征事物及其与世界的关系。“象征是这样一种符号，它借助法则和常常是普遍观念的联想去指示对象，这种法则使那个象征被解释为指示那个对象。所以，它自身是一种普遍的类型或法则，即法则指号。”① 易符号本身即是某种象征法则，因此，包含了法则的象征符号依法则而动，它所符示的就不仅仅是某个外在的对象而是更多关注对象和对象之间的联系能力。易符号往往从自身抽离出来，作为某种“抽象的力”与型符和物形构成整体，这个整体即是使对象得以存在的根据。在易符号中，形和象的关系为“n+1 维。形为三维，象为四维；形为四维，象为五维；以五维为形，象即为六维。‘形而上者谓之道，形而下者谓之器，化而裁之谓之变，推而行之谓之通。’形象之间称之为变化，形上形下之间称之为变通。变通犹是此一生之事，变化则完全两样，一下子临到生死之际”②。也就是说，“象”是提升着“形”在走的，一旦易符号自身作为型符的系统变化，比如卦变，在卦变中我们可以观察到卦变规律的道理，出其外，我们可以想象一种存在的结构，前者是合乎道理（有明显的理性流动和理则）而后者是合道（理性和理则不呈现），二者统一于主体作为主体还是作为此在而存在。

语言的述说和符号的符示也颇同于唐代禅宗的顿悟与渐悟之分。在唐代渐悟的代表人物是神秀，他说：“身是菩提树，心如明镜台，时时勤拂拭，莫使惹尘埃。③”顿悟的代表人物是慧能，他说：“菩提本无树，明镜亦非台，本来无一物，何处惹尘埃。”④ 神秀是从外在的境界去慢慢进入内心世界，他是以外在来保护内心，而慧能则直接进入内心世界的境界。客观地看，二者境界有一定的高下之别，这也是五祖弘忍认识到的，神秀于

---

① 涂纪亮. 皮尔斯文选［M］. 涂纪亮，周兆平，译. 北京：社会科学文献出版社，2006：280.

② 张文江. 潘雨廷先生谈话录［M］. 上海：复旦大学出版社，2012：115.

③ 慧能. 坛经［M］. 北京：中华书局，2013：12.

④ 慧能. 坛经［M］. 北京：中华书局，2013：23.

廊间写下偈子之后，“祖已知神秀入门未得，不见自性”①。但是从长远看，从人的不同根器来看，其实取舍标准因人而异：渐悟适合钝根人，而顿悟适合利根人。这两种方法对凡夫俗子来说都有意义，因为一般人的境界远不及这两位大师，所以这就只能依个人的先天根器的利钝来决定我们的行动路径。若结合心学与理学，从方法论而言，王阳明近于慧能，而朱熹则近于神秀。虞氏易学的卦变体系不是语言，但它能承担语言的核心功能。语言的核心功能主要表现在言意关系上，即言尽意和言不尽意上。象数符号恰恰可以在言尽意的地方尽其意而在言不尽意的地方不尽其意。以鼎卦为例，《系辞·下》“子曰：德薄而位尊”，虞翻曰：“鼎四也。则离九四，凶恶小人，故德薄。四在乾位，故位尊。”鼎卦四爻为什么有小人之嫌呢？首先，四不正，当正之，不正而居于下互乾卦之上爻，且离九五之尊之位近在咫尺，有一人之下万人之上的高位之象。相对语言对于一个具体境遇的描述，象数基本上也能达到，这就是尽意。“知少而谋大”，虞翻曰：“兑为小知，乾为大谋，四在乾体，故谋大矣。”兑在上互，有小之意，乾在下互，为大始。比较而言，在智谋方面，一小一大，四爻处于上不沾天下不着地的境遇，既在兑体之中，又在乾体之中，少不了有知少谋大的嫌疑。这个注释有偏向语言的不能尽意的地方，但不是完全的，究其根子，是象数和语言的差别。在这里，“小”“大”既有给定的意义的一方面，又有需要通过联想而达到的某些意义，比如“谋略”，在这里是谋略而不是某些质料的差异，又如物理的量度是因为符号和符号之间达成的默契，即它能营造某种“语言”环境，在语言不尽意的地方不尽其意，而恰恰是这种不尽意显现了语言的边界。从某种意义上说这种不尽意是一种圆融能所、沟通存在境遇和缘构境域的契机，说到底是以不尽意的方式暗示和启发某种意，尽不尽已然不是思考的重要方面。这是一般的语言做不到的，换句话说，语言一般不能做到既能所指“某物”，又能不是所指的“某物”，或者说，它更需要通过某种联想和想象来达到言外之意，而这在

---

① 慧能. 坛经［M］. 北京：中华书局，2013：17.

象数符号运动之中就能做到。如“力少而任重”，虞翻曰：“五至初，体大过，本末弱，故力少也。乾为仁，故任重。以为己任，不亦重乎。”初爻至五爻有大互大过卦之象，大过卦有“老”“死”等意蕴，本末为阴爻，弱之象，表现在力气上则为少力。四爻处弱之端，又在象征仁德的乾体之内，自身少力而又妄想担下道德重任，这是荒唐的。这一段主要借助大互卦阐发九四之德，因而其结果必然就是“尟不及矣”。虞翻曰：“尟，少也。及，及于刑矣。”刑即型，即某种法式、标准。蒙卦初六“发蒙，利用刑人”，《周易译注》解释为“刑，即型，用如动词，指以典型、法式教人……《尚氏学》《诗·大雅·思齐》篇曰‘刑于寡妻’、《左传》襄十三年‘一人刑善，数世赖之’，注皆训刑为‘法’，是刑与型同”①。

另外，卦变体系能够做到语言所做不到的对于意的尽而不尽之处，这种尽而不尽，从根本上讲实际上是对于氤氲太极或者缘构境域的领悟。说它“尽”，是因为它能承担某种能指的功能，或是直指，或是模拟，或是象征；说它“不尽”，是指在此在境遇之中不能有所指，但是，通过某些手段以不尽为尽，或暗示，或联想，或引导，其方向是本体，也许连本体或者方向这两个字都不能说出，一说出就有意识定点，就不再成为符示太极的符号了，而通过非语言或者反语言的方式又是非理性的，这是它的神秘之处，因而所谓神秘也就是语言理性不能穷极之处，但我们又能领悟到。这和巴门尼德以来围绕“是者”讨论存在的西方传统有较大的区别。首先，从人类的符号化活动而言，一切言语和相关活动都在证成自身同时指示我们与世界的联系以及我们如何与世界取得联系，这是跳脱地看问题。从这个高度的视角看，东西方的包括全人类的言语和活动具有纯粹形式上的统一性。其次，从思维方法看，以巴门尼德为代表的对于存在的揭示的主要方式是辨识存在和非存在，“第一条是：存在者存在，它不可能不存在。这是确信的途径，因为它遵循真理。另一条是：存在者不存在，这个不存在必然存在。走这条路，我告诉你，是什么都学不到的”②。这个

① 黄寿祺，张善文. 周易译注［M］. 上海：上海古籍出版社，1989：51.

② 北京大学哲学系. 西方哲学原著选读：上卷［M］. 北京：商务印书馆，1981：31.

区分的思维方法是形式逻辑的，它说明了同一律和矛盾律。“在逻辑规律被亚里士多德总结出来之前，巴门尼德通过对‘是’的意义的分析，说明了逻辑判断必须表达思想、指示存在的哲学道理。”① 但这也仅仅是逻辑和存在之间的必然关系，以逻辑来断定存在是否存在必然产生一个结果：存在的性质是不生不灭、具备连续性和完满性的。这样，存在就在不知不觉之中被“存在者”替换，要注意巴门尼德所说的存在者在很大程度上指的是存在本身，于是逻辑矛盾必然引发出来。当我们说存在的性质的时候，其实已经把存在看作了实体性的存在者，但是存在不是或者说不能被说成是存在者。性质相对于实体而言，先有实体再有性质，这是逻辑先后的问题，而上述存在的性质之一不生不灭来自对于存在是被生存出来的假设，这个假设实际上道出了西方哲学思维的两分式的特性，即存在者不是存在，只是存在者而已。这是明显的逻辑上的不合理。逻辑理性必然导致黑格尔式的大体系，然而黑格尔仍然只是指示存在，而不是领悟或者证悟存在。最后，易符号不同于西方以形式逻辑为基础的思维方式，卦变符号体系的功能就在它言而不言、尽而不尽的地方显现了它符示太极或者缘构境域的优势，这类似于禅宗劈柴担水，无非妙道，行住坐卧，皆在道场的启示：“襄州居士庞蕴者。冲州衡阳县人也。字道玄。世以儒为业。而居士少悟尘劳志求真谛。唐贞元初谒石头和尚忘言会旨。复与丹霞禅师为友。一日石头问曰。子自见老僧已来日用事作么生。对曰。若问日用事即无开口处。复呈一偈云：日用事无别，唯吾自偶谐。头头非取舍，处处勿张乖。朱紫谁为号，丘山绝点埃。神通并妙用，运水及般柴。”② 后人化用劈柴担水无非妙道之语，意在表达运水搬柴之类的小事也是根本之事，运用得好，便能悟道。相传在晚唐时，在古观音院有一个赵州和尚，他用“庭前柏树子”这样的超越语言的禅机来回应“如何是祖师西来意”引导人参禅，③ 从理法上看，易符号与之有共同之处。

---

① 赵敦华. 西方哲学简史［M］. 北京：北京大学出版社，2012：20.

② 释道元. 景德传灯录［M］. 成都：成都古籍书店，2000：138.

③ 释普济. 五灯会元［M］. 北京：中华书局，1984：202.

从虞翻易学的角度看，卦变体系只是一个回复到乾元之初的过程，即是缘构境域的太极氤氲的回复运动。卦变体系的伦理指向是保合太和的成既济定的象数语言所描述的天人合一、天下一家的美好图景。卦变的起始点是乾坤相交而生六子，这明显具有生活伦理的特征。乾坤变六子首先是乾将自己隐藏于坤之中："乾道潜藏于坤质之中，未尝自用其力。故取潜龙勿用为其象，亦理与势合该如此耳。夫乾为生命，为心灵，必须改造物质为生机体，方得凭借之以显发光大。若非物质宇宙完成，生机体亦无从造起。此乾之所以自居勿用，而任坤之专其成物之功也。而坤之自专，将消乾，则亦自此始矣。"① 那么，乾坤化育万物的过程必然呈现出某种结构，这种结构不是生成六十四卦之后依据每一卦的独特境遇开显出人生境遇而产生相关规范伦理，也不是对于一类卦的德性归类，而是在规范形成之前的无善无恶的原发境域的机缘描述。尽管它一定是属于形而上学的，但已然不是笼统的对于所谓世界本体的描述，而是对于本体世界的"牵出"，是对太极运动之中呈现的某种结构做出先验的分析，这种分析也就是"缘构境域"，是"原始"的，不是"源始"的，这是一种存在状态。"源始"是从时间上看，遵循线性发展规律；而"原始"则强调逻辑上的先后。缘构境域是在无极太极和世界规范"之间"，它是道德规范的基础，不是道德规范形成之后我们再想象出一个先验的结构，而是有这个源发境域才能以此为基础形成伦理秩序。缘构境域是在太极氤氲和清晰的世界伦理秩序之间作为支架和底座而存在的，一旦形成各个生活领域之中的伦理规范，这个支架和底座也就"消隐"了，但是并未"消失"，而是变而化之，犹如糖之于糖水。借用前述"形"和"象"之间的张力关系来说，"形"是有意识定点的，是显现的，是可以经过人的理性检测和情感沟通的。"象"是意识散点的甚至是无意识的，而且更多的时候是对我们无意识领域的"牵出"，在"象"之中，我们可以领悟到之所以有理性和情感显现的原因。可以说，"象"超出"形"一个维度，是在"拉扯"和"提

① 熊十力. 乾坤衍［M］. 上海：上海书店出版社，2008：247.

升”着“形”进行运动，其目的是到达一个关键点“形象合一”，然后回复到太极氤氲的状态即无极之域，而这个关键点即是“缘构境域”。因此易学伦理学通过每一个卦和卦辞所提供的人生境遇可以当作规范伦理学，但更重要的是因其符号的特殊性，易学伦理学更是“原伦理学”。在这里，“原伦理”是指基本的生存状态，是某种“无善无恶”的境域。而既然是生存状态，就必然有人和自然、人和他人以及人和自己的矛盾发生。“原伦理”是逻辑上的在先，是一种对有善有恶的来处，是心的本然状态，它和时间上的原始不一样，它可以在生活和世界之中时时处处存在，只要你意识到这个心体，时时都有也就是时时都没有，因此它是没有时间性的。心体也可以不在意识之中，“百姓日用而不知”的状态就是这样，因而它一定是对于普遍联系的“模拟”，如果不是这样，那么生活的意识之流就要截断，人将成为彻底没有意义的存在。“生活本身是变动不定的，但是生活的真正价值则应当从一个不容变动的永恒秩序中去寻找。这种秩序不是在我们的感官世界中，而是只有靠着我们的判断力才能把握它。”① 这种“永恒秩序”与其被理解为类似康德的“物自体”或者主体的先验形式，不如看作是一种被给予的“信息”，一种主客体融合的形式，它经由符号来显示其存在。

清代易学家张惠言在《周易虞氏消息》中，首章列“易有太极为乾元”，之后紧跟“日月在天成八卦”“伏羲则天八卦”“乾坤六位”“乾坤立八卦”四节来讨论乾坤生六子的具体问题。按照张氏的思路，此可分为三个问题，即“日月成卦”“圣人作卦”和“六画既济”。日月成卦也就是月体纳甲所示八卦图。所谓“乾坤括始终”也就是月体的全明状态和隐晦状态，所以乾坤是月体的综括，是开始和结束，其间逐渐生成的卦象是震、兑、巽、艮。坎离作为乾坤之用处于“中宫”，这个中宫是就坎离的功能而言。张惠言说“八卦乃四象所生，非伏羲之所造也”“天垂象示吉

① 卡希尔. 人论［M］. 甘阳，译. 上海：上海译文出版社，1985：11.

凶，圣人象之，则天已有八卦之象”①，这是说画卦之前，“天”已有所示也。接着张氏以月体成象时间和方位将乾坤甲乙配春处东、艮兑丙丁配夏处南、震巽庚辛配秋处西、坎离戊己配冬处中。且不说具体的月体纳甲理论，乾坤生六子和日月成卦就是一个原伦理的隐喻，和人们的源发伦理境遇一样，这是某种先验伦理结构。

“圣人作卦”是“日月成卦”的当然结果。张惠言说：“乾坤为天地之象，因以得乾坤相合为日月之象，因以得日月进退为乾元之象。故其作易也，先以三画象太极之一七九，又效法为二八六之三画，以为乾坤而象天地。”② 这是说圣人先以三画为太极，这是符合虞翻太极思想的。最先是乾卦，一七九是三画自下而上阳进的状态，阴附阳而生，在乾卦的基础上便有二八六三画的阴气之消退，于是始有坤卦。此为太极生两仪而为天地。天地既生，乾坤二五相磨而为日月，日月进退为天地所用，日月的状态就是乾阳一体流变的天象。其实，无论是坎离性命、日月状态还是乾爻进路都是对于太极本体的模拟，当圣人画下“这一横”指代世界的时候，此一横可以理解为阳爻即乾元。乾元为“性海”，所谓“退藏于密”，是要复初到乾元，是要从纷繁的道德伦理世界中退回到缘构境域即道德的源发状态之中，回复到乾元性海，让人领悟到善恶相对相倚，自有来处亦自有归处。易道如邵康节所言“增一倍法”：“1-2-4-8-16-32-64”；而乾元复初即是与之相反，经由“64-32-16-8-4-2-1”而回到太极氤氲之处，这个“1”，既是“1”，也是“0”，是“1”和“0”的辩证统一，而之所以标记“1”而不是“0”是因为没有所谓从“0”到“1”的“无中生有”的过程，是“0”还是“1”是理解的角度的不同。从宇宙万有的角度看，伏羲一划解释了这个“1”，这个“1”同时就是后面成倍数增长的数字，这个“1”可以理解为太极。而从回复的角度看，太极氤氲静而不动是为

① 张惠言. 周易虞氏消息・卷一［M］. 续修四库全书本. 上海：上海古籍出版社，2002：536.

② 张惠言. 周易虞氏消息・卷一［M］. 续修四库全书本. 上海：上海古籍出版社，2002：536.

无极，无极与太极之间存在一个缘构境域的结构逻辑，不然无法用语言说明二者的转换。

“六画既济”是就八卦成六画卦而言，以既济卦为中介。《说卦》“参天两地而倚数”虞翻注曰：“倚，立。参，三也。谓分天象为三才，以地两之，立六画之数，故倚数也。”这是说乾卦一七九并附坤卦二八六，初二为天一地二为地位，三四为天七地八为人位，五上为天九地六为天位。“兼三才两之，故易六画而成卦。”虞翻注曰：“谓参天两地，乾坤各三爻，而成六画之数也。”参为三，谓乾阳三画，两为偶，地数附之，乾坤各三爻而成六画。“故易六画而成章。”虞翻注曰：“章谓文理。乾三画，成天文。坤三画，成地理。”乾天坤地，六画成既济。按照虞翻生六子的解释，乾坤相磨而成坎离，再互出其他卦，六子卦便顺序而出。关于坎性离命，汉代京房、荀爽均有详论，虞翻进一步将太极、乾坤二五相交成六画坎离，再从坎离之中互出其他四卦，至此乾坤生六子已成。如果按照坎离为性命的说法，这种功能性的作用不能理解为实体，因而易道对于人的本性的理解是相对的，“人根本没有本性，没有单一的或同质的存在。人是存在与非存在的奇怪混合物，他的位置是在这对立的两极之间”①。所谓“之间”，是指在乾坤之中洞见价值和事实的相对性，一切即是暂时的，但也是有所依凭而“存在”的。

“十二消息卦变”虽说与乾坤生六子没有直接的关系，但是只有其他六卦产生才能进一步串联六十四卦，因此可以理解为八卦蕴含在六十四卦之中。不可否认，虞翻卦变除了来自《易传》，还继承了京房、荀爽等人的理论。十二消息卦变是以乾坤为基础的阴阳迭变和此消彼长，这是一个阴阳相互交感化育万物的过程，同时亦不妨看作道德实践或者伦理抉择之中的理性秩序的象征。“理性是人类群体为维持生存延续在自己行为活动中所形成积累的一套规范、法则、秩序，经由历史和教育积淀在个体心灵中，并通由物质化的外壳即语言表现之。”② 只不过，十二消息卦是某种在

① 卡希尔. 人论 [M]. 甘阳，译. 上海：上海译文出版社，1985：16.

② 李泽厚. 哲学纲要 [M]. 北京：中华书局，2015：125.

功能上大于文字语言的符号及其体系。它仍然在运动之中符示理性作为人的本性的基础力量，在“刚柔相推”的过程之中，理性凝聚情感，情感伴随理性，一种情理结构作为被符示的现象呈现出来，这是一种具备秩序感的原伦理的抽象，同时也为具体的伦理境遇提供人性的基础。李泽厚在区别中国的“度”的思想和西方的“数”的思想时说：“阴阳、中庸和反馈系统的思维方式需强调抽象思辨之优长以脱出经验制限。‘秩序感’作为‘以美启真’和‘自由直观’更值深入探究。”① 这里的阴阳要强调抽象思维以跳脱出经验的限制恰是对于乾坤经由刚柔相摩和刚柔相推而生众卦的过程的符号模拟。此模拟的过程便是一个理性凝聚的过程，卡希尔说的“命题语言与情感语言之间的区别，就是人类世界与动物世界的真正分界线”② 即是指人类符号活动中的理性流动的重要性。

根据十二消息辟卦为纲，虞氏消息卦变可以分为五类。其一自复来，共六卦（含本卦）：复、师、谦、豫、比、剥。以上一阳五阴卦。其二自姤来，共六卦（含本卦）：姤、同人、履、小畜、大有、夬。以上一阴五阳卦。其三自临观来，共十五卦（含本卦）：临、明夷、震、屯、颐、升、解、坎、蒙、小过、蹇、艮、萃、晋、观。以上二阳四阴卦。其四自遁、大壮来，共十五卦（含本卦）：遁、讼、巽、鼎、大过、无妄、家人、离、革、中孚、睽、兑、大畜、需、大壮。以上二阴四阳卦。其五自泰否来，共二十卦（含本卦）：泰、归妹、节、损、丰、既济、贲、随、噬嗑、益、恒、井、蛊、困、未济、涣、咸、旅、渐、否。以上三阴三阳卦。以上共六十二卦，加上以推消息的乾坤一共六十四卦。除了小过和中孚之外，其他卦均遵循一爻变动的原则，小过和中孚是特例。一般而言，任何成体系的东西显示了人类的理性自足，但是理性存在缺陷，很多形式的圆满其实并不是理性的圆满，但毋庸讳言，形式和形式感恰是切入存在的重要信息，正是在形式流变之中人成为符号的动物。“人类文化并不是从它构成的质料中，而是从它的形式、它的建筑结构中获得它的特有品性及其理智

① 李泽厚．哲学纲要［M］．北京：中华书局，2015：168.
② 卡希尔．人论［M］．甘阳，译．上海：上海译文出版社，1985：38.

和道德价值的。而且这种形式可以用任何感性材料来表达。”① 虞氏卦变体系存在一些问题，如小过卦和中孚卦的变例，在二阳四阴、二阴四阳卦卦系中存在四卦重复，根据一爻变的原则，这些变例和重复之卦有大部分虽然虞翻在《周易集解》中解释过原因，但仍然免不了因为注经的需要而产生的漏洞。但总体而言，虞氏卦变已经自成体系，当代易学家潘雨廷经过爬梳分析，得出了虞氏卦变的核心变化法则。尽管如此，作为象示符号体系的卦变和京房的八宫卦一样只是在一定范围内的成体系的比较自足的符号而已，其符示的内容大体不出太极流变。可以说，《周易》的作者是为了运用辩证统一的方法来创造符号模拟世界和人生，在“一阴一阳之谓道”中把握思想和行为，由太极而两仪，两仪而四象，四象而八卦，八卦重而六十四卦。六十四卦模拟人生的具体境遇，由初爻以至上爻有时间性的象征也有逻辑本身的象示，但都还在一卦之中。而卦变体系不一样，它是对于每个卦的生活境遇的“抽象”，也就是某种先验的形式，通过符号显现出某种结构，处在太极本体和实际生活“之间”。在抽象的极“薄”处它是太极，在结构的被蕴含事理中它是实际生活；就其看似被抽绎处的形式它不同于与生活息息相关的太极本体，就其原发性的事理逻辑化它又不同于有血有肉的实际生活。

第五节 易象澄明

前述卦变体系主要是着眼于卦爻的动态变化过程，一种成体系的卦变总是预示着对于太极乾坤的“化育”精神。每个卦变体系彼此映射，相互蕴含，构成了乾元运动的回复，回复的是对于缘构境域的面对。整个彼此勾绾的链环实际上为生活境遇的具体伦理问题奠基。原伦理状态在面对存在而不是解决某个具体问题之中逐渐呈现出来，过程的阶段性和过程的局

① 卡希尔．人论［M］．甘阳，译．上海：上海译文出版社，1985：46.

部性在卦爻的相互提示中为新的体系的诞生创造了条件。如果说卦变是在动变之中展示原伦理，那么静态的成象也就是在为太极氤氲的观照打下基础，其中，作为易符号的卦爻取得了意向结构的意识定点，道德的涵摄在视角的转换之中把生活场景拉入到原始的源发境域之中，这即是对于太极或者存在的体验。易符号的成象一方面落实到语言文字的能指结构之中，另一方面又因自身的动能而提升文字的表述力，两者不仅仅是相得益彰，更是一种因象的散扩的力量而牵引，由此进入太极的澄明状态。

成象的不同使意义不在原处，而是既在此处，又在别处，对象化的易象因之而圆融，成为意义的自我建构的动能。如《系辞·下》“危以动，则民不与也”虞翻曰：“谓否上九，高而无门，故危。坤民否闭，故弗与也”。否卦阴阳不通，此时处危当思变，否则不会受到人民的拥护。否之上九有重刚而出之象，下卦坤迷而诸事缠结，高高在上无门之象，毕竟艮卦是下互卦，远离门庭，无消息交通，因此危险。在这里，上九虽与六三相应，但之间仍然隔着九五和九四。换一个角度，坤为民，因重重阻隔不能听到民之疾苦，否闭而民无所聊赖。所以说民弗与。在这里，下互艮象很关键，门户虽在二三四位，但与上九应而欲动之上，上九有门而不得如，其情可知。《系辞·下》“惧以语，则民不应也”虞翻曰：“否上穷灾，故惧。来下之初成益，故民不应。坤为民，震为应也。”以语言逼迫，作用适得其反。本来上九就困穷，应深惕自身，不宜将这种境况带给人民。如果上九下之初爻，则诸爻累进连动而变为益卦，下体为震，震为应，震出而原卦坤不现，也就是说，震卦和坤卦是相互阻断的，当然也就由应变为其反面。《系辞·下》“无交而求，则民不与也”虞翻曰：“上来之初，故交。坤民否闭，故不与。震为交。”同样，上之初成震，因上九一爻参与震卦的创设，坤卦不复存在，因而坤民否闭。接上条，“莫之与，则伤之者至矣”虞翻曰：“上不之初，否消灭乾，则体剥伤；臣弑君，子弑父，故伤之者至矣。”上九若不下初，则否卦将进而消乾为观卦，为剥卦，上体乾则呈现渐渐剥伤之象，严重者可能产生臣弑君、子弑父的现象，所以把否卦和剥卦联系起来，否卦即将呈现的伤害可见一斑。

具有成象功能的易符号是变化的，变化之前有一个相对静止的易象，变化之后又将出现一个不同于以往的易象。因之，易象虽然可以被截取地看待，但同时又在流动的生成之中。流动，即是澄澈之流，静观，即是显明。澄明的澄和明不可须臾分离。在澄明之境中，澄明的意义是从所来处不断提升的一个结果，这便是符号的特有功能，不断消逝又不断出现，具有功能性而非实体性的性质。“符号，就这个词的本来的意义而言，是不可能被还原为单纯的信号的。信号和符号属于两个不同的论域：信号是物理的存在世界之一部分；符号则是人类的意义世界之一部分。信号是操作者；而符号则是指称者。信号即使在被这样理解和运用时，也仍然有着某种物理的或实体性的存在；而符号则仅有功能性的价值。”① 从符号的视角看，宇宙可以被看作是统一于信息的，在卦爻符号中，易象的结构在传递信息、生成意义上大体遵循“形—象”的交织作用原则。“形”虽然不是“象”，但是被“象”所羁绊，它主要承担“象”的静态显现。而“象”更像是维度的拉升力，通过维度的提高带领“形”产生新的意义，可以说，它一头连着太极氤氲的缘构境域，一头连着与“形”交合而成的“形—象”。在“形—象”结构之中，“象”显然承担着主要的功能和发挥着主要的作用。易道通过易象呈现出来的意义在“形—象”的“通—化”之中开显。“通—化”的主要动能是“象”的奠基、渗透和提升，“形”在“象”的渗入下，保持自身，此即为“通”；“形”被“象”所拉升，进入新的维度，获得新的意义，此“形”已然不同于彼“形”，旧“形”消隐而新“形”已出，此为“化”。可见，在卦爻成象之中，易符号即是在“形—象”的“通—化”中显出易象而持有意义的符号。

在虞翻易学以象解经的过程中，易象不仅仅是经由虞翻创造出来的，也是如上述自身的动能使然，只不过刚好被虞翻发现了而已，名之为虞氏易象。当然在发现的过程中，需要充分融合的理性、情感和灵机来共同参与，这些易象才纷然涌现：反对之象、旁通之象、飞伏之象、上下象易、爻象易

① 卡希尔. 人论［M］. 甘阳，译. 上海：上海译文出版社，1985：41.

位、震巽特变象、权变象等，现摘取典型结合其所寓意的伦理论说之。

一、视域综合：反对象

“反对象”即是所谓错综复杂之综卦，一卦上下颠倒而成的新的易象。六十四卦之中，除了乾、坤、坎、离、小过、中孚、大过、颐这八个卦以外，其余五十六卦可以依反对之象组合成二十八对卦组，这八个卦可以组成旁通象的卦对。成为反对之象的卦对的特点是：第一，爻位变化，爻位属性随之而变。初爻变上爻，阳变为阴；二爻变五爻，阴变为阳；三爻变四爻，阳变阴。这是指爻位的阴阳属性变了，爻本身的阴阳属性不变。第二，虽然空间变换，但是某些相应的爻辞基本上不变，初爻和对应的上爻的吉凶基本不变。

举例说明，损卦六五爻爻辞为“或益之十朋之龟，弗克违，元吉”其反对之象是益卦，原来的六五变为六二，益卦六二爻辞仍然为“或益之十朋之龟，弗克违，元吉。”这不是偶然的，再如既济卦九三爻辞“高宗伐鬼方，三年克之，小人勿用”，其反对之象的未济卦九四爻辞为“贞吉，悔亡，震用伐鬼方，三年有赏于大国”。既济初九爻辞说“濡其尾”变为未济卦上爻则说“濡其首”，而既济卦的上九爻辞“濡其首，厉”变而为未济初九爻辞则是“濡其尾，吝”。很明显，两者具有一一对应的关系。另外，绝大部分反对之卦的一卦之初爻和另一卦之上爻的吉凶悔吝是完全相同的。屯卦初九“盘桓，利居贞，利建侯”，蒙卦上九则说“击蒙，不利为寇，利御寇。”这里的“不利为寇”和“利居贞”的吉凶是一致的，“利御寇”和“利建侯”也是一致的。泰卦初九“拔茅茹，以其汇，贞吉”变而为否卦上九“倾否，先否后喜”，这里的“吉”和“喜”是一致的。小畜初九“复自道，何其咎，吉”变而为履卦上九“视履考祥，其旋元吉”，吉与元吉是相对应的。

爻位的变化直接带来视角的转换，爻位变化带来爻位属性的变化，爻位的阴阳变了。在爻本身阴阳属性不变的情况下，我们可以视之为在伦理寓意上的空间变化，即生活空间和生活条件发生了改变，生活境遇不一样了，但自身秉持自己的理想信念并不改变。因此，道德价值可以不由外在的标准来衡量，尽管如上述一对卦的初爻和相应的上爻的吉凶基本不变，但这只是附带而来的。好不好的标准只在自身，并不随外在条件的改变而改变。卦对相应的爻辞基本上不变，正好说明了爻辞所对应的境遇不会改变自身的原则。变化之前和变化之后使得两个卦在某一爻的凸显之下呈现出不一样的易象，该易象表达了两卦之间的反对关系。“关系的思想依赖于符号的思想。没有一套相当复杂的符号的体系，关系的思想就根本不可能出现，更不必谈其充分的发展。”① 虽然反对的易象符号还谈不上有多复杂，但如果细化到一卦的六个爻和另一卦的六个爻结合起来，则易符号的运动必然复杂起来，简单与复杂是相对的，反对之象是简单与复杂的对立统一。

现代格式塔心理学认为，即使是最为简单的知觉过程也已经包含了或者说暗含了复杂的运动和结构。反对之象看上去只是调转了上下卦，实际上如上述每个爻位都已经变化，整体的场域已经和原来不再一样，但是作为勾连两个相反的易象的基本易符号在生成意义上遵循着基本的结构要素以及某种形上的样式或形象。“形—象”和“型—相”在符号学的文化创生意义上构成世界，世界同时依赖符号来彰显结构，这恰恰也是一组“反对卦”，视角的倒置转换基本上成为辩证思维的形式原型。视域转换对于描述一种面向缘构境域的原始伦理是有帮助的，它在开启该状态的源发时，已经具有了不同于元伦理的文字甄别式的方法，那即是通过某种契机对于自身和世界关联体验的源发的伦理。如观卦卦辞：“观天之神道，而四时不忒。”注曰：“神道谓五。临震兑为春秋。”此以观反之临释之，临下体兑，为秋。下互震，为春，春秋是也。观卦六二“窥观，利女贞”注曰：“临兑为女。窃观称窥，兑女反成巽。巽四五得正，故利女贞。艮为宫室，坤为阖户，小人而应五。故窥观，女贞利，不淫视也。”观之反卦为临，临下体兑，为女。临之兑反成观之巽，四五爻正，故“利女贞”。这里是从反象兑卦得“女”之义，然而巽也为女，为何不直接从巽得义，

① 卡希尔. 人论［M］. 甘阳，译. 上海：上海译文出版社，1985：48.

因临二三不正，反象即正，观二五正应，互艮止门，体坤闭户，因而利女贞。虞翻将两卦结合起来解释，显示了一种辩证的思维，即事物和事物的对立面常常是相互依存、相互转化的道理。

比卦九五“邑人不戒，吉”虞翻注曰：“坤为邑师，震为人师。时坤虚无君，使师二上居五中，故不诫吉也。”上体坤为邑，比卦之反即为师卦，师下互震卦，故说师、震为人，师卦之时，二居下体不正，五爻阴虚，故坤虚无君，师反之后，阳处君子之位，中正无恙，处坤邑之中，所以说“不戒，吉”，可见一卦和其反卦应该是有联系的。

二、相反相成：旁通象

“旁通之象”是一卦与另一卦在爻性上完全相反，比如，乾和坤、坎和离、既济卦和未济卦，等等。《乾·文言》“六爻发挥，旁通情也”被认为是旁通易例的体例来源。《周易集解》陆绩曰：“乾六爻发挥变动，旁通于坤；坤来入乾，以成六十四卦，故曰旁通情也。”① 陆绩以乾坤二卦为例，指出乾旁通于坤，所谓坤来入乾，是指乾的相反方面的坤卦与乾卦六爻交通，纷纷组成了六十四卦，所谓旁通情，其情为“事实”义，是指任何现象都有它相反的一面，而正是这个相反的一面与其正面构成了事实，这是相成的，即相反相成。

六十四卦从旁通方面考察可以分为三十二组，每一组都互为旁通象，其伦理境遇因卦而异。其中，泰—否、随—蛊、渐—归妹、既济—未济四组卦既是旁通又是反对。可以说，它们具备比别的卦组更多的看问题的视角。一般认为虞翻“旁通”之例是受京房“飞伏”纳甲的启发，即事物都是走向其反面的，同时对于事物的观察应该从逻辑的正反面来看。但是如果只是从八经卦而言，月体纳甲的“悬天之卦”就很好地象征了旁通的信息。月体纳甲说中，震巽、兑艮、乾坤同居一方，而坎离作为动力源并不配置方位。同方位之卦具有相对的特征，两相结合即为圆月乾体，一卦在

① 李鼎祚. 周易集解［M］. 北京：中华书局，2016：23.

走向旁通卦的过程中，各对月体卦象正好经历了一样的时间。这说明“旁通”大义可以从卦象之中参照，也可以直接从月相变化中提取，进而扩充到六十四卦。它表明事物的发展是朝其对立面而进行的，这深刻地揭示了事物自身的变化规律。例如，临卦“至于八月有凶”虞翻注曰：“与遁旁通，临消灭遁，六月卦也，于周为八月。”这里结合了临的旁通卦遁来解释临和遁的相对消息，或者说是从临入遁的消息过程，每一个消息变化的静态取象即为旁通卦。旁通是从两卦的静态对待而言，而消息则是从两卦变化的动态而言。临为十二月，从复至临也就蕴含了其从姤至遁的相对旁通的状态。从临至遁六月刚好完成两卦的转换，夏历六月也就是周历八月，这时正是阴气渐旺的时节，所以说灭遁，这是基于阳的立场而言。从临开始，经过泰卦、无妄卦、夬卦、乾卦、姤卦，最后落到遁卦，经过六个卦，形成了一个变化的图式，它预示着伦理事实的阶段性和终结性的统一，同时也是对于源发伦理的领会。

旁通构成的图式把动静几微充分结合起来，使得图式成为在联系世界和表达太极上的一种方法。图式既不同于一般的图、表，又不同于语言文字和基础卦爻符号，毋宁说它是整合了卦爻符号的一个体系，或者说是能指体系，其所指是具有先验德行的太极或者说太极结构。旁通通过易符号的运动变化而有效，易符号不同于一般的抽象符号，“抽象空间在一切物理的或心理的实在中都是根本没有相应之物，根本没有基础的。几何学的点和线既不是物理的物体也不是心理的物体，它们只不过是各种抽象关系的符号而已”①。易符号表达的是付诸形象的线条等几何图形所象征的关系，“抽象的关系”一方面是指符号所指落实在符号本身的关系，另一方面是指易符号这种能指在一定规则之内的相互关系。而我们基于抽象空间的情况所关涉的并不是各种事物的真理，而是各种命题和判断的真理。只不过，命题和判断已经化在诸如旁通变化的易符号的流动之中了。

旁通的根本乃是在乾坤二卦，两卦相磨而生其他六卦，实际上，根据

---

① 卡希尔. 人论［M］. 甘阳，译. 上海：上海译文出版社，1985：57.

《说卦》的先天方位，乾坤、艮兑、震巽、坎离处于两两相对的排列。这种安排，可能就是旁通的运用。根据八卦消息，乾坤为体，坎离为用。从震至兑再到乾是为阳长的过程，这个过程实则蕴含着阴消的前示；震旁通巽，兑旁通艮，乾旁通坤，已然就是阴将消息的预告。同理，从巽至艮至坤，也预示着阳将渐长的形态。而坎离两卦亦属旁通，日月之运行，此升彼落亦预示着此落彼升。可见自乾坤相磨始，八卦和六十四卦均存在着两两相互蕴含的思想。这和升降、消息、相覆、卦变（如无明言，卦变均指传统意义上的消息卦变）一样，也是独具特色的易例。

在易道中，太极的最初表达是乾坤二卦，乾坤是易道的门户，乾有实而无形，坤有质而成物，两者各有其作用而又着重以乾为无极而太极的合二为一的统一，此即为宇宙创化的“动力因”。在这个意义上我们称其为“乾元”，“元”就是始基。“图式”从乾坤而来，它的根本表达意图即是对于乾坤的涵摄。乾坤关系中，乾卦是以坤的阴爻和阴位为背景的，乾阳运动的“实”和作为背景的坤之“虚”共同构成了太极，这就是“乾元”的意义。“乾”是作为阳爻和阳气而言，此“乾”的“元”因背景而具有结构，这种虚实相生、有无相倚、动静相宜的统一性，即“原始性”和“源始性”，就是“元”。前者强调依据，后者强调变化，而运动本身和依据什么运动的结合便是太极。以月体纳甲为例，初三暮震纳庚；初八日，兑象见丁；十五日，乾象盈甲；十七日旦，巽象退辛；二十三日，艮象消丙；三十日，坤象灭乙。初三至十五月圆，是一个月亮形体的乾象盈满的过程，同时也是坤象消退的过程，从十七日到三十日则是乾象消退而坤象渐长的过程，整个过程既是乾坤相推也是乾坤相含的，而晦夕朔旦的变化动力则是坎离日月的运动，这个运动是循环往复的。以细节论，我们直观到的初三月体渐露，实则是原本就在的乾坤之体在某个时间点的显露而已，而三十日入晦并不意味着乾坤之体消失了。此一乾元是阳爻在阴爻的衬托之下显现的，它同时象征着坎离运动并不脱离乾坤本身。这里用震、兑、乾、巽、艮、坤象征几种月相，取一月相应节点，十分形象地描述了“画前易”（伏羲画卦之前的自然状态）的过程，暗示圣人据此而画成八卦。分开来看，月亮运动，即是形的变化，是经验到的生活图景；卦爻运动，则是象的变化，是抽象的情意流动。经验生活的意识定点是以对象化的世界为依托的，而这个意向结构因象的模拟的参入导致现象世界的消隐而发生对象化的转换，可能的世界开始浮现。当然，“象”之所以为“象”，区别于“形”，是以自身的自足的结构为动力来源的，考虑到本书主旨，这里不深入讨论“象”本身的结构和功能。卦爻象的体系化的流动即是“象”的衍扩导致，这种衍扩既在图式内部，如上述震卦兑卦表示上弦月，又可以因卦爻的“抽象的形象”而产生新的意义，这既是“象”对于“形”的提升，又是“形”对于“象”的具体内容的填充过程。总之，图式往往将生活世界和可能世界、理想和现实、主体和客体充分地结合起来，形成了中华文化的即体即用的独特的符号象示系统。在月体纳甲说中，该图式的卦爻变化和月相盈亏即是如此这般地相互映射、相互蕴含，共同表达了太极乾坤的本体理念。

三、显隐无间：飞伏象

“飞伏说”虽然是京房所创，但经虞翻整合，有了进一步寓示伦理事物的功能。飞伏的创造本意乃是强调阴中有阳、阳中有阴，阴阳彼此不分离的事物发展变化的规律的，虞翻继承这个精神，将飞伏用到解释卦爻辞之中。飞伏的种类一是卦的飞伏，二是爻的飞伏。飞是指显现的状态，而伏是指隐藏的状态。飞伏本是对于易的基本精神的概括，首先太极一分为二不是绝对地分成了阴和阳：阴只是显现的，其背后藏着阳；阳也是显现而已，背后藏着阴。所谓独阴不长，独阳不生就是这个意思，这是一个生气互动的终极实在的样态，也是一个意义自我构成和意义不断生成的模式或者结构，是意义的生成机制。飞伏以易象的形式显现，再一次提示太极运动的范式，是“生生之谓易”的“象”的表现。在这里，“生”不仅仅表示一物生成了另一物，一种状态过渡到另一种状态，从根本上的意义上讲，它包括了“成”“住”“坏”“灭”的过程，循环往复，其核心是“变”。“变”走向一物的另一面或者反面，只要是在“走向”，只要是在变化之中成其为自身，在“to be”的过程之中，它就是“通”。因而，不变就可能导致不通，就会不吉利，“通”的要义是在“变”。

飞伏在易象的成象上展示了这个哲理，它包含着一切变化的动力，成为变化的初始，也具有最为生动和气势磅礴的美学特征，尽管它的易象是比较简单的。这令我们联想到人类的初始即原始或者原初的生存状态，“原始人的空间是一种行动的空间，而这种行动是集中于直接的实际利益和实际需要的。就我们可以谈及的一个所谓原始的空间概念而言，这种概念并不具有一种纯理论的性质。它仍然充满着具体的个人情感或社会情感，充满着感情的成分。”① 原始空间是源发性的，实际利益和实际需要是自然而然的，并不需要太多的理论证明，它更多的是一种基于原初美学的力与生命的显示，往往由个人情感和社会情感维系，转化到道德层面，也就是一种原伦理的状态。原始人的空间是一个行动的领域，是一个实用的空间，它的结构与我们的空间并无区别。但是当原始人使这种空间成为描写的对象和反省思维的对象时，就产生了一种根本不同于任何理智化的描述的特别原始的观念。对原始人来说，空间的观念即使在系统化之后，也总是与主体密切地结合着的。它更多的是一个表达感情的具体的概念，而不是具有发达文化的人所认为的那种抽象空间。它在性质上远不是客观的，可测量的和抽象的。它显示出自我中心的或人类学的特征，并且是植根于具体物和实际存在物的观相学的原动力。飞伏即是在这个意义上显示出某种源发性的状态，它在变化之中显现变化，反思变化，跟随变化，把握变化以至于在变化之中畅快遨游。

因此所谓显隐无间，也就是从来不把也不能把任何一种事物和状态看作固定的和对象化的，但它抽绎到思维中是具有结构的，即显现的和隐含的，二者相互为根据，相互成就，缺一不可，意义包括伦理意义从这个结构源源不断生发出来。“伦理思想的本性和特征绝不是谦卑地接受‘给予’。伦理世界绝不是被给予的，而是永远在制造之中。”② 以例言之，

① 卡希尔．人论［M］．甘阳，译．上海：上海译文出版社，1985：57．
② 卡希尔．人论［M］．甘阳，译．上海：上海译文出版社，1985：77．

《坤·文言》“天地闭，贤人隐”虞翻曰：“谓四。泰反成否，乾称贤人。隐藏坤中，以俭德避难，不荣以禄，故贤人隐矣。”这是卦之飞伏的例子，泰卦变成否卦是个过程，在十二消息之中循环。否卦成，则下体坤，但坤之中藏乾，这就是飞伏卦。表面上是坤，坤之重阴之下，有贤人隐藏，乾为贤人。这里还突出了乾之贤人的美德即俭德，避坤和否之难，不能想着荣禄之事，唯有隐遁以待他日。俭德，包含但不只是节俭的意思，还包括了深藏不露、贞观少动、隐忍待发之意。蒙卦之九二：“包蒙，吉。纳妇，吉。子克家。”《象》曰：“子克家，刚柔接也。”虞翻曰：“坤为包。应五据初，初与三四同体，包养四阴，故包蒙，吉。震刚为夫，伏巽为妇，二以刚接柔，故纳妇，吉。二称家。震，长子，主器者。纳妇成初。故有子克家也。”蒙之二三四互体为震卦为夫，震卦之伏卦为巽卦，巽为长女，故有“妇”之说。九二应于五爻，据初爻，又为下互震卦之初，故从二爻讲起。震初处初、三、四、五四阴之中，动变几微全在二爻。下互震巽飞伏，二以刚接柔，不宜看作震巽初爻阴阳相接，因为任何飞伏在动态上都同于旁通，阴阳异性。刚柔接据文意应理解为二爻刚要上接于三爻柔爻，因此马上生起变化，唤醒震卦之伏卦巽卦，于此震巽方有“纳妇”之象。之所以为吉，是因为二三爻适时发动变化，二刚在重阴之中有“通”之象，震巽相合，脱离重重阴爻才成为可能。二爻系于全卦，不仅是震夫，还是长子，主持祭祀，意义重大。同时联系伏卦巽卦，纳妇成就震初，故有“子克家”的易象。观卦之初六：“童观，小人无咎，君子吝。”虞翻注曰：“艮为童。阴，小人。阳，君子。初位贱，以小人承君子，故无咎。阳伏阴下，故君子吝矣。”这是爻之飞伏的代表。三四五互为艮，艮为童。初二三四重重阴爻。阴是“小人”的象征，阳是“君子”的象征。初位和二三四位一样，都是承受五爻刚爻的恩惠，所以虽然初爻比较卑贱，但因为和其他阴爻顺从于五爻，因而没有危险。同时，由于初爻下伏阳爻，伏爻是因为初爻顺从于五阳才唤起了伏爻阳爻之力。这对于初阴来讲是个好事，凡事有阳爻来谋划。但是对于下伏之爻阳爻来说就是一种负担，阳伏藏于阴爻之下，实在是不得不如此，因而有君子悔吝之象。这一例不同于上例，上例是阴伏于阳之下，而且是卦之飞伏，是整体之象，有全势的图景。此例在于变化运动之机，阳伏于下只是权宜之计。剥卦之初六：“剥床以足，蔑贞凶。”虞翻曰：“此卦坤变乾也。动初成巽，巽木为床；复震在下，为足，故剥床以足。蔑，无。贞，正也。失位无应，故蔑贞凶。震在阴下，《象》曰：以灭下也。”这个例子有一些特殊，它兼有卦飞伏和爻飞伏的特征。剥卦的综卦是复卦，也是剥卦经坤而至的卦，坤变乾，是指十二消息过程的大背景下，剥变为复卦。复卦下体震卦，震卦下伏巽卦，所以说动初成巽，巽木为床，震为足。“剥床以足”的易象显现。初六不正，与四位敌应，故有凶之辞。换一个角度，剥卦初六为阴，重重阴爻，下伏阳爻，此伏爻定痛苦不堪，故而凶险异常。

综上，飞伏的易象在伦理学上的启示在于，事物是由现象的显现一面和隐藏一面构成的，本质或者理是在流动的变化之象中被领悟到的。事物的联系是全息的，也就是说，只要能观察到的与某一现象有联系的现象都在联系之网和意识之流之中。任一事物的价值并不由自身给予，而是在流变之中，在关系之中，在结构和功能释放之中展现出来的。

四、换位思考：上下象

“上下象”即是在一个六画卦中下体卦变上体卦，上体卦变下体卦之后形成的新的六画卦卦象。这是揭示卦与卦之间相联系的另一种方法或形式，也是对于事物运动进行模拟的另一种途径。六十四卦除八经卦之外，都可以作上下象的处理。由于是一卦的上下体互相交换位置而成新的卦象，故上下象又称为“两象”或“两象易”。上下象的源头在荀爽易学中已经出现。《周易集解》中升卦初六荀爽注曰：“初欲与巽一体，升居坤上。”① 这里是说上地下风为升，巽欲升上，则为观卦。荀爽的上下象在《周易集解》中另见于升卦六四爻注、需卦上六注、泰之《象》注、《说卦》“泰者，通也”注等等。

---

① 李鼎祚. 周易集解［M］. 北京：中华书局，2016：284.

虞翻所用仅限《系辞》中几条注辞。如《系辞·下》："上古穴居而野处，后世圣人易之以宫室，上栋下宇，以待风雨，盖取诸大壮。"注曰："无妄，两象易也。无妄乾在上，故称上古。艮为穴居，乾为野，巽为处，无妄乾人在路，故穴居野处。震为后世，乾为圣人，后世圣人，谓黄帝也。艮为宫室，变成大壮，乾人入宫，故易以宫室。艮为待，巽为风，兑为雨，乾为高，巽为长木，反在上，为栋。震阳动起，故上栋。下宇，谓屋边也。兑泽动下，为下宇。无妄之大壮，巽风不见。兑雨隔震，与乾绝体。故上栋下宇，以待风雨，盖取诸大壮者也。"在这里，乾为古，在无妄上体，故为"上古"。二三四爻互体为艮卦，为"穴"。乾又为"野"，三四五爻互体巽卦，巽为处，震为路，乾又为人，故曰乾人在路。有穴居野处之象。震又为后世，乾又为圣人，下互艮又为门为宫室。无妄上下相易，其上下易之象为大壮卦。此时由于卦体换位，上下易置，便有群象随之而改变。乾体往下，原卦二三四艮门，上下象则艮门无存，也可以这么理解，上下象乾人位置变化，乾人入于宫，则艮门不再显现。原卦无妄、艮待巽风，变大壮则上体三四五互兑，兑为雨，兑又为覆巽，所以说巽长木反在上，二三四爻互乾为高，乾和反巽为栋。震动起，卦象虽然不变，但由下居上，故为上栋。上体互兑为下，则下宇。原卦无妄互巽，变大壮，则巽风不见。这时乾为下卦伏于震兑之下，兑雨被震之上栋所隔，人得以全其体，养其命，宫室优于穴居，故言取诸大壮卦而待风雨也。这个例子的整个解释将上下易的本质揭示得淋漓尽致。从虞氏易学的角度观之，尽管是一种通过成象来解释卦爻辞的办法，但客观来说提供了另一种解释世界的可能：通过换位，设身处地，将会有不同的世界面貌。在这里，"一个符号并不是作为物理世界一部分的那种现实存在，而是具有一个意义"①。对易符号来说，通过交换位置而导致易象衍扩，形成新的对于人生的思维，是一个意义的生成机制的充分表现。同时，"正是符号思维克服了人的自然惰性，并赋予人以一种新的能力，一种善于不断更新人类

① 卡希尔．人论［M］．甘阳，译．上海：上海译文出版社，1985：72.

世界的能力"①。这种能力有赖于易符号的抽象和指向原始伦理的象示，它更多地展现出了可能性，各种可能性又内蕴了对于理想图景的期待。

我们还应该看到，易符号的意义生成与西方符号学的意义分析是很不同的。卡希尔在表达符号的理性基础时说："人类理智是一种推论的知性，它依赖于两种异质的要素：我们不能离开映像而思维，也不能离开概念去直观。概念无直观则空。直观无概念则盲。"② 这当然是西方的思维方式，不是一就是二。但他对于一般理性的性质分析比较到位，正是理性或理性活动把映像直观和思维概念结合了起来，这种结合形成意义。虽然不能直接把理性等同于符号，但从广义上讲这就是基于理性的人类一般符号活动的特质。易符号却并不承认一个类于理性的"什么"，易符号是在阴阳的磨荡和牵扯之中产生出来新象，这个新的"象"一方面用于寓示新的生活境遇，一方面又和原有的"象"形成联结，表达了缘构的境域。《系辞·下》："古之葬者，厚衣之以薪，葬之中野，不封不树，丧期无数，后世圣人易之以棺椁，盖取诸大过。"虞翻曰："中孚，上下易象也。本无乾象，故不言上古。大过乾在中，故但言古者。巽为薪，艮为厚，乾为衣，为野，乾象在中，故厚衣之以薪。葬之中野，穿土称封。封，古窆字也。聚土为树，中孚无坤坎象，故不封不树。坤为丧期，谓从斩衰至缌麻。日月之期数，无坎离日月坤象，故丧期无数。巽为木，为入处；兑为口；乾为人；木而有口，乾人入处，棺敛之象。中孚艮为山丘，巽木在里，棺藏山陵，椁之象也，故取诸大过。"虞翻认为，这里的大过卦是中孚卦的上下易象，中孚没有乾象。中孚上下象之后，成大过有上互、下互，均为乾象。乾象在大过之中，因而只有古者一说，并不具体到上古。中孚变大过，上下经卦互易其位，但原卦和变卦并不能截然分开。原卦上卦巽卦上互艮卦，取象为艮厚巽薪，中孚变大过，厚薪象无。新的象在大过之中，即乾为衣为野，又互体在大过之中，大过有"死"象，故有厚衣之以薪，

① 卡希尔. 人论［M］. 甘阳，译. 上海：上海译文出版社，1985：78.
② 卡希尔. 人论［M］. 甘阳，译. 上海：上海译文出版社，1985：71.

葬之中野之象也。穿土封，聚土为树，但在中孚卦并无坤土之象和坎陷穿聚之象，故不封不树。大过互卦均为乾卦，乾卦下伏坤，坤有类于“十年乃字”的日期和时期之意，这里为丧期。无论中孚、大过均无坎离经卦指代的日月运行，故无期。实际上，无期是具体生活境遇而言，确实无有坎离二卦，才有丧期无数之说，但是易符号之象强调的是“抽象的形象”的功能，凡是能展现某种作用的都可以看作某象或者类象。中孚卦虽无离卦，但从整体象似角度来看，不啻是大离卦，或者说是离卦之爻重的大离。反观大过，也可以是爻重而成的大坎卦。这样一来，上下象的换位变成了爻重的“大象”思维，它带给人的不是具体的“丧期”如何，而是让人从更为圆通的层次通达原发性的境域之中。至于巽为木，为人、兑为口、乾为人云云，皆是中孚和大过上下象相互联结而成流变之象。木而有口，中孚上卦巽卦，变而为大过下卦巽卦，大过两个互卦都是乾，入口自上而下，所动皆便为敛人，故有乾人入处，棺敛之象。中孚为大过原卦，上互艮为山丘，上体巽木在里，棺木巽卦藏之于艮卦山陵，椁之象也。为何有取象大过之说？原卦为原初之处，变卦为局部细节之间。这即是一种换位思考。

《系辞·下》后条“取诸夬”注，“履变之为夬”注俱言“易之”，取两象上下相易以明之，皆为上下象易的例子。有些注文实用上下象易来解释文辞更简洁更好，但虞翻并没有用，也许是考虑到具体境遇只用到其他易例罢了，如遁卦九三：“系遁，有疾厉，畜臣妾，吉。”虞翻注曰：“厉，危也。巽为四变，时九三体坎，坎为疾。故有疾厉。遁阴剥阳，三消成坤，与上易位。坤为臣，兑为妾，上来之三，据坤应兑，故畜臣妾吉也。”在这里，四变是正位之变，九三互坎，上体巽风，坎为疾，疾厉之象。以十二消息推进，遁卦之后即为否卦，否之下体坤，所谓与上易位，按理应该是上下象，即为泰卦，泰之二三四互为兑卦，故有“坤臣兑妾”之说。但这里似乎并没有用到上下象，而是用到了消息爻变和爻体互换解释畜臣妾，即三消成坤，三爻与上爻交换，那么上卦变为兑卦。其实也亦不妨用上下象释之。李道平用两象易疏曰：“遁上下易位为大畜，遁三，大畜之上，故言畜臣妾吉也。”① 遁之上下象为大畜，遁三变为大畜上爻，上体艮伏兑为妾，下体乾伏坤为臣，臣妾俯伏之象，故为畜臣妾吉也。也可以理解为大畜卦二三四下互兑卦，即为兑妾。又如履九五爻“夬履，贞厉”李道平于虞氏注疏曰：“夬履者，两象易也。”② 虞翻的注文是：“谓三。上已变，体夬象，故夬履。四变五，在坎中也，为上所乘，故贞厉。象曰：位正当也。”这是用三爻解释九五爻。所谓上已变，是指履卦三爻和上爻相应而爻体互易形成了夬卦。夬卦之四爻不正当变，于是上体为坎，故说在坎中，五爻受上爻阴之凌，故贞卜为厉危之象。无论是履卦还是上下象之后的夬卦，其九五均正位，故《象》传有正当之说。这里如果用上下象则更为简单，下体直接变上体，都符合爻辞，只是《象》辞所谓正当就照顾不到了。虞翻所用之正和爻体互易也许更能展现变化的几微，用上下象反倒过于简洁了。此一爻的小《象》曰：“夬履贞厉，位正当也。”干宝说：“夬，决也。居中履正，为履贵主。万方所履，一决于前，恐决失正，恒惧危厉。故曰夬履贞厉，位正当也。”③ 九五中正，不能上下两相交易，否则变夬卦有凌阳之辱的可能。尽管干宝并没有这么说，但其意在于阻断阴之上爻，否则一夬于前，前是指上六爻，引动九五变化，则有失正的危险。

由此可见，虞翻虽然创造了上下象易，但是应用起来却很谨慎。一切是以解释卦爻辞或者阐发人文伦理之意为出发点，当用则用，不当用则慎用，从这个角度说也是一种换位思考。

五、交易持正：爻体易位

前述之正说讲的是如果一爻不当位，则令其当位，使得该爻持守正道。还有一种情况，如果相应两爻俱不当位，则交换两爻使其当位，这种易例我们称之为“爻体易位”。无论是之正还是交换爻体，其目的都是让不正之爻变正。尽管其结果都是变正，但是两者在伦理意味上是不一样

---

① 李道平．周易集解纂疏［M］．北京：中华书局，1994：330.

② 李道平．周易集解纂疏［M］．北京：中华书局，1994：161.

③ 李鼎祚．周易集解［M］．北京：中华书局，2016：92.

的。也就是说，两种易例对于伦理的寓示在道德结果和道德目的上是一致的，但这并不意味着伦理过程是一样的，具体道德境遇是一样的，虽然所有道德境遇都是对于缘构境域的表达。爻体易位强调交易，交易在成中英看来是“五易”之中的重要组成部分，他说：“此易之五义分别为生生源发义（彰显不易性），变异多元义（彰显变易性），秩序自然义（彰显简易性），交易互亲义（彰显交易性），以及和谐相成义（彰显和易性）。”① 可见，易道就是这五种变化之道。易道先有生生不竭的源始境域，生生之力和生生之势是不变的，这就是“不易”。不易之理包含着变动不居的现象，其中彰显自然的秩序、交易互亲与和谐相成，分别对应“简易”“交易”与“和易”。综合看，不易和变易是动力，简易是表现，交易是结构，而和易是目的。所谓结构，是指所有运动都具备的，所有现象都存在的。它虽然在运动之中发生和被察觉到，但事实上，它以某种先验的刻画存在于事物之中。一旦有运动之“几”，结构就浮现出来，在符号的显示上，就是爻体交易。爻体交易自有原发性的一面，有太极氤氲的动能为奠基，在这个意义上，交易即为不易之理。爻体交易存在两个爻之间的位置动变或者说是两个爻的上下往来，这是持续和恒久的，此即为变易。先验刻画之中存在秩序，不是像分子热运动的无序碰撞，而是旧秩序的消失和新秩序的生成。无论运动多么复杂，它始终打着秩序的标签，蕴含着丰富的伦理意义，这即是简易。最后，交易的目的并不是自身，而是和谐相成的和易。这时候，交易的动能化为静态的势能，势能则有待进一步的发展变化。势能蓄藏着某一阶段所有的运动的终结和开端，卦爻在动静之间、阴阳之间、隐显之间处于一种矛盾中和的状态，这即是一种和谐的状态。此状态下，各爻的相对静止使得爻之间相谐而处，而各爻的动能蓄发使相谐之势居和之中。和谐不是简单的状态，是发而未发，不发而发。这个过程是爻与爻的相互成就、相互持守的阶段，可以说，和易的状态成为卦爻运动的目的。在这个状态之中，卦和卦之间、爻和爻之间并非独立的存在，

① 成中英．易学本体论［M］．北京：北京大学出版社，2006：5.

而是在动变之前的相互依存、相互倚靠、相互补充和相互辅助的，这便是“和”的真义，是动态的“和”，是凝蓄力量的“和”，也是局部与阶段性的完成态的“和”，它即将开启另一段新的变化。

爻体易位的例子不多，主要是一卦之内相应之爻的爻体相互交换之后形成新的卦象。如讼卦初六：“不永所事，小有言，终吉。”虞翻注曰：“永，长也。坤为事，初失位，而为讼始，故不永所事也。小有言，谓初四易位成震，言三食旧德，震象半见，故小有言。初变得正，故终吉也。”所谓坤为事，是指初六为阴爻，体坤之性。然而初爻失位，形成交易的动能，即需要变正而得位。在讼卦而言，初爻是讼事的开端。初四易位成下互震卦，三爻不正，二三爻成震卦之半象，对于二爻阳爻来说是小有言，即积蓄了一部分动能。由于初爻和四爻交换位置而形成初四二爻的变正，故有“终吉”的判词。总的来说，初四爻在整个讼卦的动变系统之中奠定变异的基础，也是道德持正的象征。初爻不是简单的不正变正，初爻与四爻的交易之中，连带二三爻成象，显示了事物运动过程之中的复杂性。由此我们想到：就如讼卦初四爻体交易显示的，只有世界中存有分立的能量、体系或者实体时，交易才能产生。也许在阴阳相分之时，就有了阴阳上下交易的基础，最简单的交易形式也就发生了。初四交易看似简单，当它们在讼卦之中呈现之时，也就必然处在一个更为复杂的系统之中，共同作为变易的进化的开展过程。道德持正的纠正体系远不是一个心理过程那么简单，其结果可能因事情的发展导致事情系统与系统之间的形式和能量的交易展开之中，心理回复只是一个自然结果。因此，持正或者纠正就在维持一个可持续的体系上呈现动态的平衡。就像做事的度，它不是一个静态的持守中道，而是在变化之中自身促成了事情体系的发展。“度是一种动态性的结构比例，它随时空环境而变，并非一味地是中间、平和、不偏不倚，那恰恰不是度。”① 在这个意义上，各种形式的交易成为有意识的“此在”在这个世界上活动以及互动时的主导经验，交易提供了更为全面

① 李泽厚. 哲学纲要［M］. 北京：中华书局，2015：146.

看问题的视角，而不是使主体限于某一种具体的伦理规则之中。再如，遁卦九三“系遁，有疾厉，畜臣妾，吉”虞翻曰：“厉，危也。巽为四变，时九三体坎，坎为疾。故有疾厉。遁阴剥阳，三消成坤，与上易位。坤为臣，兑为妾上来之三，据坤应兑，故畜臣妾吉也。”危险的出现主要在于二三爻半象体坎，所谓巽为四变，不是下互巽卦之四爻阳爻当变。当变只是就四爻单爻来说，不正当正，而是就整个变化系统而言。其变化系统主要有两个动能：一是十二消息阴剥阳，已经至于三爻消阳成阴。三被消时，下体成坤卦，坤为臣，故有畜臣之说。二是爻体交易。三变为阴，与上爻易位，这时上体兑卦，上来之三，上九阳爻据于下体变化之前的坤阴。上九来到三位，同时联系着变化前后的坤卦和兑卦，所以说据坤应兑，此时上三相应，兑为妾，有畜臣畜妾之象。由于阳爻占据了三爻有利位置，整个断辞为吉。这里我们可以看到，《易》的交易性是在一个更大的系统之中产生的互相成就和互相补充。不易之理是在交易的持续展开之中形成意义，一方面，交易基于其变异性，变异提供动变的动能积蓄，从而呈现出一个丰富多彩和品物流行的世界；另一方面，在大化流行之中，伦理事实的动态变化因交相感应而有了全息的有机的内部结构。我们领会到：事物之间并非单线的进展，而是相互交易与相互交换、彼此影响的。尤有进者，交易是在爻和爻之间形成合力的基础之上形成事物的完整性与再发展性的，在有无相通的同时，一个卦也形成了新的境遇，事物的潜能在德性的寓意之中不断面向原始伦理境域。道德主体为了发挥自身的能动性以求更好地与存在相联通而有了混融而澄澈的缘构境域状态。

家人卦上九“有孚威如，终吉”虞翻曰：“谓三已变，与上易位，成坎。坎为孚，故有孚。乾为威如，自上之坤，故威如。易则得位，故终吉也。”依照权变的特例，在这个例子中，九三应该变正为不正，其目的在于应于上九。权变在虞氏易学中是比较特殊的易例，其例为当一个卦的上体为巽卦下体第三爻为阳爻时，则三爻阳爻当变为阴。九三变为阴之后，与上体巽卦的上九爻互换。权变又称为“三动受上”，其着眼点是三爻和上爻的爻体交易。家人卦经过权变，上体为坎，为孚信。三变则下互坤，坤伏乾，乾为威，有隐含威如之象。上九与三易位，阳爻带动隐藏之乾，乾之威隐约出现。三暂时变阴，然后交易而复得正，故有易则得位的终吉之断。表面上看，三变而复变，似乎不宜如此。但实际上符合“一阴一阳之谓道”的变易之理，在这里，下互坤，隐藏乾，乾坤的“一翕一辟”谓之变，乾坤之变牵引出爻和爻的交易。说到底，交易是对于乾坤精神的表现。交易的形式是多种多样的，通过沟通和交融而各得其所，每个主体是自身而又不是自身，契合了“天地氤氲，万物化醇，男女构精，万物化生”的辩证发展的真义。交易的基础无非阴阳二气的交易融合，价值准则是在交易的过程中树立起来的。交易原理的实质是发展，是发展所展现的丰富的可能性，哪一种可能更好，就紧密联系到了主体的需要和欲求，价值也就表现出来。交易形成了一种阴阳互补、刚柔相济的互感互生的作用，作为重要价值形式的伦理道德便是在这种互感互生的交易之中逐渐生成和衍发出来的。总而言之，爻体易位从根本上讲是事物本身和事物之间不断发展的过程中的一种形式，它的原理是普遍适用的。同时，交易表达了不易之易、简易之易和变易之易，其重要性在于事物的充分融通之后产生了新的价值体系，这个价值体系从静态成象的角度观之，无非就是一种和谐共生的“太和之境”，即一种易道的和易性。

交易必然达到易道的和易性，即万物的和谐相成的秩序安排。睽卦卦辞“小事吉”虞翻曰：“大壮上之三在系，盖取无妄二之五也。小谓五。阴称小，得中应刚，故吉。”郑玄曰：“睽，乖也。火欲上，泽欲下，犹人同居而志异也，故谓之睽。二五相应，君阴臣阳，君而应臣，故小事吉。”① 郑玄取传统解释，火泽上下。二五虽然阴阳不正，但相应仍有君臣之义，故说“小事吉”。虞翻所言俱为打破秩序，大壮三上爻俱正，却说睽卦来自卦变卦系的大壮系，是因为三上易位大壮变而为睽，但这只是说明睽卦在卦变体系中的位置。睽卦的真正来源是无妄，无妄卦二五爻正位，偏偏二五爻体易位成睽卦。睽，本就有乖逆之事。尽管如此，跟郑玄

① 李鼎祚. 周易集解［M］. 北京：中华书局，2016：233.

所说一样，由于二五阴阳相应，得中，故而吉利。这个例子的交易之爻并非当变的爻体，可见，爻体易位并无一定之规则。一般来说是失正易位，也有特殊情况，也许与具体的卦义相关，比如，睽卦的乖舛之义并不适宜失正易位，可能当正易位更好。但这并不妨碍易道之交易的道理，易道的和易性表现方式是有差异的，无妄之卦义与睽之卦义都有偏执之一端，无妄二五本来当位，在此卦却有躁动不安之象，二五相易即为躁动之变，成睽。可见，万物的和谐相成并非表面一派和气的虚幻场景，而是有所偏差的秩序安排。唯其有偏差，才有变化的动力，同时满足了六十四卦具体的道德境遇，唯其如此，才能展现出真正的太和之境。《咸·彖》说："圣人感人心而天下和平。"虞翻曰："乾为圣人；初四易位成既济；坎为心、为平，故圣人感人心而天下和平。此保合太和，品物流形也。"泽山为咸，少男少女相感之象。乾为圣人是指上互乾，此卦全爻呼应，不仅仅是初四爻，有全爻爻体易位成既济定的意味。所谓坎为心为平，是指二三四五上五爻大互坎卦，而上互乾卦就在其中，因而圣人无时不感无事不感。在这里，初四易位只是一个开始，但是已然蕴藏着和积蓄着成既济定的动变能量。易的爻体交易的最终目的是在复杂的现实之中找到实现天地万物的条理组织，循着条理亦即此天理而行即是通向人类世界的和谐繁荣。可见，爻体交易之象实在是通向易的和易性的万物协调之终极价值。

在追寻万物之条理的过程之中，圣人有感于万物，有感于人心，而感的本质在于天下和平。易之为"易"，既是不断生生创发的过程，也是在创造天地万物的过程之中又不断回复到缘构境域的过程。易道之创造，把动力和目的整合起来，在有无之间贯彻融通，从无到有，出有入无。一而二和二而一，看似两个过程，实则是一个过程。既蕴含着从乾坤天地、屯蒙草创到大畜、大有之丰盛，也体现着某种既有之框架：从大畜、大有一直到既济而未济的无限变化。爻体交易所促成之象实则是变之不变、不变之变的全体的无限的创造和发展。各种静态成象在"生生"的易道之中各自展现出不同的风貌，但无论如何所有成象就是流动的变化本身，它涵盖了不同维度以及不同维度变化之间的微妙细节。损卦之六五："或益之十朋之龟，弗克违，元吉。”虞翻曰：“谓二五已变成益，故或益之。坤数十，兑为朋，三上失位，三动离为龟。十谓神灵摄宝文、筮山泽水火之龟也。故十朋之龟。三上易位，成既济，故弗克违，元吉矣。”此条注释和上条一样，其原理皆是爻体交易。所谓二五变成益，是指损卦二五爻交易而成益卦，损益之间，综卦亦可，交易亦可。可见损益之卦在转瞬之间，变化云为，吉祥有度。坤之数十是十日之数，也为纳甲数，纳甲来自京房，可能自有传承。坤纳乙癸，癸为十，故坤数为十。坤在上互之中，兑为朋。由于三上二爻失位，失位当变。若三变正，则三四五上大互离卦，为龟象。弗克违是不能违反的，是造成元吉结果的变化。此变化的直接动力来自三上易位，成为既济卦。既济卦可以说是《易》的理想结果，也是促成进一步变化的现实动因。至于新一轮的变化开展过程有什么目的，有什么意义，已然不是跳出变化之外的主体所能意识到的。说到底，主体成为万物的看护者，成为自身的明觉者，他既是创造力的缘起，创造力的结果，又是创造力的载体，同时与大化流行共同蓄积和成就具有创造的使命与创造的潜能。如果不能在交易和变易之中认识到不易之易的终极目的，则爻体交易是无意义的。换句话说，变易、不易、简易、交易与和易是一个东西，但是主体的意识定点需要做出局限于主体的区分。交易与任何一个其他意义体是和谐共生的。不易更是某种先验刻画，如天地的和谐生态即是种子，再怎么变，要求和谐不变。即使在现实中有悖于和谐，种子之先发伟力即能纠正之。其纠正的途径就是对于主体的影响，主体在此种子的言说之中不断回复到缘构境域。主体终究是能认识到人的存在之意义的，也终究能够意识到无论有什么困难，不易之理在于实现此在和世界的和谐充实。

所谓“保合太和，品物流形”也就是经由爻体交易与其他易道的意义体结合起来，共同彰显天地万物的和谐繁荣。由此可见，“太和”是理想和现实的统一，太和内在地包含差异，恰恰是这种差异使得运动永续不断。所以太和才需要保合，保合结合主体，是认识差异，承认差异，看护差异。太和之境远不是铁板一块，如果不认识到主体的生命对于太和之境的意义，无限丰富的价值内涵也就飘然若失了。品物即是万物，《易》的变化就是品物和品物的万般变化本身。品物变化就像流动的如水一般的情态，真正的上善若水的意义即是对于易道太和、万物流行的领会和体悟。因此，包括爻体交易在内的静态成象，其实是在动态变化之中截取一端而已。其目的无非在于与易道相契，主体的美学化的易道消融不能说是价值的消失，而是更为强调易道的和谐化的价值。由此象数易学的伦理意境也可进而联系到外在的伦理理想，以及人之所以为人的行为意涵。

第六章　成既济定：伦理理想

第一节　盛衰之间

如上章述，易道的和易性在万物的动态变化发展之中经由静态成象而显现出和谐之道。我们虽然知道变化是一个没有止境的过程，但同时我们希望某种静态的终极性的价值隐含于宇宙和人生之中。宇宙澄澈，生命美好，万物生生不息，所谓和易性即是把世界的变化、不变、简约和交互整合起来。一方面，具有和谐能力的主体把自身的愿望寄寓在一种原始伦理的状态之中。他不仅仅要面对问题，也要解决问题。伦理的境域和境遇的动态平衡就包含于不易之易道所启动的动静之间、显微无间的创造活动之内。境域和境遇的矛盾在创造活动中现实化，是需要由持续的创造活动来解决的。另一方面，矛盾的解决不是达到和谐的目的，和谐并非可以对象化的东西，毋宁说它一直在去除永恒固定化的状态过程之中。保合太和虽然需要主体的参与，但是太和之境已经先发地包含了人的存在活动。

此在的伦理态势就产生于被动与主动、现实与理想、自由与规律的矛盾之间。尽管伦理事件永远是动态的，也永远是价值生发和价值创造的活动载体，但它仍然可以在持续的创造与修持之中通向而不是达到完善。伦理主体意识到，和谐的目的论价值观只是一种偶然的发生事件，变化才是实在。但若没有这种与人的存在息息相关的和谐目的论价值观，所有的创造活动只能是无意志的和盲目的。因此，在尚不和谐的现实之中提出一种和谐的伦理价值观就展现了易道哲学发展的智慧。我们来考察一下虞翻在《系辞·下》中的三条注文，在虞氏的与圣人同忧患之中感受他成既济定概念提出的初衷。《系辞·下》："於稽其类，其衰世之意邪?"虞翻曰："稽，考也。三称盛德。上称末世，乾终上九：动则入坤，坤弑其君父，故为乱臣。阳出复震，入坤出坤，故衰世之意邪。"侯果曰："於，嗟也。稽，考也。易象考其事类，但以吉凶得失为主，则非淳古之时也。故云衰世之意耳。言邪，示疑，不欲切指也。"① 侯果所说非淳古之时的淳古大概相当于笔者所揭示原始伦理学的境域状态，所谓淳古的境域，不是在功利化的世界之中的解决问题就面对了问题，而是面对伦理事实即是解决了问题，解决问题是自然而然的结果。既非淳古，就要有相对应的价值标准和规则，而只要是有某种规则和原则，也就意味着在淳古的意义上的现今之世的必然衰败。虞翻的解释紧靠其卦变易例，按照李道平的疏解，这似乎是历史循环论："乾为积德，阳数起于一，成于三，故三称盛德。大过彖传本末弱也，王彼注云初为本而上为末。下传曰其初难知，其上易知，本末也。说文曰木下曰本。从木，一在其下。木上曰末，从木，一在其上。故上为末而称末世。乾阳终于上九，初阴动下入坤。坤消至二成遁，艮子弑父，至三成否，坤臣弑君，故为乱世。阳出复初为震。乾入坤，伏也，为消卦。乾出坤，动也，为息卦。消息皆始于初，意动于微，故曰衰世之意邪。谓伏羲作易，处盛虑衰，为后世法。易穷则变，变则通，通则久，是衰世之意，非取殷之末世，周之盛德也。"② 何谓衰世是有个标准的，在虞翻看来，三阳为泰，此之谓盛世，恰是阴阳和谐、阴阳交通之时。而阳息之上，虽为阳，终于上九极端之位，因为末端，故有末世之说。动入坤，是阴消的开始。随着坤阴的渐长，乱世呈现，子弑父、臣弑君，人伦崩坏，礼乐不兴，阴阳相悖。悖礼之极，是为否卦，虽然与泰卦都是三阴

① 李鼎祚. 周易集解［M］. 北京：中华书局，2016：478.

② 李道平. 周易集解纂疏［M］. 北京：中华书局，1994：657.

三阳，但是有本质的区别：泰卦阴阳交通而否卦阴阳悖谬。阴之极后，阳出复震，方有兴盛之期盼。可见，阳爻具有先验的道德德性，这也许来自乾坤精神。乾爻的入坤和出坤，是一卦的一始一末，事物的终始力量往往微弱，故而即便复震，也谈不上好的世道。李道平的解释大体符合虞翻的原意，所不同者，李氏援证更加详细可信。虽三为盛，但用积德说乾，表现了乾阳的发展是一个过程。这里用《说文解字》《大过·象》和王弼注词说明本末之弱。阴消乾姤，至二子弑其父者有之，之三臣弑其君者有之，天下大乱。直到复震之时方始和平有望。乾入坤，不是乾阳干坤，而是坤阴消乾之时。此时乾阳潜伏也，为消卦。乾出坤，是为乾阳由伏爻变为飞爻，飞者，显明动也，为息卦。无论消卦息卦皆始于初爻，乾坤之意动于微小几末，无论初上，俱为衰世。伏羲作易，处盛之时而虑将衰，成为后世的法则。历史循环是基于“易穷则变，变则通，通则久”的原理。所以说衰世的标准，不仅仅是殷之末世，盛世的标准也不仅仅是周之盛德。可见，盛衰之准有两个基本点：一是事物始末不为盛，处中方有盛世之可能；二是阴阳协调，否则为衰。这两个条件是互为依托互相影响的：没有阴阳协和的初爻和末爻，处于初上之位，受大势影响，只能顺乎自然。中位虽好，但若不是阴阳交通协和也很难达到和谐之状态。《系辞·下》：“易之兴也，其于中古乎？”虞翻曰：“兴易者，谓庖牺也。文王书经，系庖牺于乾五。乾为古，五在乾中，故兴于中古。系以黄帝、尧、舜为后世圣人。庖牺为中古，则庖牺以前为上古。”以伏羲为圣人，圣人体万物，是伦理德性的代表。文王系辞，以乾卦的九五代表伏羲。九五在乾卦之中极，乾为天为古，故伏羲在中古之时，上古当世混沌之世。兴于中古，是必然的乾坤之精神。乾之创发与坤之终成是一个处中极的过程。后世圣人皆以伏羲为准绳，可见九五之尊贵由来已久。自此，圣人代表盛世自是一个传统。虞翻在这里重新阐释了这个传统。《系辞·下》：“作易者，其有忧患乎？”虞翻曰：“谓成患百姓未知兴利远害，不行礼义，茹毛饮血，衣食不足。庖牺则天八卦，通为六十四，以德化之，吉凶与民同患，故有忧患。”圣人忧患天下，得阴阳之要义，而欲与民同忧乐。兴利和远害虽然是从生活之功利考虑，但义利是相济而行的，功利不行则无以为礼义，礼义不通则功利只会贻害众生。八卦和六十四卦可以成为功利和礼义的源出之所，一方面，由于卦爻是联系圣人和世界的感应和象征方式，所以卦爻能够沟通有无，把总体和部分、阶段和全局结合起来；另一方面，这种结合透露着缘构境域的情态，就像乾阳先验地具有精神性的创发一样，其本身是可以看作德性的显现，所谓以德化之，就是圣人体乾阳而有所发。从根本上来讲，乾阳是没有时间性的，坤阴的终成可以形成循环往复的时间，盛衰之道也可以此消彼长，但代表乾阳的圣人只有不断地感应和创发。从理想性上看，圣人欲带领民众回复原始境域，此境域，民众只需面对和融入氤氲太极。从现实性上看，吉凶成为事实之成和德性之成的标志事件，圣人原无忧惧，只是因着万民，圣人方有与民同患的忧患。因此，在此世树立一种和谐的社会标准成为圣人忧患和去除忧患的行为内容。同时，忧患也与盛衰联系起来，成为社会总体性需求的心理反应。

第二节　太和境界

一、既济释义

太极是易道哲学的基本概念。这一概念如果表述为宇宙生成论的运动，则可以《易纬》所述“太易”“太初”“太素”的几个发展部分为说，如果理解为某种先验图式，则或可说成四个宇宙结构。也许，生成论和本体论在中国哲学中一直是相互杂糅在一起的。所以理学开端者周敦颐才在《太极图说》中开篇就讲“无极而太极”的理念。在易道看来，无极可以看作太极之气运行的理路，理无形而气之贯彻乾坤有形，太极之气运行有动有静，乾坤阴阳以此而分。最大的形莫过于天地，天地乃乾坤气具而有形，这是形中有气；天地未生之前，有气在生成形，虽然形还没有完具，但在气聚成形之过程中，这是气中有形。无论形气，都是一个乾坤阴阳，乾坤阴阳运动的理路也就是理，此之谓太极。太极概念本身并不是混乱的，是形上形下，是形气理，是阴阳还是乾坤，都要有一个认识的限定前提。据此，太极也可以理解为“一阴一阳之谓道”，阴阳的运动就是太极。那么太极与成既济定是什么关系呢？“成既济定”是一个易学体例和易学符号，它是在太极分阴分阳的基础上的对于太极运动的模拟。阴阳爻的变化运动无不指向某种规则和价值体系，规则是太极之道的先验结构在卦爻上形成的变化方式，价值体系是乾坤阴阳在已成世界之中的关联万物的构造理路，包含了天地人之道。作为阴阳爻某种终极性的完善结构，既济卦以一种理想的方式呈现了世界应该有的样子，同时也是对于太极运动和谐性的描摹，是深入到太极和谐运动即太和之境的先验构成之中，是一种先验的刻画。另外，由于万事万物都有两面性，万物有朝向非本身的存在运动的可能，在变化之中万物虽有一定的关联，但这种关联本身决定了关联方式的多样性和丰富的可能性，这也是万物之所以成其为万物的根据。既济卦即是对于这种根据的体验引导，在领会过程中，天地人三道在儒家哲学范围内又重在人道的阐发。人道主要就是政治伦理、社会秩序以及内在修持，“此在”于尊重自然规律的同时领略到自身即是天道的一部分。尤有进者，通过易卦既济的领悟可以充实和提高内在心灵的意念纯善，从内心出发，遏恶扬善；从外王的视角观之，则需要探求理想社会秩序，寻找解决问题的正确的方法。

如上述，太极本体经由乾元而落实到人文伦理层面，生生之谓易于大化流行中落实在了社会政治秩序上。伦理层面有丰富性和复杂性的一面，这可由虞翻创制的各种易例来映射、符示和蕴含。各种易例不是各自为政，而是一个有机体，这个有机体的核心精神便是合理的伦理秩序和道德理想，在虞氏易学中表现为成既济定的构思。下面对虞翻注解既济卦做出文辞上的解说，以此显现成既济定在虞氏易学中具有特殊重要的地位，同时觉察太极运动、太和之境在既济卦之中是如何得到符示的。

既济卦卦辞说：“亨小。利贞。初吉，终乱。”虞翻曰：“泰五之二。小，谓二也。柔得中。故亨小。六爻得位，各正性命，保合大和故利贞矣。”这里是说，既济卦按照三阴三阳的卦变体系和规则是从泰卦而来，泰卦的六五爻下降到二位，九二爻上升到五位就成了既济卦。这样变化的状态就是“亨”，即“通达”之意，通达了就利于贞正，这句话也可以反过来说，利于贞正就可以通达。所谓“贞正”就是各就其位，“贞”就是“贞固”，即用不变的心态正其位，这就是“正道”。这个“不变”是有其适用范围的，如果时势移易就需要变通了，这也是既济卦看来如此之正，可是卦辞却说“终乱”的原因；同时体现了易道的精神，即所谓“不可为典要，唯变所适”。至于“小”，指的是从泰卦来的六五阴爻，阴爻为小，阳爻为大，处在二爻的位置，乃中正之位，所以说“柔得中”，“故亨小”是因为二五阴阳上下，阴在下二位得正，这样六爻各得其所。“各正性命”就是各自发挥各自应有的作用，阳爻积极运动引导，阴爻努力成就事业，这就是进德修业。阴阳各有其“性”，这个性不是随意可以更改变换的，这是“德”；此“性”所处具体境遇，在一卦中就是爻的位置，不管“中”还是不“中”，“正”还是“不正”，都应该成就事业，此之谓“命”，也就是“业”。但是如前所述，乾元是精神性的，是引导性的运动，在一卦中，乾元就是阳爻，或者是潜伏的阳爻，因为乾元是不会失灭的，乾元总要得到一种理想的境地，但是现实的“不正”却带来很多问题，这也正是阴爻需要辅佐、匡济乾元阳爻的地方，这个成就乾元的过程也就是修业，即达到由“不正”而至“正”的道德实在状态，这个过程亦即“正命”。因此，“进德”和“修业”看起来是两个东西，实则是一体两面，其目的在于回复到乾元运动切合太极的初始。而这个“初始”是结构性的，是形上实体，而非述谓性的，对象性的，因而它必然表现为一种理想的境界。“各正性命”看上去是每个爻的意义和价值，实际上它蕴含着两个意思：第一，在乾元回复的逻辑前提下，才有每个爻的各正性命，并使每个爻互相联系起来，这就是“保合”的意思；第二，只有每个爻各正性命，阴阳协调，才能达到乾元运动的理想状态，这个状态即为“大和”，大和即太和。保合、大和是对以上两点的统一的描述，这种境地也可以说是“大正”，正而贞，所以“利贞”。卦辞之“初吉”，虞翻曰：“初，始也。谓泰乾。乾知大始，故称初。坤五之乾二，得正处中，故初吉，柔得中也。”在这里，“乾知”“大始”“初”都是在既济卦之卦变来源泰卦的下体乾卦。不同的词语指示的只有一个事物：乾元。如前述，万物造成之前，乾元便有精神的内在德性的含义。“初”，尽管可以看作是一个时间性的概念，但在乾元运动中因其无时无处不存在德性，因而时间不在乾元本身，时间只会在助成乾元事业的坤阴之中。换句话说，进德无论是从出发点还是从目的性以及结果来说都是被决定的，而修业广其德就不一样了，其关键原因是乾元应该也已经与坤阴结合起来，一旦如此，乾坤之坤就有了阶段性和局部性的朝向乾元生成的时间。因此，就乾元的角度言，“初吉”与其说是一开始就吉利，不如说是乾元本身吉利。卦辞之“终乱”，虞翻曰：“泰坤称乱。二上之五，终止于泰，则反成否。子弑其父，臣弑其君天下无邦，终穷成坤，故乱，其道穷。”泰之坤为乱只是一种可能，坤阴为乱必然是与乾元背道而驰，这也是否卦的要义。由于二爻上与五爻交易，泰卦变为既济定，故说终止于泰。在这里，终乱之“终”可以看作是坤阴，是有时间性的。坤阴之“终”与乾元之“终”是不一样的，乾元之“终”无始无终，之所以用“终”，是因为乾元必须与坤阴结合方得精神之体现，从自身德性来看，无所谓始终；坤阴需成就乾元，当坤阴终成之时，只是在一个阶段之内或者一个局部之内达成了乾元的理想。于大化流行的无限运动而言，“终”意味着新的开始，意味着坤阴必须采取另一种方式与乾元相结合才能进德广业，在这个意义上，与其说“终”是成功，不如说是新的坎陷的开始，是“乱”。因此虞翻才说泰之终卦否，是反着看这件事，“反成否”，后面数言，只是陈述现象：子弑父，臣弑君，天下乱，这是对于“终”的象征。从乾坤结合的视角观之，否卦是阴阳隔离分化，乾元无所落脚，坤阴失去价值依据必然终穷成乱，阴阳乖讹，其道必穷。其《彖传》曰：“既济亨，小者亨也。”荀爽曰：“天地既交，阳升阴降，故小者亨也。”① 二五阳升阴降，天地阴阳相交，所以居于二位的

---

① 李鼎祚. 周易集解［M］. 北京：中华书局，2016：379.

阴爻是亨通的。阳升阴降，并不是所有的阳都升而阴都降，阴阳相交是有秩序的交易，讲究位次和位正。相对于下卦乾，唯一升上去的是二爻，而代替这个位置的是五爻阴爻，这样一来，阴阳和谐，水乳交融。小者，指的是阴爻居于二位，于是才有小者亨通的意义产生。同样，根据这个思想，五爻阴爻下降，而代替这个位置的是阳爻，阴阳平衡，所以五爻亨通。之所以只是强调二爻亨通，是因为在阴阳关系上，乾元是主导的一面，坤阴是辅助的一面，因此，讲二爻亨通实则是指下体乾阳得到坤阴的辅助而将有所行为。简单讲，就是阴阳在地，刚柔始分，得位则亨通，这与乾坤精神大义是一致的，所以后辞才说“利贞，刚柔正而位当也”。侯果曰：“此本泰卦。六五降二，九二升五，是刚柔正当位也。”① 说是既济卦来自泰卦，二五交易，是刚柔处当，各正性命。侯果不说阴阳而说刚柔主要是强调乾坤在地道而为刚柔，刚柔当位则万事吉利。“初吉，柔得中也。”虞翻曰：“中，谓二。”如果用“初”为时间或者是爻位，则有所不通，二爻来，阴凌驾于初爻之上，很明显是“乘”象，初爻辞尽管不吉，但不能这么理解。不能从具体的爻和爻的关系来看，因为《彖》传主要是从卦的大局出发看待问题的。因此，如前述，“初”只能理解为乾元，乾元之吉在于与坤阴的结合之中，刚柔相济，爻各正位，地道蕃兴。“终止则乱，其道穷也。”虞翻曰：“反否终坤，故其道穷也。”侯果曰：“刚得正，柔得中，故初吉也。正有终极，济有息止，止则穷乱，故曰终止则乱，其道穷也。一曰：殷亡周兴之卦也。成汤应天，初吉也。商辛毒痛，终止也。由止，故物乱而穷也。物不可穷，穷则复始，周受其未济而兴焉。乾凿度曰：既济未济者，所以明戒慎，全王道也。”② 虞翻的解释如前述从现象域的反向角度观之，泰反而成否，阴阳乖离，坤终成害，地道穷困。侯果所言刚柔中正大体同于虞翻，但他更强调刚正柔中，于下卦而言是“初吉”的大事，可见对于“初”的理解基本上是时间性的，这并没有错，理解的依据不一样。正位和相济之事终有停歇之时，一旦歇止，则阴

① 李鼎祚. 周易集解［M］. 北京：中华书局，2016：379.

② 李鼎祚. 周易集解［M］. 北京：中华书局，2016：380.

阳悖谬即将发生，穷乱之源始兴。用周替商古事进一步说明刚柔乖则事乱，成汤开国，应天承地，此为“初吉”，刚柔得位而不乱。纣王荼毒天下，刚柔失位，万物途穷。穷，乃无路可走。但是易道宏阔，所谓物不可穷，是指事物不可能长久失位，失位当变，穷则开始乾阳复初，未济穷之极，也是复兴的开始。并引《乾凿度》，王道之兴在于戒慎恐惧，此所谓既济、未济之道也。既济卦之大《象》曰：“水在火上，既济。君子以思患而豫防之。”荀爽曰：“六爻既正，必当复乱，故君子象之。思患而豫防之，治不忘乱也。”① 水火既济，各正其位。大《象》辞却说“思患豫防”，其目的在于侯果所言“全王道”。易道的真正好的态度也许就是“思患豫防”了，这是对于易道的真正彻底的理解。荀爽的解释大抵同于侯果，但荀爽说“复乱”，这看似没有价值标准的治乱兴衰之辞实则是透彻的领悟，说复初是乾阳复位，说复乱只不过是看到未济接替既济的易道。所以君子照卦爻之所象，必是防患于未然。

再看既济卦的爻辞。爻辞之初九：“曳其轮，濡其尾，无咎。”其象曰：“曳其轮，义无咎也。”宋衷曰：“离者两阳一阴。阴方阳圆，舆轮之象也。其一在坎中，以火入水，必败，故曰曳其轮也。初在后，称尾。尾濡曳，咎也。得正有应，于义要以危而无咎矣。”② 照理说，既济卦六爻俱正，应该每个爻都是吉利的爻辞，但初爻仅仅是无咎之辞。应该说，根据上述诠解，一卦的价值主要在于未定之前，在动态的动变之中显现吉凶。此处无虞翻注解，宋衷之解大抵可通。下体离，上体坎，一阴一阳，这是从卦的大体来看阴阳相济。两阳一阴，阳轮阴舆，方圆俱正。其一在坎，下互坎，离中有坎，火水相接而败。曳轮乃水火相克。初为尾，虽不沾坎，同为车轮一体，可能不免咎害。好在得正应于四，有危险但没有实际伤害。六二：“妇丧其鬊，勿逐，七日得。”虞翻曰：“离为妇。泰坤为丧。鬊发，谓鬒发也。一名妇人之首饰。坎为玄云，故称发。诗曰：鬒发如云。乾为首，坎为美；五取乾二之坤为坎，坎为盗，故妇丧其鬊。泰震为七，故勿

① 李鼎祚. 周易集解 [M]. 北京：中华书局，2016：380.
② 李鼎祚. 周易集解 [M]. 北京：中华书局，2016：380.

逐，七日得。与睽丧马勿逐同义。髴，或作茀。俗说以髴为妇人蔽膝之茀，非也。"离为妇女之象。泰卦九二上往六五，爻体交易成既济，泰上体坤，坤为丧，所丧者九二髴发，无论取髴象还是首饰象，均为阴中之阳物。乾首坎云之象不过是修饰说明髴的特显。坤丧上来之阳，也可以说自二阳离位即为丧了，坎盗是辅助明确丧之义的。震为七取自月体纳甲天干数，庚在天干序列中为七。震又为动逐，二上五，泰卦上互震消失不见，故勿逐，七日得者，自二至五，历震象七日。睽卦之初爻"丧马勿逐"，见睽之初九："悔亡，丧马勿逐自复，见恶人，无咎。"其《象》曰："见恶人，以避咎也。"虞翻曰："无应，四动得位，故悔亡。应在于坎，坎为马。四而失位，之正入坤，坤为丧。坎象不见，故丧马。震为逐，艮为止，故勿逐。坤为自，二至五，体复象，故自复。四动震马来，故勿逐自复也。离为见。恶人谓四，动入坤初，四复正。故见恶人，以避咎矣。"火泽睽，初阳不与四爻相应，若四变得正则悔亡。四在上互坎中，坎为马，今欲动变为阴，则上互坤，坤丧坎马。四变之后，下互震，动逐之象。上体变艮，艮止，故勿逐。四爻动变，二至五体大互复卦，意谓回复自身，自复也。联系以上诸象，关键在四，四动变互卦震马，勿逐自复。睽之上体离，离为见。所谓四爻具恶的属性，一是阳居阴位，并非阳爻本身恶，而是阳爻所处环境令阳爻背负恶之名，何况自身动变也入坤迷之中。四爻进退无据，动则得咎，背负恶名，被人避之唯恐不及。可见，道德评价与伦理事实存在一定差距。这个相比较的例子用睽之初展现了既济之二爻的来源处泰卦二爻的德性困境，大体都有动则得咎的意味，因此，在处理道德事物和道德评价时应该谨慎。二爻其《象》曰："七日得，以中道也。"王肃曰："体柔应五，履顺承刚，妇人之义也。髴，首饰。坎为盗。离为妇。丧其茀，邻于盗也。勿逐自得，履中道也。二五相应，故七日得也。"① 二爻柔爻应于五位，在顺刚之间，乃妇人之德。上体坎为盗，下体离为妇。这里丧髴并不能像虞翻那样通过泰卦源卦解释二爻刚爻丧

① 李鼎祚. 周易集解［M］. 北京：中华书局，2016：381.

失，鼐象征刚物，交于五，上坤丧刚。用坎卦为盗相邻的解释亦可通。用二正位中道解释勿逐自得。二五相应的七日得之比较含混。相比较二爻虞翻的解释，用泰卦的卦变体系似乎更加圆融。九三：“高宗伐鬼方，三年克之，小人勿用。”虞翻曰：“高宗，殷王武丁。鬼方，国名。乾为高宗，坤为鬼方；乾二之坤五。故高宗伐鬼方。坤为年，位在三，故三年。坤为小人，二上克五，故三年克之，小人勿用。象曰：惫也。”这里仍然用既济卦的卦变源卦泰卦来进行解释，下体乾为商代之高宗武丁，“鬼方”为当时少数民族，以坤象之。乾二交于坤五，征伐鬼方之象。上体坤为年，下体三爻位于乾卦之第三爻，故有“三年”之说。同时，用小人喻坤，乾二上克坤五，三年克之，鬼方终得，坤小人不可用，当明决果断。乾入坤中，宜防备士伍惫乏。干宝曰：“高宗，殷中兴之君。鬼方，北方国也。高宗尝伐鬼方，三年而后克之。离为戈兵，故称伐。坎当北方，故称鬼。在既济之家，而述先代之功，以明周因于殷，有所弗革也。”① 干宝所言，当可助成虞翻解释，离为兵器是关键之象，泰二离于乾，成离，兵戈之象凸显，征伐之义也。坎主北，鬼方之方位。既济定在泰变之后，故有述先王烈迹功德之义，并以此说明周在商后，鼎革成制。干宝虽然没有详细说明泰卦与既济卦的关系，但从注文看，可将泰与既济联系起来。干宝注文进一步阐释了虞翻卦变和成既济定之间的密切联系，且援以更详尽的史事，可作为虞氏易注的重要补充。九三之《象》曰：“三年克之，惫也。”三年云云，前已述。侯果曰：“伐鬼方者，兴衰除暗之征也。上六暗极，九三征之，三举方及，故曰三年克之。兴役动众，圣犹疲惫，则非小人能为，故曰小人勿用。”② 衰暗形容泰卦上体坤卦，九三征伐暗弱之上六，三举虽不同于三年，大义近之。泰之三上互震，震为动，上体坤为众，故兴兵役，劳动大众。虞翻曰：“坎为劳，故惫也。”既济成后，上坎为劳，疲惫之象。六四：“繻有衣袽，终日戒。”虞翻曰：“乾为衣，故称繻。袽，败衣也。乾二之五，衣象裂坏，故繻有衣袽。离为日，坎为盗，在两坎

① 李鼎祚. 周易集解［M］. 北京：中华书局，2016：381.

② 李鼎祚. 周易集解［M］. 北京：中华书局，2016：381.

间，故终日戒。谓伐鬼方三年乃克。旅人勤劳，衣服皆败，鬼方之民，犹或寇窃，故终日戒也。”袽为繻之败衣，泰卦下体乾，乾为衣，乾二上交于坤五，乾象坏，衣坏。坎盗离日，六四处既济卦上体坎和下互坎之中，重重之险，当然应该终日戒慎恐惧。结合泰卦变既济，如前述，泰卦上互震，士民劬劳，三年乃克衣服破败，鬼方虽已被克，但其民或有寇盗之可能，因而需整日戒备。至此，四爻处上卦之下，重重坎陷之中，当勤思谨行。六四《象》曰：“终日戒，有所疑也。”《周易集解》引卢氏曰：“繻者，布帛端末之识也。袽者，残币帛，可拂拭器物也。繻有为衣袽之道也。四处明暗之际，贵贱无恒，犹或为衣或为袽也。履多惧之地，上承帝主，故终日戒慎，有所疑惧也。”① 相对破败的袽衣而言，繻者能明衣之端，是道的表现。因此，处于危难的境遇之中，一方面需要认清现实，另一方面要看到言行之“端”，即行为的边界和底线，如此方能兢兢业业，期待中兴于他日也。四在三五中间体离，此为明，四又为阴爻，处两坎，上体坎在卦变源卦泰卦的上体是坤卦，四爻刚刚脱离下卦，便遇到坤迷，可以说在明暗之际。既然是明暗之间，则可明可暗，关键是道德主体如何应对，所思所行若合符契则尽管有难，去贱入贵亦非不可期待。从四与五的关系来说，四承五，宜多方观察戒慎疑惧方是全身之道。在这里，卢氏的衣袽关系比喻讲得比较到位。九五：“东邻杀牛，不如西邻之禴祭，实受其福。”虞翻曰：“泰震为东，兑为西，坤为牛，震动五杀坤，故东邻杀牛。在坎多眚，为阴所乘，故不如西邻之禴祭。禴，夏祭也。离为夏。兑动二，体离，明。得正承五，顺三。故实受其福，吉大来也。”泰卦上互震，震为东，泰卦下互兑，兑为西，上体坤为牛，震动，五在震之中，二五交易成既济，五动阳来，故有“东邻杀牛”之象。二五交易之后，上体坎为“多眚”，多有阴翳之象，是因为被上六所乘，故不如西邻的禴祭，禴祭乃薄祭，下体离为夏，夏之祭。二离去五，下卦离明。二爻虽与五交，但交易之后得正位，阴顺承五，同时顺承三，故五爻虽为阳爻居于中

① 李道平. 周易集解纂疏［M］. 北京：中华书局，1994：532.

位，但从实际利益来说不如二爻吉利，实受其福也。本条抓住二五交易的关键，指出二爻除了更加正位，其所处环境更能有利于成长，而五爻的环境相对不佳。九五之《象》曰："东邻杀牛，不如西邻之时也。"崔觐曰："居中当位。于既济之时，则当是周受命日也。五坎为月。月出西方，西邻之谓也。二应在离，离为日。日出东方，东邻之谓也。离又为牛，坎水克离火，东邻杀牛之象。禴，殷春祭之名。案《尚书》：克殷之岁，厥四月哉生明。王来自商，至于丰。丁未，祀于周庙。四月殷之三月，春也。则明西邻之禴祭，得其时而受祉福也。实受其福，吉大来也。"① 九五中正，援引周替商史实说明既济已成。五在坎之中，坎为月，这里并未有用兑西之象，直接说月出西方西邻之谓。二在离卦之中，与五相应，离为日，日从东方出，乃东邻。离亦为牛象，上体坎克下体离，杀东邻牛之象。崔氏说禴祭为殷春祭之名并引《尚书》，如果按照殷商历法，四月为三月处暮春之时，祭祀犹重感恩，西邻之禴祭虽薄，但是得其时而受大福也。此条明九五中正之尊贵。卢氏曰："明鬼享德不享味也。故德厚者，吉大来也。"② 卢氏站在德性尊贵的立场认为祭祀之道崇德不重味，即所祭祀的食物不是最重要的，德性最重。因此德厚则吉来，这是偏重义务论的立场。上六："濡其首，厉。"虞翻曰："乾为首，五从二上在坎中，故濡其首，厉。位极乘阳，故何可久。"乾与坎发生关系是二五交易，泰卦下体乾，乾为首，二上则上体坎，乾之中爻为坎之中爻，故濡其首，坎又为陷，是危险之意。上六爻乘这个中爻刚爻，处极高之位，是不可久长的。其《象》曰："濡其首厉，何可久也。"荀爽曰："居上濡五，处高居盛，必当复危，故何可久也。"③ 荀爽之意阴爻处高位是危险的，将有危险发生，不可久长。高位是一卦之终，必将发生变化。阴爻虽正位，尤其乘凌刚爻，是不能容忍的。

观既济卦之爻辞，几乎都是严厉惕惧之辞。除了九五爻辞，其他都在

① 李鼎祚. 周易集解［M］. 北京：中华书局，2016：382.
② 李鼎祚. 周易集解［M］. 北京：中华书局，2016：383.
③ 李鼎祚. 周易集解［M］. 北京：中华书局，2016：383.

借事借物言志。初九讲车轮，六二讲丧髴，九三借用史事，六四袽繻之喻，九五牛祭禴祭，上六濡首，或用物件比喻，或用历史观照，都在讲阴阳变化的道理。其中，既济卦变自泰卦来，泰卦在联系众象之中起了很大的作用。可见，易象的价值是在变动之中产生的。无论如何变化，乾阳基本上是被赋予了先验的被给定的德性，如泰卦九二，围绕九二上下其实指出的是具体的道德环境，九二之变带动其他爻变和新的成象，于是就有了爻辞所给出的谨慎戒惧之辞。正如卢氏一语道出的“德厚者，吉大来”，既济卦的源始伦理境域在泰卦的九二乾元，这是一种根本性的精神，不同于周遭环境变化的具体道德境遇。太和之境不是静态观照既济卦的众爻既正，而是基于乾元精神看运动变化，尤其看坤卦是否有助于乾元的顺布和衍发。我们发现，除了九五中正，坤阴助成乾元的过程之中发出了“终乱”的警告，这里既预示着乾元终将在别的“地方”进一步演绎自身，如未济卦，又提示了当前应该采取的道德决断，即正视“初吉”，还需看得长远，不仅保有小的亨通，而且需时刻贞静以待时变。这里需要明白一个基本的辩证法则：太和之境是“变中的不变”和“不变之中的变”的统一，它当然不着眼于过去，甚至不期待于未来，也不凝滞于当下。换句话说，太和之境是无时间的，是缘构境域的先验刻画，是面对问题的源始境域，借用心学的观点就是此心即宇宙，宇宙即此心。既济卦的意义也就是在看似平和的爻正的“理想”卦象之中给出了相反的寓示，这是极具代表性的对于易道的领悟。

二、乾元用九

清代易学家李锐针对虞翻成既济定说：“上经终坎离，下经终既济未济。既济，坎离也。坎离，乾坤之用也，乾元用九而天下治，既济之谓也。虞说诸卦于爻之不正者例变之正，故六十四卦皆得成既济。”① 虞氏易学所谓成既济定的概念其实比较简单，也就是六十四卦之中各爻正位而得

① 李锐. 周易虞氏略例·成既济定第十七［M］. 续修四库全书本. 上海：上海古籍出版社，2002：266.

到既济卦。既济者，“坎离”也。“坎离”可以说是乾坤之用，在月体纳甲中，“坎离”虽然不成月相，但却是助成月相的重要推动力量。“坎离”的特殊重要性表现在两点：一是上经由乾坤而至坎离，是对本体的先验刻画，坎离是本体结构中的一部分。一是下经在世界的圆融运动之中，坎离成为乾坤作用的最好表达。上下经其实是经由坎离二卦沟通起来的，乾坤不是沟通，乾坤精神始终是本体的形式，形式需要坎离二卦的内容填充。所谓“乾元用九而天下治”，是不拘泥于乾卦的任何一爻，乾元的作用极致乃是乾坤充分融合之后的天则之显现。唯其不执于爻，才会有爻的自然布施以及卦的自然组合，“几”这种神秘的力量才有圆满的光辉呈现。“用九”的意义是不用之用，用则大用。大用的境界就在于天下之治，亦是回复到乾元自身，代表着乾元精神的自足。这种境界，即是“太和”。

这个看似简单的理念却蕴含着以虞翻为代表的易学家寄寓的人文理想。既济卦六爻俱正，每爻各得其位，上下呼应，阴阳和合。既济卦辞：“亨小。利贞。”虞翻曰：“泰五之二。小，谓二也。柔得中。故亨小。六爻得位，各正性命，保合大和故利贞矣。”为何六爻俱正却是小亨，其由在于从动态而言执于一端，所以虽然贞正亨通却只是小有亨通了。虞翻更是从爻体易位的角度析之，从卦变体系而言，既济来自泰卦，属于三阴三阳系。泰卦二五易位而为既济，“小”“柔”都是在描述阴爻。阴爻从五位而来，居于二位，得正得中，故有“小亨”之说。通观全卦，各爻俱正，爻体之爻性清晰，居位之命动静宜然，即动中含静，静中寓动。性命正而动静有常，这就是“大和”，大和即太和。太和境界已经了然，故无时无处不能贞正了。太和境界所谓各正性命，保和太和，其目的在于利于贞正。虞翻的成既济定，可能与他作为儒者的治世理想有关，并且他所处时代正是乱世，一个秩序有定、协和共生的社会即是他想要的。太和境界完美地解释了什么是面对问题的实质，尽管六十四卦最后一卦未济已说明物不可以穷，当万物有序之时也就是万物趋乱之始；未济之乱只是现象，它作为引发变化的动能又朝向了新一轮的既济卦，涵盖着主体之理想的天下构成了太和之中的矛盾蓄势引发。总而言之，事物在不断流变之中，王道理想的意义除了万物各得其位，还有相互联系而畅通无阻。任何一种亨通都是在某种意义上的有得于太和之境，在卦象上也就是六爻发挥，上下往来，旁通尽情和反复其道。成既济定的乾元状态是真阳周流六虚，必然用九而得天下之治。

清代易学家惠栋说："元亨利贞皆言既济。"① 如果"元亨利贞"像四季流转一样强调轮回过程，那么作为六十四卦的总方向和总归之源，既济卦象征着各种具体矛盾的合理解决与和谐共存的基本状态，所以成既济定不应该只限于是一个价值层面的人文伦理概括。如果事物在既济之中六爻变动不拘，所谓唯变所适，则又是新的矛盾的孕育过程，成既济定作为一个六十四卦纷然流变归向的过程，也不应该只是限于事实变化。无论目的论的思想是停留在自然之中还是反映在人的意识之中，成既济定都应该是事实和价值的完美结合。一定要在现实层面上给出一个标准，那么我们可以概括为，成既济定的过程表现在各个不同卦所存在的具体问题和矛盾的适当终结之中。另外，"元亨利贞"，涵盖了过程的每一个阶段和全体的每一个局部，因此这是一个完美的状态，至少在形式上是无所缺憾的。这种状态如《乾·象》："云行雨施，品物流行。"虞翻注曰："已成既济，上坎为云，下坎为雨，故云行雨施。乾以云雨流坤之形，万物化成，故品物流行。"此言乾变坤化，既济卦上坎下离，水火云雨，云行雨施之象。如果说乾元之形式通过云行雨施而贯彻到坤阴之中，乾坤融通而万物即生，品物如水，流动不已，那么我们也可以据此认为坤阴是需要乾阳精神的指引和填充的，不然形质将无法通过自身来完成什么。乾坤化合，此即为万物变化之祖。既济卦通过云雨之象暗示万物化生的过程。太和境界并非消除了矛盾，而是将每一组矛盾处理得恰到好处，也许有某些对于中心的偏离，但恰恰是特殊的偏离成为导致变化的动力因。六十四卦皆可成既济定，是哪怕有特殊的矛盾亦能找到面对和解决每个卦的矛盾之所在。明确诸卦与既济卦在爻变和卦变上的联系，有助于理解虞翻易学成既济定的真

---

① 惠栋. 周易述［M］. 北京：中华书局，2007：696.

义，即太和境界的先验构成如何在给予领会者之前的状态呈现。兹将虞氏易学明确提到成既济定的注释列举数例。

屯卦六二“十年乃字”虞翻注曰：“坤数十，三动反正，离女大腹，故十年反常乃字，谓成既济定也。”屯卦达至成既济定需要解决三爻不正的问题，三动则变正。三爻动变之前下互为坤，坤数十，取月体纳甲“癸”之数，前有述。坤象十年，三动破“十”，下体离，妊娠大腹之象。今能破除漫漫反常之期，全赖三爻动变。这个例子中，矛盾的关键点一清二楚，从关键入手就能解决问题。更重要的是，这对于领悟太和之境，心存和谐众生有启示作用。益卦九五“有孚惠心，勿问元吉。”虞翻注曰：“谓三上也。震为问。三上易位，三五体坎，已成既济。”清代易学家曾钊说：“三上易位，震体不见，故勿问。成既济，故元吉。”① 三上是指三上爻体交易则为既济卦，三爻和上爻成为解决问题的关键。三爻动变之前，下体震，震为问。动变之后成既济定，三爻和五爻分别是下互和上体俱为坎卦的二个中爻，坎为心，符合九五爻辞“有孚惠心”。所谓“勿问元吉”，三动下体震卦不成，故勿问。三上交易则大为吉利。此例重点在三上交易而成既济。夬卦九二“惕号，莫夜有戎，勿恤”虞翻注曰：“惕，惧也。二失位故惕，变成巽故号。剥坤为莫夜。二动成离，离为戎，变而得正，故有戎。四变成坎，坎为忧，坎又得正，故勿恤，谓成既济定也。”夬卦九二阳处中位不当位，故惕。二变为阴，下互巽，巽为号。夬卦下伏剥卦，或者说二者旁通，剥之下体坤，坤为莫（暮）夜。而动则下体离，离有兵戎之象，故“有戎事”。四不正，变正则上体坎，下互坎，坎为忧，俱正勿恤。此卦二爻为关键，辅之以四爻变正则成既济定。此例不同于上例，上例明确爻体交易，此例需助之以之正说。之正说联通了二四爻的变化，将二四爻的动变看作了一个体系。革卦辞：“已日乃孚，元亨利贞，悔亡。”虞翻曰：“遁上之初，与蒙旁通。悔亡，谓四也。四失正，动得位，故悔亡。离为日，孚谓坎。四动体离，五在坎中，故已日乃孚。以成

① 曾钊. 周易虞氏义笺［M］. 续修四库全书本. 上海：上海古籍出版社，2002：527.

既济，乾道变化，各正性命，保合太和，乃利贞，故元亨利贞，悔亡矣。与乾彖同义也。”此例先导动力是革卦来自遁卦卦系，遁之上爻与初爻交易则为革，此例非相应爻位交易的例子。革成则与蒙卦旁通，四爻尚需变正，故有悔亡之说，“悔亡”是为待变。四动则上互离，下体离，上体坎，五爻在坎之中，全卦成既济。虞氏又一次强调乾道变化、各正性命的重要意义。乾元的目的在于保合太和，太和即为所求之境，乃利于贞正，故元亨利贞，悔亡矣，亦即无时无处不贞正，这一点与《乾·彖》一致。

《咸·彖》：“圣人感人心而天下和平。”虞翻注曰：“乾为圣人。初四易位成既济，坎为心为平，故圣人感人心而天下和平，此保合太和、品物流行也。”曾钊笺曰：“坎体乾五，故坎为圣，仍本乾言之。初四易位，二体坎，为心，二五正应，心与心相感，故圣人感人心。”① 咸卦上互乾，乾为圣人。初四相应交易，成既济定。圣人感人心有两方面的考虑：一是初四动变之前二三四五上大互坎，这一点前文有述；二是动变之后上体下互均为坎卦，“乾”化入人心之中，因此而有教化之义。圣人感于人心而施教，人心平则天下和，此即为保合太和，万物流动不居之方。曾钊以二五正应为说，不失为一方。二五将两个坎卦联系起来，在品物流形之中确保人心平和，此即心与心相互感应之道也。故从根本上说，圣人感于人心，又将此感传布天下，使心心相感，物物相谐，天下贞定也。《恒·彖》：“圣人久于其道，而天下化成。”虞翻注曰：“圣人谓乾，乾为道。初二已正，四五复位，成既济定。”张惠言说：“此论爻变也。卦三上得位，三久其道，不与上易，则益初二四五正位成既济。”② 恒卦恰是咸卦的综卦，其得失进退与咸卦有相通的理据。下互为乾圣人，在这里，虞翻并没有用咸卦中的上互乾为圣人之象。这里的考虑应该是一个是上互卦，而恒之乾在下互。上体上互居于上位，说圣人乃有意之教化。处下互下体只是说乾为道，圣人已入人心也。按照爻体交易，初四交易一次，二五再交易一次，经两次变化始有新卦既济。张氏的解释是，三处下体之上，于下卦之终，

① 曾钊. 周易虞氏义笺［M］. 续修四库全书本. 上海：上海古籍出版社，2002：510.

② 张惠言. 周易虞氏义［M］. 续修四库全书本. 上海：上海古籍出版社，2002：467.

故有久于其道之说。三上得位而不交易，那么只能初二、四五变正，全卦成既济定。另外，恒卦既可以通过上下象易变为益卦，也可以通过旁通变为益卦，益卦初二四五正位。这里虞氏不以初四、二五相应言，而是说初二已正，四五复位，当取之旁通。另外，成既济定者，关键在三爻。三爻虽然为正，但处恒卦自有其长久恒道之意义，因而观此爻象，通过三爻联通上下体，三爻性格分明，不由得上下感应，既然正好初二和四五相通就不必相感，上下体分别交易变正则既济成。此例颇能说明矛盾的普遍性和特殊性之间的辩证关系。《损·象》“损刚益柔有时”虞翻注曰：“谓冬夏也。二五已易成益，坤为柔。谓损益上之三成既济，坎冬离夏，故损刚益柔有时。”冬夏也就是成既济之后的坎离之象，冬坎夏离。二五爻体交易成卦，下互坤柔。损益之上以益三，则既济成，损掉益卦之上爻，“损”的意思针对阳爻而言。损卦唯初四乃正，余爻相应而易。损之道，就二五来说损下益上，二五中正终成既济。就三上来说则是损上益下，三上交易，刚来悦柔，如初九《象》传所注“终成既济，谓二上合志于五也”。此例在于会通损益二卦，一卦之内需懂得损阳益阴之义，也可以看作爻体交易变成的结果，但那会影响到对于损卦或益卦的理解。本卦提到既济的还可以参阅六五注、上九注、上九《象》传注。损卦之六五：“或益之十朋之龟，弗克违，元吉。”虞翻曰：“谓二五已变成益，故或益之。坤数十，兑为朋，三上失位，三动离为龟。十谓神灵摄宝文、筮山泽水火之龟也。故十朋之龟。三上易位，成既济，故弗克违，元吉矣。”二五已变成益是二五爻体交易，损变益。上互坤，坤数十，下体兑为朋。三爻和上爻失位当变。成益后，三变阳则下体离，离有龟象，结合坤十，兑朋，则十朋之龟，龟有筮占山泽水火功能。二五爻体交易之后，三上再爻体交易，成既济定。既济已成，弗克违，太和之境寓示大吉之象。《小象》曰：“六五元吉，自上佑也。”六五之所以大吉，是因为有上九动变而助成既济。侯果曰：“内柔外刚，龟之象也。又体兑艮，互有坤震。兑为泽龟，艮为山龟，坤为地龟，震为木龟，坤数又十，故曰十朋。朋，类也。六五处尊，损已奉上。人谋允叶，龟墨不违。故能延上九之佑，而来十朋之益。

所以大吉也。"① 崔觐曰："或之者，疑之也。故用元龟。价值二十大贝，龟之最神贵者。以决之，不能违其益之义。故获元吉。双贝曰朋也。"② 侯果的解释重在对损之本卦的"象"的延伸，上艮为刚，下兑为柔，上下为内外，同此性者"龟"也。上下互卦有坤和震，兑艮坤震均为龟之山泽木地之属。"十朋"的解释同于虞翻，六五尊位，所谓损已是阴据阳位，与上构成"承"例。十朋之吉不以人的意志为转移。这里虽然没有用到爻体交易，但已然隐含着既济定的意图。所谓人谋允叶，是针对龟墨不违而言，换句话说，六五元吉隐含着人谋的变动，尽管自上可成承转，但毕竟是暂时的。太和之境从结果而言是呈现和谐秩序的，变动是在和谐秩序之中，或者说变动又自太和而始，因此，在这里才引用到崔觐的"或"为疑之义。用最好的龟以决断，不能违益，也就是说，损卦必然要联系到益卦，损变为益是理所当然的。神龟的寓言，或是人谋的决断，都在朝向一个方向，即"太和"的"既济定"之境界。损卦上九："弗损益之，无咎，贞吉。"虞翻曰："损上益三也。上失正，之三得位，故弗损益之，无咎，贞吉。动成既济，故大得志。"贞静则吉，无有咎害，其原因是弗损益之。如果损上益三，即上三爻体交易则成临卦。站在当位不当位的角度视之，上之三可以是弗损益，因为是阴阳得位。承接六五，上三交易在二五交易的基础上，这是一个志向，志向的内容便是既济定。故成既济，大得其志。该爻辞接着说"利有攸往，得臣无家"，这是作为结果而言的寓意。虞翻曰："谓三往之上，故利有攸往。二五已动成益，坤为臣。三变据坤，成家人，故曰得臣。动而应三，成既济，则家人坏，故曰无家。"所谓"往"，可以理解为二往五，也可以理解为三往上，在这里是三往上，即三之上。三上正位，已经解决成既济定的一个条件，故利有攸往。之前有三上不变，二五交易，此为益卦，坤卦作为上互下移为下互，坤有臣服之义。三变，上不变，则成家人卦。三变为正位，使下互坤卦损毁，也可以理解为得坤卦，坤臣由国变为家，是为家人。在这里，三爻变正十分关

① 李鼎祚. 周易集解［M］. 北京：中华书局，2016：255.
② 李鼎祚. 周易集解［M］. 北京：中华书局，2016：255.

键，变正才能得坤之众，国之义变为家之义。若三不变，则三上交易而成既济。成既济定的前提是家人卦毁坏，故有“无家”之说。这一条把成既济定的过程的可能性做出了描述，指出了成既济定的前提，“得臣”和“无家”在抽象的意义上成为对于太和境界的先验刻画，只不过这里用的是经验的例子。王肃曰：“处损之极，损极则益，故曰弗损益之。非无咎也。为下所益，故无咎。据五应三，三阴上附，外内相应，上下交接，正之吉也。故利有攸往矣。刚阳居上，群下共臣，故曰得臣矣。得臣则万方一轨，故无家也。”① 王肃同为三国时人，处于乱世，更加强调平和之境，故寻求君臣一体，所谓为下所益，是得民众之志，以求国治。在易道而言，否极泰来的道理是相通的，六十四卦几乎都有这个意味。所谓损之极致，则变为综卦之益，虽然易学家的解释有所不同，但大体都在阐述这个意思，只不过虞翻更加强调爻体交易而成的既济卦。在六十四卦两两相对的卦组之中，确实形成了一组组特殊的矛盾，但是最终的解决之道无不是通向既济卦。阳若据于五位，在益之中可将上爻带动而与三爻相应，王肃所说上下、外内，相应交接，其实质便是既济定。只不过王肃并没有像虞翻那样提炼而成一个带有理想性的“易例”而已。“家”不能说破，如前述，“家”的理念已经随着下互坤被三爻阳刚所据，因而，“国”的理念更加显得重要。所谓“得臣无家”，以“无家”为“家”，方能“得臣”，此即为“国”。其最终的结果便是万方一轨，其实是把万千之家统摄于一轨，在一个制度下、一种秩序中完成“家”的使命。由此我们可以感悟到其象辞“大得志”的含义，其《象》曰：“弗损益之，大得志也。”虞翻曰：“谓二五已变，上下益三，成既济定。离坎体正，故大得志。”在这里，虞翻仍然从爻体交易的角度进一步论述二五、三上变动导致的成既济定的结果，既济上下体为坎离，六爻俱正，故“大得志”，这个“志”，与前述王肃所言“万方一轨”是一致的。

《渐·象》：“进以正，可以正邦也。其位刚得中也。”虞翻曰：“谓初

① 李鼎祚. 周易集解［M］. 北京：中华书局，2016：255.

已变，为家人。四进已正，而上不正。三动成坤，为邦。上来反三。故进以正，可以正邦。其位刚得中，与家人道正同义。三在外体之中，故称得中。乾文言曰，中不在人，谓三也。此可谓上变既济定者也。”渐卦进而不进者，初爻不正也。下体艮，止之象。初变得位为家人。初四不应，初爻只能之正。四与初同性而正，而上不正。四处正位，承五。上不正则需三变受上。三变受上即为权变。三变下互坤卦，上来之三位，交易而动，正邦之象。上三易位，三居于中，此中位非二五之位，乃三四人位中位。三动受上，三爻得正处人位而有君子之象。《乾·文言》所说中不在人，是指二五中爻不处人位。三四人爻为之“中”又以三为准，三兼四，四乃“中不在人”，故人爻谓三爻。全卦实用之权变，以渐之权变而终成既济。关于“中”，张氏认为，乾三为“中”是因为其功能同于“复初”，以乾元而论。他说：“乾三体复初，乾元故称中。此君子行权，得乾三之中，故称中，非在内体即称中。”① 张氏的说法以乾阳的功能而言，三本正位，受上巽卦权变，变为阴之后与上爻交易，最后仍是刚爻。君子行权即为“中”，乾元精神无处无时不“中”，只有乾与坤发生关系才有形质性的中位之说。李锐说：“以二五为中者，二为内体之中，五为外体之中也。以初为中者，董子以中者天地之大极。极，中也，即复之初也。以三为中者，言在内也。”② 李锐的说法接近张惠言，都以功能和作用论“中”，而不是一味以有形有质的时空论之。董仲舒尚能以初九为中，以复初为中，那就更不用说三位成中即乾元在下体之极的作用了。曾钊说：“益三爻注云，位在中，亦谓三在六爻之中……张必以复初乾元称中，谬矣。……三称中，谓上下两体之中。”③ 曾氏认可《易传》以来的传统，无意改变成说。并且对于三四爻人极之中似乎也有意消隐，只是提到三爻处在上下卦之间因此为“中”。曾、张二人的分歧在三爻是以位置言还是以功能言。

---

① 张惠言. 周易虞氏义［M］. 续修四库全书本. 上海：上海古籍出版社，2002：491.

② 李锐. 周易虞氏略例·中弟十五［M］. 续修四库全书本. 上海：上海古籍出版社，2002：265.

③ 曾钊. 周易虞氏义笺［M］. 续修四库全书本. 上海：上海古籍出版社，2002：546.

按《系辞·下》“兼三才而两之”，分六爻为天地人三位，三四处于人位。故虞氏所言，当以位置而言。初爻变正为家人卦，三处人位兼四爻而获上九之刚，家国正治，既济顺畅亨通之象。此例注重初爻变正的现实条件，三爻当仁不让地成为关注焦点，一是权变易例使然，一是关于德性化的中位的讨论。笔者倾向于赞同曾钊的意见，但同时并不认为张惠言的中爻的功能说是错误的。渐卦见于成既济定注者还有九五爻注、上九《象》传注。渐之九五“鸿渐于陵，妇三岁不孕”虞翻曰：“陵，丘。妇，谓四也，三动受上时，而四体半艮山，故称陵。巽为妇，离为孕，坎为岁，三动离坏，故妇三岁不孕。”下艮为丘陵，“妇谓四”实则是指上体巽卦。三动受上是权变，其实质是上九阳变阴正，但本例主要是使三动变不正为阴。三动上互艮，四在艮中，故说半艮山，半山者，陵也。上互离，巽妇，离为妊娠，三未动则下互坎，坎为年岁，现在三动受上，则离坏，坎坏，三爻作用，故“三岁不孕”。“终莫之胜，吉。”虞翻曰：“莫，无。胜，陵也。得正居中，故莫之胜，吉。上终变之三，成既济定。坎为心，故象曰得所愿也。”以陵释胜是针对如上九五爻来讲的，九五得中正，人君之位，众民所戴，莫之胜也。上终变之三仍是在讲权变，三变没有完结，三变的目的是爻体交易，使三爻回到原来的阴阳属性。权变的结果是上爻变为阴爻，上体变为坎卦，与初变下体离结合，则是既济定。上体坎为心，故在《象》传中有得偿所愿的说法，得偿的“愿”无非就是通过既济卦展现出来的太和之境。此爻之《象》曰：“终莫之胜吉，得所愿也。”虞翻曰：“上之三，既济定，故得所愿也。”可见三上易位对于成既济定的重要性，“愿”即成既济定。上九“鸿渐于陆”，虞翻曰：“陆，谓三也。三坎为平，变而成坤，故称陆也。”三爻变不正则下体下互均为坤卦，坤成则原来的下互坎坏，坤为地，故为陆。陆是高出于水面的地，在这里，“平”之意不现。鸿之飞已经经过了“干”“磐”“木”“陵”，到了陆地。虽然九三也讲陆，但主要是从下体艮和下互坎而成“平陵”言，平陵有阶段性的变化，有部分为平地，即为陆。上九言陆，九三已变，上九待成阴爻，上下互艮坤，破坎，则“陆”之象湛然而现。“其羽可用为仪，吉。”虞翻曰："谓三变受成既济，与家人彖同义。上之三得正，离为鸟。故其羽可用为仪，吉。三动失位，坤为乱，乾四止坤，象曰不可乱，彖曰进以正邦，为此爻发也。三已得位，又变受上权也。孔子曰：可与适道，未可与权，宜可怪焉。"三变受成既济，是三爻权变，上九变阴而成既济。这与家人卦的权变一个意思，在其《彖》传中已有明示。权变之后，上爻变正。三爻复而为阳，上互仍为离，离为鸟，其羽可用为仪式之饰，吉利。权变开始时，三爻动变为阴，失位当变，此时下互坤，坤为乱象。所谓乾四止坤，李道平疏曰："乾四谓三也，上来即三出，故云乾四。"① 按照李氏的理解，乾四是三上权变，上来之三，以三阳统四爻阴爻，或者说以三爻统初二四以及三变阴的四个阴爻，故有乾四之说。三出则坤象坏，故"不可乱"与《彖》传所说进以正邦同。三爻的伦理启示有两点：第一，三已得位，当守正位。孔子说：可与适道，即是持守正道。关键是第二点，即道德境遇是复杂而生动的，不是一个静态的持守能够解决的。孔子讲"未可与权，宜可怪焉"即是指应该把经权统一起来。三爻即正，本当持守，但又变受上权，是基于全盘的考虑，过程的适变与结果的持正辩证地结合起来。所以其《象》曰："其羽可用为仪吉，不可乱也。"虞翻说："坤为乱，上来正坤。六爻得位，成既济定，故不可乱也。"上来正坤，是以上爻之一阳入群阴之中，包括三爻因时而变的阴爻。三复变为阳，加上初爻正位，成既济定，太和之境已然烘托而出，故不可乱。干宝曰："处渐高位，断渐之进。顺艮之言，谨巽之全，履坎之通，据离之耀。妇德既终，母教又明。有德而可受，有仪而可象。故曰其羽可以为仪，不可乱也。"② 干宝不像虞翻把爻体交易、权变、成既济定等易例融合起来，而是静态地直接读象。上九之德在于顺下体艮卦，艮为言，行上体巽卦之谨行。处高而不激进，有坎卦之通，下互坎，依据离卦之光明，上互离。据此妇德礼教光明。有德有仪可参，故以上互离之羽为显象，说明坤之坏，不可乱。在这里离羽之象是一种象征意味，指的是礼教德性的光辉。比较

① 李道平. 周易集解纂疏［M］. 北京：中华书局，1994：470.

② 李鼎祚. 周易集解［M］. 北京：中华书局，2016：329.

二人注释，虞翻更加注重注文变动中呈现的静态象，以动显静，而干宝只是纯粹展示象的道德意蕴，二者各有优长，但很明显，全观《周易集解》，虞翻试图另外创造一套解释体系，可见虞翻是不屑于纯粹读象的。

《节·象》："节以制度，不伤财，不害民。"虞翻曰："艮手称制。坤数十，数度。坤又为害，为民，为财。二动体剥，剥为伤。三出复位，成既济定，坤剥不见。故节以制度，不伤财，不害民。"《节·象》虞氏注也提到了成既济定，上互艮，为手为制。二爻动则下互坤，坤数十，大衍之数的基本数度。坤又为民，为财。二动中间四爻体剥象，剥为伤，三出则剥象坏，阳出复位。上坎下离，成既济定。二三爻正，坤剥不见。故有节以制度，不伤财害民之说。整体爻变与节卦义相联，其伦理价值在于以制度拘节行为，使行为不伤财和不害民。此例虽然二三俱动，但关键在三，三阳出则节义成。曾钊说："三变正成既济，而上苦节者，戒上也。"① 三变正的前提是二变阴，共同成离。全卦爻变在三阳出，苦节之道以之成。因为有三阳复位，坤坏，剥伤，同时艮象亦散。艮之节坏，故有苦苦为节之道。三爻阳出复位，既济而保节以制度、民财融通、太和之境方能显现贞静之象。

《系辞·下》"天下何思何虑"虞翻注曰："易无思也。既济定，六位得正，故何思何虑。"此所谓天下何思何虑，殊途同归，一致百虑的解释。易道无思无虑是对于太和境界的描述，以六爻来比喻，则既济定而六位得正，众卦归向，也是太和复出之象。六位不正当有思有虑，得正之后有何可思，有何可虑，此二者同归而殊途，实为一致。"有思有虑"与"何思何虑"是事实和价值的统一，统一之道在于太和的无思无虑，故易以无思言。然诸卦归向的方式不一，此为"百虑"，归向的目的一致，此为"百虑而一致"。张惠言说："阳息阴消，定于既济，君子之道。"② 无论阳息还是阴消，实则是阴阳功能作用以成之事实。成既济定，方始太和，太和之境涉及宇宙人事之全域，下在政治域，则伦理秩序和谐稳定。故为君子

① 曾钊. 周易虞氏义笺［M］. 续修四库全书本. 上海：上海古籍出版社，2002：557.

② 张惠言. 周易虞氏义［M］. 续修四库全书本. 上海：上海古籍出版社，2002：518.

者，当识阴阳进退以成既济之道。同时，虽然既济乃事物最完美之象，然物极必反，乾坤坎离因不息之运动必有重置之可能，故此亦有内忧外患之象，六爻之动，未济开始，又必将导致下一轮的“成既济定”。所以，阴阳始终是在一定的轨则之中运行，故君子深察之后方能运阴阳于一隅，观天道于一心。阴阳运行无阻，晓行流畅其实只是在君子心之中。《说卦》“然后能变化，既成万物也”虞翻注曰：“谓乾变而坤化。乾道变化，各正性命，成既济定，故既成万物矣。”乾变坤化是太和之境界的运动总纲。可以说，太和之境既是乾坤阴阳的运动动力，也是乾坤运动的追求境域。表现在分阴分阳上，乾道变化，坤阴成之，六十四卦各正其位。然而，乾阳原本具有先验德性，是精神性的导引。一方面，乾道之变有坤阴继成，表现在万物既成，各有各的性质，此为成命。另一方面，坤阴维护和成就乾阳，使万物继善成性，循道而变，此为成性。性与命的既成就在成“既济”的变化发展之中，则万物蔚然而生。所谓“生生之谓易”，此既有循“道”而成“性”，也有循“道”而成“命”。六十四卦与既济之归向关系，就是一幅太和之境的缘构生成变化的图谱。

虞氏易学所蕴含的伦理思想主要是在对于太和原始之境域的领会和体验，并用独特的创发性的易例表现之。太和之境蕴含的人文理想是以乾坤变化的总纲为其现实结构，它肇始于太极，中经诸多易例的变化运动，最后归结为既济而定天下的理想结果。徐芹庭说：“虞氏生当乱世，有意匡济天下于正道，故注易多以既济定为言也。”① 徐氏所言，只是就成既济定这个易例所包含的政治理想而言，其实成既济定具有丰富的人文意蕴和玄妙的形上之思。不过，从直接的现实需要出发，虞翻所处时代，恰是诸般秩序和理性颠倒混乱大为不正的时代，按照之正说，不正当正，这是一个易例规则，同时也是一种价值需要。因此，树立新的政治秩序，达到天下和衷共济，实现家国天下的抱负，也不啻是成既济定的内在要求。我们可以看到，尽管虞翻包裹着重重的象数易例，但这些易例的最终动向无不是

① 徐芹庭．易经源流［M］．北京：中国书店，2008：380.

完成这个政治伦理理想的。然而，既济卦并没有什么吉辞，当一个理想实现或者是趋向实现的时候，乾坤变化又在为新的秩序创造条件。生生之谓易不仅是价值上的动变理想，也是事实上的变化不息。如果说有什么根本的价值，那就是乾变坤化的事实和价值的不断分异和不断结合，只不过成既济定是乾坤精神的理想结合图式罢了。这进一步寓示着，大化流行在酝酿新一轮的变化发展之时，新的价值产生了。这表明既济卦在之正而成的时候，本身就变成了乾坤变化的下一轮动力，同时也成为乾坤精神的下一轮目标，在这个意义上，未济卦作为既济卦的反面，成了新的开始。

第三节 义利之道

一、乾变坤化

虞翻易学的伦理形态主要是以太极的乾变坤化和乾元的先验德性为基础的。他不断吸收前人的理论，在象数符号诠解卦爻辞的方法之中使得易符号更具一般语言所不具备的阐发缘构境域的特征和功能。虞氏易学的伦理形上本体，基本依据于太极动静。其中，太极之动赋予乾元生生不息的动力并且具备了事实变化和永恒价值的高度统一，乾元带动坤阴成就万物，体现为宇宙大化的一气流变。如果静态地观照太极，则又有易象乾坤的分阴分阳，阴阳和合则太和之境出，表现在象数上则是成既济定，它承载了人文精神的理想境界。不得不说，成既济定的进一步挖掘要涉及卦气说、卦变体例甚至还有道教丹道思想。成既济定说包括旁通说、飞伏说、月体纳甲说等等，从现象的显现角度而言是在推究天地日月万物盈虚消息的道理，但我们也可以总结为象数符号根据动静细分气象，概而为理，象数和义理之理脉实际上是可以打通的。太极动静贯穿整个易例，它展现了一幅由卦气卦变一直到既济成象的宇宙变化图画，是对《易传》“生生之谓易”的诠释，同时蕴含了“生”本身的绝对被给予性，或者说赋予了宇宙“生生”的某种动力形式，这也是太和境界存在的根本依据。

考虑到太极生成论的因素，我们可以追溯到《乾凿度》，它构筑了从太易到太素的宇宙框架。其中说：“有太易，有太初，有太始，有太素。太易者，未见气也。太初者，气之始也。太素者，质之始也。”又说：“易无形畔。易变而为一，一变而为七，七变而为九，九者气变之究也。乃复变而为一。一者，形变之始。清轻者上为天，浊重者下为地。”① 这里指出，太易是根本性的阶段，虽无气，但随时将引发变化。所谓未见气，是还没有形成气，未见气的表述实则蕴含了将有气变的过程。气变经过了三个过程，终于太素，开始形成质变的万物世界。所谓“一七九”再复变到“一”，是用数来模拟变化过程，这是一个“太初有气”“太始有形”再变而为“太素形质具”的过程。“一七九”的“一”与“复变为一”的“一”是不一样的，“一七九”的“一”乃是气变之始，经“七”到“九”，气变之究（“九”）是气变最为成熟时开始转化为质变，这是太素质之始，也用“一”来描述。一者，形变之始只是讲到了“一七九”的“一”，而清轻者上为天，浊重者下为地讲的才是“复变为一”的“一”。全部过程讲的只是“易无形畔”的道理，即变化才是永恒之道。至此，宇宙变化的阶段性过程可以看作是一个不断“一七九”变的过程，借用这一段文字对于理解虞氏易学的伦理本体大有裨益，总结起来，它包含如下三点意义。

第一，在“一七九”变之前，有一个“太易”，这说明变化之前有一个还没有开始变化的阶段，“一七九”的动力来源于这个太易。对于太易的体认，可以从几个方面进行：首先，太易是万变的最终源头，因此根据“一七九”变的“一”的意义也可以用“一”来描述太易。但是太易的“一”已然不同于“一七九”的“一”和复变的“一”，“一七九”的“一”是气之始，复变的“一”是质之始，而太易的“一”是变之始。尽管有不同，但都是“一”，不然不会说太素是复变到“一”，这说明“一”

① 郑玄，注. 易纬［M］. 常秉义，编. 乌鲁木齐：新疆人民出版社，2000：7-9.

具有始基的意义。其次，因此也可以说，太易之“一”与其他“一”具有同而不同的特征，但是就变化来源和高度的形式化而言，太易之“一”有根本的不同，因为其他的“一”都是变化的阶段性表现出的不一样，而太易之“一”是针对变化本身。从这个意义来看，太易之“一”既可以是生成论的，也可以是本体论的。最后，变化有一个所谓“复变为一”的过程，据此我们可以体会到太易终将回复到本身。这个“回复”，看似是一个运动总过程，但太易之“一”的真义在变与不变之间，因而，任何一个具体变化都在回复到太易之中，从这个意义理解，太易的生成论恰好便是本体论。

第二，既然有一个变与不变之间的“几”，也就意味着并不是时间性的在全部变化之终结处才回复到太易。无形畔之易是易道的根本精神，把握变与不变，也就契会到了这种太和之境，变是恒常，不变是变的和谐和相对静止况。在任何时候体会到包含时间又不在时间之内的境界，就意味着“回复”。“几”如前述有一定的神秘性，但是“几”无外乎以上所述根本要义。“几”的难以把握在于它是以时间性的“时机”为引导，逐渐使主体进入一种不同于经验的领悟状态，“几”也是在变与不变之间，成为进入太和境界的途径。如前述，既济卦一旦作为一种已经“实现”了的理想，它马上就成为一种障碍。在这个意义上，既济卦亦是在变与不变之间。既济卦亦是一种“几”，如果主体在时间性的世界之中反观或者是跳脱地看问题，既济方才显现对于太和之境的寓示。因此，在形式上看，成既济定这个概念一定是动态的，结合具体伦理内容，成既济定才能是阴阳结合的、动静相济的。也许，把太极说成是“理”，是宋代理学家的高度融贯，也是理论上的一种对待方法。《朱子语类》卷一开篇即言：“太极只是天地万物之理，在天地言，则天地中有太极；在万物言，则万物中各有太极。未有天地之先，毕竟是先有此理。动而生阳，亦只是理；静而生阴，亦只是理。”① 朱熹所言此理，跳开时间先后，又不在时间之外，可以

① 朱熹. 朱子全书：第十四册［M］. 上海：上海古籍出版社. 2002：113.

囊括太极阴阳动静，当然，太和境界、成既济定也能在高度抽象的形式意味上成为某种“此理”。

第三，为何太初、太始、太素的变化过程只用阳数“一七九”而不用阴数“二八六”呢？张惠言在评价虞翻太极观时借用《乾凿度》说：“太素天地既立，则太极之气出阳入阴，变天化地以生万物，是乃所谓易也。太极虽兼有阴阳，然阴不自生，丽阳而生。太易之所以动者，是阳而非阴。故言一七九不言二八六。天地之所以变化者，亦皆阳非阴也。”① 根据张氏的说法，似乎太极游离于太易变化之外，太极以气贯通变化过程，但如果联系太易气未生，太极便在太易之中。张惠言在《周易虞氏消息》中认为在太始和太素之间还有太极阶段。② 实际上，按照《乾凿度》“一七九”变的规律，在太始和太素之间应该还有一个“一七九”变的太极阶段，太极有形而无质，正好上承太始而有形，下启太素而有质，是一个重要的变化过程。太极从有形到分为天地而有质，遂成太素。这是一种理解。另外，《乾凿度》虽然没有明确提出“太极”概念，但从张氏的解释来看，还是可以理解为太极应该贯彻秉气运动的全过程，即太极与太易是有无相生的一体两面，它包含了气之有的太初、太始和太素阶段。所谓太极兼有阴阳，是指太极之气“乾变坤化”的功能，阴阳之中阴不自生，阴是依赖阳而生出。太易之动为太极，太易之静为太和。这其中，导致太易变化的是阳而非阴，所以用阳数“一七九”不用阴数“二八六”。天地之所以变化乃是由乾阳主导的。

如果结合虞氏易注，我们关注到，乾阳的主导性不仅仅是在事物的自然变化层面，在大道循环之中，无论是形上和生成层面，乾阳都具有了某种先验的德性，这也是乾阳贯彻到人文社会领域之所以形成林林总总的道德原则和道德规则的终极原因。在这个意义上，乾阳就是乾元。来看几个

---

① 张惠言. 周易虞氏消息·卷一［M］. 续修四库全书本. 上海：上海古籍出版社，2002：535.

② 张惠言. 周易虞氏消息·卷一［M］. 续修四库全书本. 上海：上海古籍出版社，2002：535.

关于这方面的虞氏易注。虞翻明确解释太极的训语很少，我们不能直接了解他的太极概念。但是从某些注文来看，虞翻的太极思想一方面可以解释为元气，一方面也可以解释为某种先验德性。《系辞·上》“精气为物，游魂为变”虞翻注曰：“乾纯粹精，故主为物。乾流坤体，变成万物。”这里纯粹之“精”可作为万物生成的主导，主导可以是物质性的也可以是精神性的，但他进一步又说乾阳在坤体之中才变成万物，由于结合了坤阴，乾阳始变万物。这一条注释基本上可以看作物质性的变化和生成运动。《系辞·上》“非天下之至精，其孰能与于此”注曰：“至精谓乾，纯粹精也。”单看注文，“纯粹精”的东西可以作两解。如果联系上一条注释，纯粹之精的乾阳是物质运动本身。但如果执着于具体条目的理解，反而不能正确把握虞氏易学的伦理本体。我们需要从虞氏易学的全部易例和其他注文进行深入爬梳，才有可能领会乾阳或者乾元的真义，从而进一步理解人文社会层面的伦理秩序和政治规范的衍发。

虞翻也用“复初”来解释乾元，复初是指复卦之初爻，复初的象征意义重在乾阳在坤体之中的重新出现，乾流之坤体，阴阳结合必然生出变化的现象。从现象上看，复初就是物质变化，但这不能脱离坤阴单独理解。如若偏是在脱离坤阴的条件上看，乾元具有德性本体的内涵。《系辞·下》“变化云为，吉事有祥”虞注：“复初，乾元者也。”又注：“复，德之本也。”虞翻曰：“复初，乾之元。故德之本也。”这里明确提到了复初之阳是德之本。从《系辞·上》“是故易有太极，是生两仪。两仪生四象。四象生八卦。八卦定吉凶”一节的注文来看，变化的根基乃是太极元气。干宝曰：“发初言是故，总众篇之义也。”虞翻曰：“太极，太一也。分为天地，故生两仪也。”“四象，四时也。两仪，谓乾坤也。乾二五之坤，成坎、离、震、兑。震春兑秋，坎冬离夏。故两仪生四象。归妹卦备，故彖独称天地之大义也。”“乾二五之坤，则生震坎艮。坤二五之乾，则生巽离兑。故四象生八卦。乾坤生春，艮兑生夏，震巽生秋，坎离生冬者也。”“阳生则吉，阴生则凶。谓方以类聚，物以群分，吉凶生矣。已言于上，故不言生，而独言定吉凶也。”关于“太一”，刘节认为，早期《老子》

书中有“太一”之说，后来《易传》改“太一”为“太极”，《易传》的“太极”来源于老子的“太一”。① 张岱年认为：“易大传的太极，当是受老子影响而略变其说。太极之太是从老子所谓太来，而添上一个极字，创立了另外一个最高范畴。”② 《易传》所谓太极是否来自道家，关涉《易传》形成的年代，由于说法不一，就《系辞》言，笔者取张岱年和刘大钧的说法，即成于老子之后，稍早于惠子庄子或与之同时。③ 如此《易传》改造道家“太一”而为“太极”，这就将形上道论的“一”变而为具有儒家特色的宇宙生成论。虞翻历史地承续了《易传》的乾元思想来解释天地起源。为了说明这个过程，虞翻运用“乾二五之坤”和“坤二五之乾”的乾坤运动进行解释，在易象上进行模拟。六画卦乾二五之坤，乾坤原卦成坎离二卦，坎中互震，离中互兑。震春兑秋，坎冬离夏，这便是太极乾坤、天地四时的生成谱系。所谓“归妹卦备”，首先归妹卦上体震下体兑，上互坎下互离，是坎离运动深入四时的象征，故其《彖》辞独称天地之大义。既如此，何不取用随卦呢？随卦虽有震兑，但互卦只是大互坎离，与坎离本卦有差距。归妹又有出嫁取妹之义，婚娶男女之大义，与天地生生相呼应，因此归妹卦有天地之义。“天地之义”的《彖》辞不仅归妹卦有，还有家人卦，其《彖》曰：“家人，女正位乎内，男正位乎外。”王弼曰：“谓二五也。家人之义，以内为本者也。故先说女矣。”④ 观家人卦，上巽下离，并无男女内外之象。王弼的解释基于二五两爻，谓阳爻居于五位为主外，二位阴爻居于内卦为主内。家人事务以内居安家为本，所以上下卦均为女卦。“男女正，天地之大义也。”虞翻曰：“遁乾为天，三动坤为地。男得天，正于五；女得地，正于二。故天地之大义也。”虞氏以卦变体系为说，家人来自遁卦卦系，遁卦初四爻体交易则为家人，虞翻为解释坤为

---

① 刘节. 易象和鲁春秋［G］//黄寿祺，张善文. 周易研究论文集：第二辑. 北京：北京师范大学出版社，1989：36-38.

② 张岱年. 论易大传的著作年代与哲学思想［G］//黄寿祺，张善文. 周易研究论文集：第一辑. 北京：北京师范大学出版社，1989：416.

③ 刘大钧. 周易概论［M］. 济南：齐鲁书社，1986：11-17.

④ 李鼎祚. 周易集解［M］. 北京：中华书局，2016：229.

地，说三爻动变为地，按家人三动可为权变，但遁卦并无权变条件，遁卦三动存疑。也许只是省去了遁卦系变家人的语句。这里也直接采纳了王弼之说，简单明了。虞翻说“乾坤生春，艮兑生夏，震巽生秋，坎离生冬”与后天八卦图有一定矛盾，实则他这里采用月体纳甲，以一月月相八卦方位模拟一年四季，“乾坤”处东为春，“艮兑”处南为夏，“震巽”处西为秋，“坎离”居北隐匿其形而为冬。虞翻解释了太极生生之后，说阳生则吉，阴生则凶。一般来说，阴阳和合为吉，“阳生”“阴生”应该是阴阳结合之后的偏向，如果偏于乾阳则吉，偏向坤阴则凶。可见，对于乾阳，虞翻有一种先验的价值标准。又说方以类聚，物以群分，吉凶生矣。这也是在分阴分阳的基础之上的判断，太极本身是无所谓吉凶的。“已言于上，故不言生，而独言定吉凶也。”可以说，“生”“生生”就有无相生的太易和太极的关系而言也不能言吉凶，生生不息本身若在太极的立场是无所谓吉凶，但有阴阳偏向就有价值的呈现，乾坤已定，就有吉凶分类了。

如前述，复初之阳是德之本。这个德之本，可以理解为四种情况：第一，乾阳是某种独立于天地的设定，不与太易、太初、太始、太素和太极、太和直接相关，它与世界的相关性是在世界的被给予性之中被观照和反思而获得的。第二，乾阳本身无须与坤相合，坤是乾的一种状态而已，乾阳只是一种精神性的存在，与太易息息相关。太易无形无气，乾阳亦无形无气，若设定太易为德，则乾阳亦为德。第三，乾阳与太易是有区别的，太易基本上可以理解为是太极的无化，二者是一体两面的东西。乾阳却不能简单视之为无。所谓纯粹精，只是无气无形，但它不是设定，而是因机缘存在着。这个机缘，在太易动而为太极之“几”上，其动力是乾阳，但若有气有形，必须与坤阴充分结合。如此则乾坤之乾为有德。第四，乾变坤化一旦变为现实，则是具体的变化，落实在六十四卦之中，成为一体流变。就如复卦成为具体之一卦，可以象征被复卦所模拟的事类，表达很多人生世情的伦理道德。在这个意义上，乾阳必须与坤阴在具体道德境遇之中结合方才显现其价值。虞氏易学所谓复初之阳是德之本主要是在第三、第四种意义上使用，但也不能完全排除第一、第二种意义。

《乾·文言》“各从其类”虞注曰“乾道变化，各正性命。触类而长，故各从其类”，这是说变化资始于乾道，阴阳相应，其实一也。这里只提到乾道，但各正性命必须有坤的参与才行。李道平疏曰：“乾道变化于上，性命各正于下，各有其类矣。……盖本天者，阳爻也。本地者，阴爻也。……三百八十四爻资始消息，故各从其类也。”① 李氏进一步在卦爻散布的意义上阐述先有乾坤结合才有事类相分。虞氏虽然想突出乾阳的重要性，但也并不舍弃坤阴而谈。坤卦卦辞：“君子有攸往，先迷后得主利。”虞注曰：“阴以阳为主，当后而顺之则利。”阳为主，阴当顺之，如此方能吉利。《离·象》“重明以丽乎正，乃化成天下”虞注曰：“正谓五阳。阳变之坤来化乾，以成万物。”乾坤二五相交方有坎离的实际功能，正谓五阳的解释是“乾五阳称为正，由坤二五之乾，丽附乾五”②。坤之二五交于乾之二五，五阳正位由坤阴丽附，乾坤据此变为坎离。同时，乾阳流变坤阴之中，坤阴化而成之。《夬·象》“君子以施禄及下，居德则忌”虞注曰：“以乾应坤，故施禄及下…阳极阴生，谓阳忌阴。”阳居德位而忌阴，阳施及阴，阴阳互生为居德，夬卦有物极必反之势，阳尽则阴来，阴阳交替之时，存在阴阳并不和谐相生的可能，因而夬卦有忌阴之说。

《系辞·上》“乾以易知，坤以简能”虞注曰：“阳见称易，阴藏为简。简，阅也。乾息昭物，天下文明，故以易知，坤阅藏物，故以简能矣。”成既济定即是“乾坤”的高度融合，阳见而阴藏，万物以之成，易知简能是对乾坤造就万物的功能性描述，乾坤用此功能而呈现天下文明之象，天下文明是太和境界的世界和谐性状态。这里，可以理解为乾阳作为元气，禀赋德性而为易之本，阴藏乃辅助乾阳成就之状态。“辞也者，各指其所之”虞注曰：“阳易指天，阴险指地。”阳天阴地是对阴阳天地法相的指称，阳天为动，在永续的变化之中，阴地为静，已经成为造就世界的阶段性或者局部性；天之道行健不息，本身即具先验德性，地之道，辅助以成，气变而为有形，有形即为有限，有限之物不在吉凶祸福之外。“精

① 李道平. 周易集解纂疏［M］. 北京：中华书局，1994：54.

② 李道平. 周易集解纂疏［M］. 北京：中华书局，1994：306.

气为物，游魂为变”虞注曰：“乾纯粹精，故主为物。乾流坤体，变成万物。”万物资始于乾阳一元，乾阳一元是纯粹性的精气，或是非物质性的精神德性，乾之动是主导为物之性的，乾元精气以时流入坤位，“触类”而有事类之分，万物因性之不同而各自成长，万物变成的过程即是乾变坤化。“继之者善也，成之者性也”虞注曰：“谓乾能统天生物，坤合乾性，养化成之。”坤阴合于乾阳的目的是化阳成物，帮助乾的统天生物，精气流变而由坤化成。乾性不同于万物之性，是最为抽象的一种形式，时时准备着与坤阴结合时赋予事物以此先天之性。万物之性从乾性而来，因时间和方所等的限制表现出各自的事类性质，又是由此乾性统合而成的，这颇同于朱熹所谓“月印万川”的道理。“言天下之至啧，而不可恶也”虞注曰：“阴阳会通，品物流宕，以乾开坤，易之至也。”品物流宕的原因或根据是乾阳开变，易道之至理，其实在乾元的主动性和生成性，二者成为创造的开端。阴阳不仅要相交结，还要会通，不是阴阳相互背离的情况。“通”，指的是阴阳和谐相生相成，最理想的模式当然就是成既济定。“言天下之至动，而不可乱也”虞注曰：“以阳动阴，万物以生，故不可乱。”以阳动阴即以阳施于阴，乾元以先行之德而动阴生物，物各因位而有序。“不可乱”恰是对乾变坤化而成物的秩序的认可，秩序不可乱成为伦理道德思考和实行的理性基础。“无有远近幽深，遂知来物”虞注曰：“来物称乾神。神以知来，感而遂通。”这里用“神”来描述乾阳，无论是悠远还是深邃，未来知时而成物。一切都是乾元与坤阴相感应，与乾坤造就的复杂世界相感应而得来。“非天下之至精，其孰能与于此。”虞注曰：“至精谓乾，纯粹精也。”乾阳元气的状态是至精而纯粹，不含它物。只有如此，方能参与到成就世界之大业之中去。“感而遂通天下之故”虞注曰：“以阳变阴，通天下之故。”乾阳动变的方式是“感”，遇阴则通，则乾坤天下即可鼎定，成既济定的状态即是乾变坤化的理想形态。“冒天下之道，如斯而已者也”虞注曰：“以阳辟坤，谓之开物。以阴翕乾，谓之成务。”阳入阴和阴合阳是一个过程，但是有所区别，乾元开辟坤阴，坤位顺时开化万物。万物，是性之所赋的基础，以此与阴合阳相联。坤阴合于乾阳，不仅成就乾元之性，而且帮助创设了万物秉乾元而生的品物之性。“将以顺性命之理”虞注曰：“谓乾道变化，各正性命，以阳顺性，以阴顺命。”乾阳元气变化，坤阴顺从之。乾元主性，坤阴主命。阳变开物成性，阴化成务成命。《说卦》：“乾，健也。”虞注曰：“精刚自胜，动行不休，故健也。”这里指出了乾阳元气的特性，精刚是纯粹而且刚健，精义入微，运动不止，此即为乾元健性。

分析了乾变坤化的乾坤德性之后，我们了解到，作为世界生成的价值体现，乾坤分别占据性命之理。大化流行之中，性命之理无限展开为品物之德性，万事万物依据乾坤的德性而发展变化，成既济定的图式具体在生活世界的道德境遇来说，则表现为义利之道。

二、义利相济

义利之道，实则是乾坤之道。乾坤落实在生活世界之中则变为许多关于道德之义和利益之利的关系。然而问题在于，虞氏易学基本上是站在乾元的立场上看待所有的义利关系，于是，传统伦理学领域的义利化为乾阳的转化和生成。这不得不回溯到乾阳转化为义利的根本上来。既然世界是由元气一气变化发展而来，又何谓阴阳二气呢？考察虞注的阴阳对举、乾坤对举的情况，我们发现这并不矛盾。阴阳是太极元气的运动状态，阳气是乾元的充沛、连续、完整的状态，更与“时”“变”“动”“天”相关，其中“时”代表无条件性，是无时无刻不以自身为根据的；而阴气则是乾元的缺失、分断、零散的状态，更与“位”“化”“静”“地”相关，其中“位”代表阳气“触类”的条件性，是有时间和方所的限制，是具体的。二者相辅相成，实则一气也。太极就体上说是乾阳一元，就用上说分阴分阳，因而可以把阴看作是乾阳的状态。

虞翻尊崇乾阳的态度，来自对于作为万化之根的太极的体认。由于太极元气无形，它的性状和运动特征又具有模糊的意味，带有老子“道”的特点。就乾象来说，刘玉建概括出虞注一百零六种之多。① 其中有“乾为先”“为久”“为高”“为上”“为神”“为大”“为道”等，虞翻对于乾象的解释有类于老子“道”的地方。总的来说，乾元具有丰富而复杂的意义，不能用概念把握。如果做出一种静态的理解，恰恰是对于乾元的误解，我们只能根据具体的条件基本上体认到乾元是什么。虞翻的乾元可以理解为元气一元论，因时位的不同分阴分阳，但就其本质言，乃是指乾阳一气。和传统元气论不同的是，阳气即为元气，是体；在用的层面上，阳气和阴气又互生互成，因此乾阳是分属两个层面的东西。这有助于我们理解虞氏易注关于义和利关系偏向义甚至直接用义来解释利的特征。考察一下乾卦对于利的解释，不难看出这一点。

乾之九五：“飞龙在天，利见大人。”虞翻曰：“谓四已变，则五体离。离为飞，五在天，故飞龙在天，利见大人也。谓若庖牺观象于天，造作八卦，备物致用，以利天下，故曰飞龙在天。天下之所利见也。”天下所利见，是利于乾阳自身化成天下。四变正，五上互体离，五位龙德之位，又为天，离为飞象，故飞龙在天。所谓“利见大人”，是在这个时点利于出现有德的大人。大人之德，必配于乾性，有无限创发的作用，在这个意义上，虞翻引用伏羲氏，圣人体乾，把乾的德性转化为造作物事之上，用八卦以象乾性，衍发旁通，观感于天地万物，创造有利于人类的器用。飞龙在天，一方面是对于乾阳的运动的形容，另一方面是对配属乾性的圣人的行为描摹。利见，即利于见乾也。利的转化还表现在九二，《文言》曰：“见龙在田，利见大人，君德也。”虞翻曰：“阳始触阴，当升五为君。时舍于二，宜利天下。直方而大德，无不利。明言君德，地数始二。故称易曰。”九二乾元经过初九的孕育，二位已经开始显露其性，阴阳开始相接，二有升向五位的志向。君位，不仅仅是政治含义上的应该，还是一种君德。居于二位就有了利于天下的要求。这里结合了坤卦六二爻辞“直方大”，虞翻的解释是直而方，才是大德，这就是君德。乾性遇坤，不可独

① 刘玉建. 两汉象数易学研究：下册［M］. 南宁：广西教育出版社，1996：740-776.

言，因此必然要结合二位的坤辞共同显现乾性。这说明君德已然是乾坤相合构成世界之后对君子的道德要求，即宜利天下。同时，九二具备了这种要求的能力，从地数二的坤阴相接开始，乾元化成天下的行为便逐次开始了。《文言》“乾始而以美利利天下”，虞翻曰：“美利谓云行雨施，品物流形，故利天下也。”“美利”，也就是利之大者。云雨之类，是对流动着的乾元变化的形容，与阴触类，便蕴成万物，利天下的始基即是乾始。换句话说，当乾元对整个天下都有利的时候，也就是乾元充分显示其德性的时候。“不言所利，大矣哉!”虞翻曰：“天何言哉！四时行焉，百物生焉，故利者大也。”天地有大美而不言，至德无德。这里的“天”，仍然是对于乾元化成作用的自然现象的比拟。四时百物，自有其运行规则，乾性蕴含其中，是某种绝对价值，故“利”的作用非常大。

再看坤卦所言“利”。坤：“元亨，利牝马之贞。”干宝曰：“阴气之始，妇德之常，故称元。与乾合德，故称亨。行天者莫若龙，行地者莫若马，故乾以龙繇，坤以马象也。坤，阴类，故称利牝马之贞矣。”① 干宝对于元的解释也适用于坤卦，但与虞氏易学所说乾元之“元”是不同的。妇德、阴气，仅仅是在与乾元结合时才能称为元，阴阳相合才能亨通。龙马之喻，乃是基于乾坤德性。“利牝马之贞”，是基于坤阴的特性而言，故这里的利已经不是乾元的独有之利，利在乾元之中的意义发生了转移，牝马是阴类之物，相当于说利于阴物的集聚。但有一个前提，这种贞静是以乾元之利利天下为基础的，阴阳交接之时，方始为世界亨通而品物流布。虞翻曰：“谓阴极阳生，乾流坤形，坤含光大，凝乾之元，终于坤亥，出乾初子，品物咸亨，故元亨也。坤为牝，震为马，初动得正，故利牝马之贞矣。”如前述，阴阳关系既可以看作阴只是乾阳的一种状态，也可以理解为以乾元为主导的阴阳二气。阴阳二气遇极而变向对方，虽然坤为有形之物，但若没有乾阳流布则没有生气，意谓即将消隐。坤之所以光明广大，是因为凝聚了创造性的始基乾元。在虞氏易学十二消息卦之中，十月坤亥

① 李鼎祚. 周易集解［M］. 北京：中华书局，2016：30.

阴盛，所谓终于坤亥。“终”，并非乾元在十月消失。乾元并不会消失，“终”的意义乃是指坤阴背离乾阳，阴之盛则生气尽灭也。十一月复卦子月，大道循环，乾阳复出，阴阳重新开始相交，如此万物方能相互通达。元亨，可以看作大为亨通，也可以理解为偏向于坤形之利，乃是乾元赋予了亨通的动能，故成为元亨。与干宝联系乾坤二卦之象解释牝马不同，虞翻说坤为牝，震为马，坤卦之初动得正，复为阳，故利牝马之贞。这是把十月卦和十一月卦联系起来看。总的来说，坤卦之言利，依附于乾元的状态，只有乾坤合德，阴阳和谐才能利于坤的形质互生，“牝马”，实际上是对这个状况的形容。可见，无论乾之利或者坤之利都是一种始基的本体的形而上学的意义，如乾象“为先”“为清”“为神”“为道门”“为道”，“利”在如此高远的境界之上只能是乾之义，哪怕坤阴牝马之象，也是附着在乾元上的“利”，此“利”，亦同于乾元之义。可见乾坤所言利，基本上都可以经由“义”字来替换。如果说义利可以通用，也可以统一于乾元，那么就取消了义利自身。实际上，乾坤运动创生万物的过程中，呈现出本体上的结构性。也就是说，用乾元解释乾坤作用的全部过程是不太恰当的，毕竟乾元要与坤阴结合，一旦结合，尽管乾元仍始终保持乾性，但已然发生微妙的变化，如神如几，其根本原因在于乾坤相合了，因此方有义利的呈现和进一步落实在生活之中。义利呈现之“中”，也就是恰好的状态当属既济卦，但如前分析，既济一旦定型又会成为亨通的障碍，因此义利之“中”实则是分散在六十四卦内，“成既济定”只能是一个理想图景。不过，它始终在召唤乾元，成为乾元不断变化的目的因。如果借用亚里士多德的“四因说”，有一个目的因，当有一个动力因，此动力因当属乾元自身，它来自太易，具有先验德性和价值。质料因便是乾流坤形的乾坤之坤，要注意的是，并没有纯粹的坤阴，坤阴不能单独成为某种质料。只有乾元注入坤阴，坤阴质料才能进一步发展起来，而正因为有了乾元的注入，乾入之坤阴才能具有某种形式，因此，乾坤相合之乾就不仅仅是乾元那么“纯粹精”，它一方面禀赋乾元的纯粹，另一方面已经结合了坤阴，开始给坤阴赋形。所以，形式因是“乾坤之乾”。“乾坤之乾”和“乾坤之坤”构成形式和质料，在成既济定的感召之下，乾元不息运动。由于乾元体太易，乾元面向成既济定的过程实则是一个回复的过程，但此过程不是简单地“回”到太易，它经由两个途径。首先乾元始终在回复太易。乾元体太易，太易无气，不仅无气，它实则是一个纯粹的“无”。太易而出乾元，类于老子所言“无中生有”，至于如何“生”，我们只能作一个逻辑的设定。一方面乾元具有纯粹的无性，另一方面乾元又开始具备精神性的主导势能。乾元的“元”就兼具这两种意义，元系联着太易之无与乾元之乾，“元”可以看作某种源发性的推动力，类似于亚里士多德所说“第一推动力”。乾元的复杂性还可以从《庄子》的文本中体认。一般认为，“太极”首先出现在《庄子》中，但《庄子》一段描述的与其说是太极不如说是太易或者乾元。《庄子·大宗师》：“夫道有情有信，无为无形，可传而不可受，可得而不可见。自本自根，未有天地自古以固存；神鬼神帝，生天生地，在太极之先而不为高，在六极之下而不为深。”从庄子的这段话来看，他把“道”置于“太极”之上，如果把太极理解为张惠言所说太初和太始之间的过程或者理解为从太初到太始再到太素的过程的概括，那么太极一定与太易不同，这一段可以看作是对于太易的注脚。太易与乾元的关系也就是庄子所言“无为无形”与“有情有信”的关系，有无之间的转化和变生“可传而不可受，可得而不可见”，也就是不能经由经验观察，只能经过主体性的领悟通达。“自本自根，未有天地自古以固存”，这是说太易以自身为根据，在所有有形有气的事物之先；同时乾元可以“神鬼神帝，生天生地”，“神”，如同“元”，或者说“元”的功能，导致乾元以“神”而生，进一步生出天地万物。“在太极之先而不为高，在六极之下而不为深”是对太易的一种神秘化的形容，说明太易即道。因此，乾元运动于太易是不能脱离的，乾元的每一个细微阶段和变化过程都在体悟太易本身，在这个意义上，乾元始终在回复太易。

其次，我们又不得不把乾元看作接近于阳气的存在，毕竟乾元和太易不是完全相同的东西；另外乾元只是精神性的主导，所以完全看作阳气也有所偏差，乾元与太初也有区别。如果把乾元看作气变的过程，则乾元承续太易而开启太初，直至太始、太素，太素已圆满融成，则为太和之境，成既济定在生活世界层面上展示了太和之境。义利之辨是在分阴分阳的世界运动中进一步展开的。从乾元生发而至成既济定，即是回溯到太和，太和是作为太易完全的运动过程的境界显现，所以不啻是乾元回复到太易自身。生活世界的义和利的关系在以上两种乾元回复途径之中着重后一种，即在生成论意义上，具体道德境遇的义利与形而上意味的义利开始呈现出差异。如果着重在生成论意义上的乾元回复，则具体的义利区分过程也就是太极运动的一般过程。在这里，由于乾元开始主导坤阴，乾之义和坤之利开始发生变化。在现象的层面，乾元开始循着太极而作回复太极的运动发展。太极虽不同于太易，但如果把它看作囊括太初、太始、太素的阶段，它就成为大千世界的本体。因此，太极与太易便成为有无相对的一对范畴，历史上，有一种观点认为以阴阳混合未分为太极，在有无相生这一点上把太极和太易联系起来了。周敦颐在《太极图说》中论述道："无极而太极，太极动而生阳，动极而静，静而生阴，静极复动，一动一静，互为其根，分阴分阳。两仪立焉。"① 周敦颐以无极、太极为对，并用动静分辨二者，阴阳以此立。联系前文所述，无极类于太易，乾元此时宜看作太极运动之中的乾阳，因为乾元已经成为具体的乾坤运动，被太极所涵盖。尽管在周敦颐之后，对太极的解释有不同的理解，但大体上不离两仪相分又合二为一的思路。邵雍认为"数"可以比拟太极，他在《观物篇》中通过数的演算，构建出了一个数的世界体系。他在先天图之中主要以"二分法"的方式来解释太极生两仪。同时，在《击壤集》中通过一些诗歌表明太极在人则是心的理念。朱熹解太极主要用理学之理来阐述，他认为天地万物的总览之理便是太极。他说："易者，阴阳之变。太极者，其理也。两仪者，始为一画以分阴阳。"② 这是说太极乃变化之理，分阴分阳之后，仍各秉其理。太极是天地万物之总理，这个理不在别处，而是在具体的生活世界的事物之中。因此他又说："在天地言，则天地中有太极；在万物

① 周敦颐. 周敦颐集［M］. 长沙：岳麓书社，2002：4.

② 朱熹. 周易本义［M］. 北京：九州出版社，2004：284.

言，则万物中各有太极。”① “各有”，是指每一个事物、每一个道德境遇都有太极。张载认为盈天地之间一气耳，其合一则为“太虚”，变化莫测，相分则为“参两”，因其对立而相互变化运动。他说：“地所以两，分刚柔男女而效之，法也；天所以参，一太极两仪而象之，性也。一物两体，气也；一故神，两故化。此天之所以参也。”② 按虞氏易学的解释，地之所以两，是因为乾坤结合而生物，以刚柔为法，法相当于乾坤功能之理。天参，是涵盖了两的，加上太极则为三，太极参入，是刚柔体太极，这并没有脱离乾元的主导意味。所谓性，乃是乾元之性。统物而生变化的是气，在这里，张载把乾元的主导作用归结为气，乾元触类而长，气之凝聚而有万物之形，这与虞氏易学并不矛盾。所谓“神”“化”乃是乾元作用下乾坤变化的动力作用，具有某种神秘化的意味。总之，张载以气为太极，说明了太极是天地万物运行变化的根源。王夫之接续张载的思想，坚持以对立统一观说太极，他描述说：太极是“阴阳与道为体，道建阴阳以居。相融相结而象生，相参相耦而数立”③。这是把阴阳与道统一起来，同时又分阴分阳。如此则太极、两仪成为体用关系。他认为尽管太极为阴阳二气合一的实体，但此实体自身具有运动的本性和变化规律。同时，他与虞翻在尊崇乾阳的立场上是一致的：“阳之大也，惟其用之天下而大也。其险也，则忧悔之所由以致功也。己不足以死者，物不足以生。不靳生以死天下，是为大人而已矣。”④ 乾元触阴，则乾阳用之于天下成务。在乾变坤化的过程之中，有险阻，有忧悔，但并不妨碍乾坤进德修业。阴阳生死，接续往复，一气而已。有德之大人领悟到这一点，即可以看透生死，超越阴阳而化。可见，太极寓于天地万物之中，一切现象都是此阴阳对立统一的不同的表现形式。

比较以上论述，虞氏易学关于太极与后世所论有相同的一面，不同之

① 朱熹. 朱子全书：第十四册［M］. 上海：上海古籍出版社，2002：113.
② 张载. 张载集［M］. 北京：中华书局，1978：10.
③ 王夫之. 周易外传［M］. 北京：中华书局，1977：167.
④ 王夫之. 周易外传［M］. 北京：中华书局，1977：172.

处在于对乾元的强调。或者说，在乾元入阴之后，乾阳的主导性具有生成的决定性作用。在这一点上，我们可以看到他的乾阳也就是物质性的精气、阳气，虞注“一谓乾元”“万物之动，各资天一阳气以生”等等便能说明之。乾阳虽与乾元是一个东西，但是在乾元分阴分阳之后便是乾坤之乾，更多带有物质性的阳气的意思。同时，乾阳又内在地蕴含乾元，并且作回复运动。在这个意义上，“乾”“乾元”“元”“气”“复初”是同一个意思，这也符合历来对“元”的认识。比如，《公羊传》何休注云：“变一为元，元者，气也。无形以起，有形以分，造起天地，天地之始也。”李锐说：“元即乾元之义也。”① 虽然说元是气，但有一个变“一”为“元”的过程，此“一”即上文所说，“元”是联系太易和乾元或者无极和太极的关键点。在乾元的推动下，天地、日月、两仪、四象、八卦则是乾阳流行发用所产生的各种法象。

至此，乾阳从“元”而来，阴阳有分，就有义利的意义生成。那么，落实的义利如何在具体道德境遇展开，同时并不脱离乾坤形上意味的义利之道呢？我们再看乾变坤化之后的屯蒙二卦。屯卦卦辞：“元、亨、利、贞。”虞翻曰：“坎二之初，刚柔交震，故元、亨；之初得正，故利、贞矣。”“利”在这里与“元”“亨”“贞”并列。虞翻认为屯卦来自坎卦，坎卦二爻阳爻与初爻阴爻交易，则下体变为震卦，整体则为屯卦，这恰好寓示着屯卦乃乾坤天地开辟之后的艰辛状况。天地之大德曰生，刚柔相济，坎陷变为震动，动向上体坎陷，迎难而上方有希望，因此有元亨之说。坎卦初二两爻交易则持正，“正”，则意味着在德行上无损，应该持守，这样才能有利于行动。利在这里的前提是爻位之正，尽管前有坎陷但不说不利，说明利的本质不是暂时的境况改善，而是持守正道，同时面对问题。换句话说，只要是上下亨通的事物，不管有没有险阻都有利的可能。在这里，境况的改善是具有附带意义的。“勿用有攸往，利建侯。”虞翻曰：“之外称往。初震得正，起之欲应，动而失位，故勿用有攸往。震

① 李锐. 周易虞氏略例 · 乾弟三［M］. 续修四库全书本. 上海：上海古籍出版社，2002：256.

为侯，初刚难拔，故利以建侯。老子曰：善建者，拔也。”利于建侯已经开始有功利的色彩。初爻正位应于四爻，震动将使初爻失位，所以行动应该谨慎。但毕竟震卦有侯业之象，虽然初刚利于持守，仍应积蓄力量为将来的行动做好准备。这里的“利”，并不完全偏向德性之“义”，而是强调做好行动准备建功立业。提到“利”的还有屯卦之初九：“盘桓，利居贞，利建侯。”虞翻曰：“震起艮止，动乎险中，故盘桓。得正得民，利居贞。谓君子居其室，慎密而不出也。”此条注释大体同于卦辞注，初爻之所以盘桓而贞静，如上述，一方面是条件不允许，另一方面是必须要持守正位。震下体，艮上互，上体坎险，行动当然盘桓。这是事实，然事实中贯彻着德性标准，即应该改变事实。改变之前应该得正，如此方得民心，所以虞翻说此时之利是“居其室”，等待时机，慎密不出，以利将来建侯。此卦之利，一是坚守乾性正道，一是善于把握时机，注重以静带动。蒙卦卦辞：“利贞。”虞翻曰：“二五失位，利变之正，故利贞。蒙以养正，圣功也。”二五失位但能持中，故言利变之正。之正方有利，蒙而不失，是因为二五在中位，只不过需要调整之正从而指向成既济定，这便是“蒙以养正”的全部意义。这里的“贞”，宜解释为之正的正。蒙之初六：“发蒙，利用刑人，用说桎梏，以往吝。”虞翻曰：“发蒙之正，初为蒙始，而失其位。发蒙之正以成兑，兑为刑人，坤为用，故曰利用刑人矣。坎为穿木，震足艮手，互与坎连，故称桎梏。初发成兑，兑为说，坎象毁坏，故曰用说桎梏。之应历险，故以往吝。吝，小疵也。”初六是正位之开端，故说“发”。当前为失位，若正之则下体兑卦，上互坤为用，兑为刑人，受刑罚之人。初爻变利于运用刑人之事，下体坎，下互震，上体艮，均联系着坎卦，桎梏枷锁之象。初爻正，则下体坎毁，这是对刑人的有利之事。如果初变应四，则本身在坎陷之中，因为初爻尚待变。但吝是小问题，毕竟从成既济定的角度说，初爻意欲变正。蒙之上九：“击蒙，不利为寇，利御寇。”虞翻曰：“体艮为手，故击。谓五已变，上动成坎，称寇。而逆乘阳，故不利为寇矣。御，止也。此寇谓二。坎为寇，巽为高，艮为山，登山备下，顺有师象，故利御寇也。”上九不正，有招致寇盗的危险，上体艮手，击打之象。五上变正则为坎陷，坎为寇。上九六五变则阴乘凌阳，不利对寇盗动手。下体坎亦为寇盗，三变正则下体巽，为高，上体艮山，登高望远，居高而临下，从初至五大互师卦之象，有出师御寇象。为寇乃是主动出击，御寇乃是积极防御。从易象来看，所利在于积极防御寇盗，而不是贸然出动。此条很有具体境遇的色彩，虞氏通过易象解释爻辞，把全卦联系起来，强调利在防御。总体看，蒙卦之利有具体功利，如刑人之利，防御之利，但其基本面"之正"的规则却是反复提到的。

无论是屯卦的以动静言卦之利，还是蒙卦的义利相合，义利关系基本上遵循以下三点：第一，"义"是乾元之性，首先必须遵循乾元之德方能言利，言吉凶。第二，乾元之性究竟是什么，这不是一个认识问题，而是对于太极体悟的问题，但是乾元落实到乾坤之中开始触类而长的时候，乾元也就是乾阳，乾性开始具体呈现在现象之中，表现为"乾坤之乾"。体现在易例上则是诸如之正或成既济定的规则，符合规则的则是有利，但此利是以成既济定为条件的。第三，卦之利虽然以乾阳之利或者成既济定为奠基，但每一个卦之利有其具体生成的情况，卦之利有其具体的独特性，恰恰是这一点表现了每一个卦对于世界万物的人伦事理的高度模拟。同时卦利以具体之利体现成既济定的伦理理想。总之，六十四卦以具体之利展现了流动的乾变坤化的图景。义利虽各有其特点，但义利相济才真正符合成既济定的道德伦理理想。换句话说，义利不相离，言义必在利中显现；取利不离义，无义之利不是真正的利，即使能短暂获利，也必将失去利，动则辄咎，甚至导致灾祸，这一点在具体之卦中多次论及。义和利不仅不相离，长远的义必然在义利充分融合的利之上；反之，长远的利也必然体现了义利相济的义之上。义利相济方为义利之道，它既是成既济定的理想，也是领悟到太极之后的太和之境的开显。

三、卦利诠解

如前述，每个卦有其基本利益取向，义利相济才能通向成既济定。因此，对于每一个卦的具体利益的认识就显得重要。限于篇幅，本文只将部分卦爻辞明确涉及“利”的条文给出诠释，以此进一步体会乾元之性、乾阳动变、乾变坤化的大化流行的生生之易理。

除乾坤屯蒙上文已述，接续下来的是需卦和其他诸卦。需卦卦辞：“利涉大川，往有功也。”虞翻曰：“谓二失位，变而涉坎，坎为大川。得位应五，故利涉大川。五多功，故往有功也。”《周易》“利涉大川”提到多次，大川可以是实在的渡河之事，也可以理解为渡过困难，因为坎卦既可以表示河流，也可以抽象为多种具体的阻碍。为什么往有功利呢？虞翻认为，全卦重点在二爻失位，二变则下互坎，与上体坎组成重重坎难之象，二变应于五位阳爻，承阳而有所动，五位多功，因此前往五位有利。这里的“利”，是具体的可以度过大川而到达某处的意思，而该处往往呈现建功立业的好兆头。此卦所言利不离具体境遇，但仍是二爻变正之后带来的。

师卦之六五：“田有禽，利执言，无咎。”虞翻曰：“田谓二。阳称禽。震为言。五失位，变之正，艮为执。故利执言，无咎。”师卦卦主在二，二下伏阴，与初三为坤，坤为田。二爻阳爻，在坤阴上，为二阴之飞爻，凸显之象，故为田中之禽兽。下互震为言。师卦五爻失位，之正上互艮，为“执”。执言为利应该结合二爻来看，二五相应，但并不说二爻之正，关键二爻处中，统帅众阴，必有所为，其利已经自在。二应动五爻，方有执手之象，因而利执言是因二爻所起，五爻才能之正。通过此例可见，并非符合某爻正位的“义”才能开启具体一卦之利，有的卦也显示了因具体之利带动相关境遇的符合正位。因此，义利之间的联动并非单向的，当然符合之正的“义”方能具体谈利，这也是多数卦所显示的。

同人卦卦辞：“同人于野，亨，利涉大川，乾行也。”虞翻曰：“旁通师卦。巽为同，乾为野。师震为人。二得中应乾。故曰同人于野，亨。此孔子所以明嫌表微。师震为夫，巽为妇，所谓二人同心。故不称君臣、父子、兄弟、朋友，而故言人耳。乾四上失位，变而体坎，故曰利涉大川，乾行也。”此条“利涉大川”颇不同于需卦。需卦上体有明显的坎卦，而同人卦无，必须借助旁通易例才能说清楚。另外，乾行虽然是讲同人上体，但有乾利之形上意味，即乾与坤合才能显示其利，虽然卦中无明显语言讲到乾坤合，但旁通下乾与坤通，亦可看作乾坤相合的状态。同人上互巽，上体乾为野，同人旁通师卦，师卦下互震为人。同人二爻中正应于五爻阳爻，五爻处上体乾卦之中，故得中应乾。所谓“亨”，乃二爻聚集众人于野之象，师卦下互震为动，圣人明嫌表微，细微动静亦能察觉。联系师卦，其下互震与同人下互巽为夫妇之象，故有二人同心之说。“二人同心”，不仅仅是易象的解释，也是易例的联系。君臣、父子、兄弟、朋友，以及前述夫妇乃重要五种人伦，但这里并不重点强调五伦，乃是申明平等的人与人之间所同者，只是人而已。换一个角度，如蒙卦上九所示，以上九视之乾四上失位，变而体坎，坎陷已出，故有“利涉大川”之说。乾行也，指的是乾元触阴，上四爻变之后为坎象。综观同人之利，有涉及体乾元之事，亦有召集众人渡过大川之利。

大有卦之上九：“自天右之，吉，无不利。”虞翻曰：“谓乾也。右，助也。大有通比，坤为自，乾为天，兑为右，故自天右之。比坤为顺，乾为信。天之所助者顺，人之所助者信。履信思顺，又以尚贤，故自天右之，吉无不利。”此卦下体乾，乾为天为信，“天助者顺”指依乾元之性而行则顺利；“人助者信”，信义联系着每个人。按照信义办事，又时时顺着乾元“生生”之德性，见贤思齐，当然就得到天人的助佑，这样对待每一件事将无不吉利。大有与比卦旁通，比卦下体坤，为“自”，大有上互兑卦为“右”，这里以右为尊，“右”“佑”通，故“自天佑之”。坤又为“顺”，乾为天，天助者顺。大有之利直接以德性之义解之，符合诸如“顺”“信”等等的道德要求则无往而不利。

谦卦之上六：“鸣谦，利用行师，征邑国。”虞翻曰：“应在震，故曰鸣谦。体师象，震为行，坤为邑国，利五之正，已得从征，故利用行师，征邑国。”所谓应在震是上六与九三相应，正应，九三六四六五构成上互震卦，震为动，动则鸣，故“鸣谦”。六二至上爻体大互师卦，上体坤为邑国，震为行，征伐他国之象。大互之中仅五爻不正，征伐之意，拨乱反正，不正而正，故利用行军打仗。此卦之利虽然兵戈从征，但打的旗号是五爻阴爻应景从之正。义利关系仍然是紧相结合，即没有所谓纯粹的利，哪怕是最残忍的战事之利也是出于“义”的考虑，至少是出于“义”的名义。

豫卦卦辞：“利建侯、行师。”郑玄曰：“坤，顺也。震，动也。顺其性而动者，莫不得，得其所，故谓之豫。豫，喜逸说乐之貌也。震又为雷，诸侯之象。坤又为众，师役之象。故利建侯、行师矣。”震动出坤上，顺其性，坤为顺。“性”，具体指坤震之性，乾阳入坤阴之后，遂成具体物性。顺性而动，如果只是顺物之性，必将产生物物之间的矛盾，此即为利之矛盾，若是领悟到此性分享乾阳或者乾元，当莫不得利。顺乾元之性随物之性，则各得其所，豫乐即将相随。震又为诸侯之象，坤为众，劳师远征而有利，故利建侯，利行师之事。虞翻曰：“复初之四，与小畜旁通。坤为邦国，震为诸侯。初至五，体比象。四利复初，故利建侯。三至上，体师象，故行师。”虞氏注重大互之象，三至上体大互师卦，故为行师。按照卦变卦系，豫卦来自复卦初四二爻爻体交易，旁通小畜卦。下体坤为国，上体震为诸侯，初爻至于五爻体大互比卦，比者众人之象。四爻唯一阳爻，为卦主，来自复初，即得乾元之德，“复初”，乾元的或称，前有述。因而四爻与复初紧密相关，所以利于建侯之事。豫卦之利虞氏易学不同于郑玄的主要在于大互之象的诠释。

随卦卦辞：“元、亨、利、贞，无咎。”虞翻曰：“否上之初，刚来下柔，初上得正，故元、亨、利、贞，无咎。”关于随卦穆姜以德义释卦而不只是仅看卦辞之例前文已述。穆姜之言德义不离妇德“正位”、臣子“正位”的思想，这一点是和成既济定的之正之说相互联系的。虞翻认为随卦来自卦变卦系之否卦，否卦初上爻体交易则为随卦。不说阳来下阴，而说刚来下柔是结合乾元触阴之后乾变坤化的具体造就世界而言。初上得正位，初上为一卦之始终，所以有元亨利贞的卦辞，“体元”“亨通”“有利”“贞正”，尽管不免阻碍，但最终结果起码是无甚咎害。郑玄曰：“震，动也。兑，说也。内动之以德，外说之以言，则天下之人，咸慕其行，而随从之，故谓之随也。既见随从，能长之以善，通其嘉礼，和之以义，干之以正，则功成而有福，若无此四德，则有凶咎焉。焦赣曰：汉高帝与项籍，其明徵也。”① 内动震德，外说兑德，则天下景从，随之义。长之以善为“元”，通其嘉礼为“亨”，和之以义为“利”，干之以正为“贞”。单从“利”看，需结合“义”且义利相合相济才为真正的利。放在“元亨利贞”中来看，义利相合就不仅仅是某一个德行，而是在“元亨利贞”中流通的一个部分。善之始基为元，此为乾元，阴阳和合则乾阳坤阴造就万物品物流形，物物相感有合有分则有分别之礼，礼在明序列显职分，随之而有义利之利，贞于正道则无不有功利福德，若悖此则灾害凶咎随之焉。用汉高祖与项羽旧事阐明当正用其四德，如此方获大功业。随之六三：“系丈夫，失小子，随有求得。利居贞。”虞翻曰：“随家阴随阳，三之上无应。上系于四，失初小子，故系丈夫，失小子。艮为居、为求，谓求之正。得位远应，利上承四，故利居贞矣。”六三之利在于承阳四。三上敌应，顺承于四，下互艮为小子，三上初四无应，则失小子。震为夫，三在震中系在四下，故系丈夫。另艮为静居为有所求，所求者三四得正位，如此方成既济定。三位当下利于承四，但这只是暂时的，其理想在于三四正位后得位远应于上爻，故居而贞静等待条件成熟变之正得位。

临卦辞“元、亨、利、贞”虞翻曰：“阳息至二，与遁旁通。刚浸而长，乾来交坤，动则成乾，故元、亨、利、贞。”这里“元亨利贞”仍是阶段性的德义养成，同时又是一个进德修业的整体。在十二消息中，临卦阳已至二位，刚爻渐渐息长，旁通遁卦。刚长不是独自发生的，乾坤交，阳动体乾，整个过程如随卦贯穿“元亨利贞”的德义。临卦之九二：“咸临，吉，无不利。”虞翻曰：“得中多誉。兼有四阴。体复初。元吉。故无不利。”九二虽不正，但得中位，二誉在中，以四阴为背景，寓示乾阳将进一步触阴造就事物，同时体“复初”“乾元”，大吉。无所不利在两个方面，一是体乾元德性，二是乾坤相交成物形成事物之序列。中位之所以具有独立的道德价值，是因为阴阳交接而成义利相济的规则，规则化成“度”

① 李鼎祚. 周易集解［M］. 北京：中华书局，2016：126.

的实践标准，“度”是动态把握而非静态观照，中位是以静释动。六三：“甘临，无攸利，既忧之，无咎。象曰：甘临，位不当也。既忧之，咎不长也。”虞翻曰：“兑为口，坤为土，土爰稼穑作甘。兑口衔坤，故曰甘临。失位乘阳，故无攸利。言三失位无应，故忧之。动而成泰，故咎不可长也。”下体兑卦为口，上体坤卦为土，土以栽培农作物，口与庄稼作物相连，故称“甘临”，“甘”乃乐意之谓。六三失位且乘凌二阳，故无甚利可言。三不仅失位而且无应，故忧。三若之正动而成泰卦，泰者阴阳和谐，义利相济，故虽有咎，但咎害不长。临之利在二爻浸长，助成刚长者得利，反之则失利。

观卦之六二：“窥观，利女贞。”虞翻曰：“临兑为女。窃观称窥兑女反成巽。巽四五得正，故利女贞。艮为宫室，坤为阖户，小人而应五。故窥观女贞利，不淫视也。”临之下体兑为少女，窥观者与人所视之角度截然不同，完全颠倒者临之综即为观卦。如此兑变为上体巽，巽之四爻五爻均为正位，故女之贞静为有利。上互艮为宫室，下体坤为闭户。对于五爻阳爻而言，与之应者二，二虽多赞誉，但与五比只能是民众小人。六二之利在于坚持“度”的标准，即欲有大观，但囿于位次以及女性的原因应该收敛，不多所视。其《象》曰：“窥观女贞，亦可丑也。”侯果曰：“得位居中，上应于五。窥观朝美，不能大观。处大观之时，而为窥观。女正则利，君子则丑也。”① 女贞不为丑，亦可丑者君子。可见观卦之利提到一个利的主体问题，即此之为利，彼则不一定为利了。侯果认为二爻得位得中，与五应，欲大观外物之美，总体无大碍。大观者，脱离自身所囿而见天地，但二阴不可造次，只能窥观。所以此爻利于女正，对于君子而言反倒不利，因为“不器”之君子自当有大观之天下，故君子则丑也。这是从职分而言女子君子相对，也有从性别而言女子男子相对的观点：“此谓六二虽得正上应九五，但阴柔处下守中，不能尽见大观之美，犹如身居户内，暗中窥见门外景物，故仅利于女子守正。爻辞的言外之意，谓男子如

① 李鼎祚. 周易集解［M］. 北京：中华书局，2016：142.

此则不利。”① 其实，古时候女子是被排除在政治之外的，因而君子即是男子，男子中正即为君子。李鼎祚案曰：“六二，离之中爻也。离为目，故为窥。又再索得女，故为中女。三至五互艮，为门阙。二临三门，女目近之，故有窥观之象。”② 李氏以二爻离之中爻为象，离为目为窥。观之二爻乃乾坤互通阴遇乾再索得离，故为中女。上互艮为门阙，二爻恰在三四五门阙象之下，故二临三门二阴女目近之。虽近而不逾越轨范，尚可窥观也。观之六四：“观国之光，利用宾于王。”虞翻曰：“坤为国。临阳至二，天下文明。反上成观，进显天位，故观国之光。王谓五阳。阳尊宾坤。坤为用、为臣，四在王庭，宾事于五。故利用宾于王矣。《诗》曰：莫敢不来宾，莫敢不来王。是其义也。”虞氏这里运用综卦和本卦相结合的方法成象，无论临观皆有坤体，坤为国。临卦阳长至二位，二位乃民情之核心，故有天下文明之象。反上即为综卦，成观卦。原临之二一跃而为观之五，飞龙在天也，故言进显天位，国之大观辉光。五阳为天子为王，阳为主，阴为宾。阳为体，阴为用。阳为君，阴为臣。观之四爻阴爻已系于五，顺承于五阳，故言在王庭服事五爻。观卦之利在臣服，在于不失宾事，切不可喧宾夺主。

噬嗑卦卦辞：“亨，利用狱。”虞翻曰：“否五之坤初，坤初之五，刚柔交，故亨也。坎为狱，艮为手，离为明，四以不正，而系于狱。上当之三，蔽四成丰，折狱致刑，故利用狱。坤为用也。”噬嗑卦来自卦变否系，否五与初爻爻体交易为噬嗑卦。刚柔交则亨通。上互坎，下互艮手，上体离明，四爻不正而“系狱”。上爻不正当之三，如此上体震下体离为丰卦。所谓“蔽四”，四若不正则上三交易成丰，丰者“折狱”“致刑”之象，故用狱为利，其要旨在惩四。若四变则体大互坤，坤为用。李鼎祚案：“颐中有物曰噬嗑，谓九四也。四互坎体，坎为法律，又为刑狱，四在颐中，齧而后亨。故利用狱也。”③ 李氏以大象颐卦嵌入四爻阳爻为解噬嗑

① 黄寿祺，张善文. 周易译注［M］. 上海：上海古籍出版社，1989：175.
② 李道平. 周易集解纂疏［M］. 北京：中华书局，1994：233.
③ 李道平. 周易集解纂疏［M］. 北京：中华书局，1994：237.

象，故四爻是颐卦之中物，不吐不快。四爻上互坎为律法，坎陷有刑狱之类属，四不能除，若啮消其物，不失为一种方法。故比拟之人事，利于用狱之事。尽管对于狱象的解释不同，但对于四爻的关键作用虞氏和李氏是一致的。因而总观噬嗑，其利在于去四或者消四，不然应以刑狱之事当之。

无妄卦何妥曰："乾上震下，天威下行，物皆絜齐，不敢虚妄也。"①这是对无妄卦名之释，其利就在其中。乾天震行，上下偕行，以乾元之德性威行天下，物皆体乾而具性成命，故絜齐不虚不妄作以应之。其卦辞曰："元亨，利贞。"虞翻曰："遁上之初。此所谓四阳二阴，非大壮则遁来也。刚来交初，体乾，故元亨。三四失位，故利贞也。"无妄在遁卦卦系，遁上变为初爻，非爻体交易。若从大壮卦，则上下象易为无妄。无妄属四阳二阴之卦，当从卦变遁卦来。刚来交初，乃累进爻位，上体上卦乾，动则成无妄，上体仍为乾，故体乾，上述爻位累进显示流通之象，故体乾元而亨也。无妄三四爻失位，三顺承于四，不可妄动，故利于贞静。卦辞又说："其匪正有眚，不利有攸往。"虞翻曰："非正谓上也。四已之正，上动成坎，故有眚。变而逆乘，天命不右，故不利有攸往矣。"上爻不正，眚翳迷惑，体乾元而已，不可以誉而行。若四上正位，则上体坎卦，坎陷有眚。虽变向成既济定，然只是一部分变化而已，需协同下体通变。因此说变而逆乘，乘凌五阳。五者尊贵之天象，乘之必不利天命，故言有所行动必不利。无妄之上九："无妄行，有眚，无攸利。"虞翻曰："动而成坎，故行有眚。乘刚逆命，故无攸利。天命不右，行矣哉。"上九当谨慎而行，本来有眚，视域不清晰，妄动则不利，贞静也不能言吉，因为乘凌九五的结果是很严重的。总之，无妄之利在于贞静而无利，这是十分辩证的思想，即以"无利"为有利。

大过卦卦辞"利有攸往，亨。"虞翻曰："谓二也。刚过而中，失位无应，利变应五；之外称往，故利有攸往，乃亨也。"本末俱弱之势，如何

① 李鼎祚. 周易集解［M］. 北京：中华书局，2016：166.

能利有攸往，虞翻认为大过卦之利在二爻，二爻变阳之始，虽处中位，但与五敌应不正应变。变后方应于五阳，二爻应于五是往外卦，阴阳亨通故利有攸往。大过之九二："枯杨生稊，老夫得其女妻，无不利。"虞翻曰："稊，稺也。杨叶未舒称稊。巽为杨，乾为老，老杨故枯。阳在二也。十二月时，周之二月。兑为雨泽，枯杨得泽复生稊。二体乾老，故称老夫。女妻谓上兑，兑为少女，故曰女妻。大过之家，过以相与，老夫得其女妻，故无不利。"大过上下互为乾，重乾为老，下体巽杨，未舒展为稊稺，老杨枯败之象。大过卦阳已凝聚在二位，按照"卦气说"，十二消息临卦值十二月，于周历为二月。李道平疏曰："阳在二，十二月临时，于周为二月。二五爻独以爻当月者，大过时重阴始，故阳义全。二体临，五体夬也。"① 按李氏所言，二阳之所以体现十二月时，在于二阳体临，即临卦阳已长至二位。五体夬卦为阳长至五位，于时为三月周历五月。大过时重阴是指按照孟喜卦气说，大过处十月之小雪时节的初侯之始卦，② 此时冬至一阳生尚未至，正是重重阴盛之时。因此二阳之义当寓示阳之始，故义全。上体兑为雨泽，枯杨得雨泽复生幼小新枝稊。上下互乾老，乾又为夫，故称"老夫"。上兑又为少女，故曰女妻。大过之家，过以相与，言初爻本与四阳相应，然大过者阳聚之时，故过而与五相应，上当与三阳应，今过三而与二应。"过以相与"，比拟人事伦理，则老夫得其女妻，在大过中不违例，正得阴阳相交、卦气相应，义利相济之道。故言无不利。大过之利在阴阳细辨之时，某些不经常出现之事恰是合乎义利之事。

恒卦卦辞"亨，无咎，利贞。"虞翻曰："恒，久也。与益旁通。乾初之坤四，刚柔皆应，故通，无咎，利贞矣。"恒久之道自男女成家立业始，人伦关系逐次展开，亨通则无咎害，利于贞正。恒与益旁通，以益卦为背景，益卦也是长男长女之事。咸卦言坤三之乾上，恒卦则言乾初之坤四，乾初为初索得长男，与坤四应，则上体震，坤四之乾初，则下体巽，长男长女婚配之象。刚柔相应，亨通无咎。恒卦之吉凶因刚柔相谐至少无有咎

① 李道平. 周易集解纂疏［M］. 北京：中华书局，1994：292.

② 朱伯崑. 易学哲学史：上［M］. 北京：北京大学出版社，1986：113.

害，若有利必须贞正，即持守正道方能久长。卦辞又说："利有攸往。"虞翻曰："初利往之四，终变成益，则初四二五皆得其正，终则有始，故利有攸往也。"恒卦初四相应，应动则变正，不以成既济定的变法，则为现实之变向旁通卦益卦。益卦初四二五俱正，终变以恒之初变为始，在成既济定的理想驱使中，尽管变向益卦，唯三上不正，而恒卦只有三上为正，这是有利之事，其利的标准仍是"成既济定"。恒之九四："田无禽。"其《象》曰："久非其位，安得禽也。"虞翻曰："田为二也。地上称田，无禽，谓五也。九四失位，利二上之五，已变承之。故曰田无禽。言二五皆非其位，故象曰：久非其位，安得禽也。"二为"田"，取乾之二"在田"之义。无禽，六五乃阴居五位。九四失位，二上交于五，二五爻体易位，变而二阴承五阳。田无禽寓示二五将变，以九四言二五，都是失位的现状，久不得正，如何取禽。恒卦多爻不正，恒之利在于强调久长之伦理则应持守正道。

蹇卦卦辞："利西南，不利东北。"虞翻曰："观上反三也。坤，西南卦。五在坤中，坎为月，月生西南，故利西南。往得中，谓西南得朋也。"蹇卦出现方位之利。蹇卦自观卦而来，观上反三则为蹇卦。观之下互、下体俱为坤阴，坤在后天八卦方位图中位居西南。李道平疏曰："五乾入坤成坎，坎为月，说卦文。以纳甲言之，月出庚见丁，故云月生西南。五往得中，故利西南也。与睽旁通，往得中，睽兑为朋，故西南得朋也。"① 上体五乾阳入坤阴为坎，坎为月。纳甲说据月体盈相之过程中，朱熹说"第一节之中，月生明之时也。盖始受一阳之光，而昏见于西方庚地也。八日第二节之中，月上弦之时，盖受二阳之光，而昏见于南方丁地也。"② 西南以概从西至南月相变化。乾五得据中位，意谓月体受日光之一阳以至二阳。兑者二阳，震庚息长一阳，故"利西南得朋"，朋者，阳也。"不利东北。"虞翻曰："谓三也。艮东北之卦。月消于艮，丧乙灭癸。故不利东

① 李道平. 周易集解纂疏［M］. 北京：中华书局，1994：363.

② 孟乃昌，孟庆轩. 周易参同契三十四家注释集萃［M］. 北京：华夏出版社，1993：54.

北，其道穷也。则东北丧朋矣。”艮在后天八卦处东北，三阳处艮之端，阴消之极，按月体纳甲二十三日消阳于丙，在乾坤之交处乙癸丧灭以待复庚。艮卦在东北，故不利东北，乾阳丧灭之象，故道穷，穷而不灭，积阴之时，庚阳将复生。故言“东北丧朋”。此条纯以乾阳生灭为道穷、道生。“利见大人。”虞翻曰：“离为见，大人谓五。二得位应五。故利见大人，往有功也。”旁通睽象，上体离，故离为见。二五相应，得位得中，故利见大人往则有功利。大人者，蹇卦九五。蹇上六：“往蹇，来硕吉，利见大人。”虞翻曰：“阴在险上，变失位，故往蹇。硕谓三，艮为硕，退来之三，故来硕。得位有应，故吉也。离为见，大人谓五，故利见大人矣。”上六处坎险之极，变阳则失位，故往变则蹇难。硕者大，谓阳三，上六退而与三应，故来硕。上六得位有应，又离为见，大人者，五阳，应而过五，故利见大人。

解卦卦辞“利西南”，虞翻曰：“临初之四。坤，西南卦。初之四，得坤众。故利西南，往得众也。”解卦来自临初与四之交。临之上体上互皆为坤，坤者西南之卦。初往四，得大众之象，故言利于往西南得众人支持。解之上六：“公用射隼于高庸之上，获之，无不利。”虞翻曰：“上应在三。公，谓三伏阳也。离为隼。三失位，动出成乾，贯隼入大过，死象故公用射隼于高庸之上，获之，无不利也。”上与三伏阳而应，这是很特别的。下互离为隼。三失位动变为阳则初以至五体大互大过之象，大过者死。公隐而出，伴随着隼之死，全在三伏阳而出。三阳出则下体巽，下互乾，上互兑，乃高庸之象。射隼而得，无所不利。李鼎祚案：“二变时体艮。艮为山，为宫阙，三在山半，高墉之象也。”① 二变正下互艮象，为山，为宫门。三处艮之半，在山腰，高墉之象。从二正也可以解释高庸。解卦之利全在三爻是隐是显，隐则无应无利，显则所获良多。所谓“显”，三乾出，从“伏”现“飞”，联通诸象，把握时机，隐忍变之动决，毫不犹豫行动则大有裨益。

① 李道平. 周易集解纂疏［M］. 北京：中华书局，1994：372.

夬卦卦辞："告自邑。不利即戎。"虞翻曰："阳息动复。刚长成夬。震为告。坤为自邑。夬从复升，坤逆在上，民众消灭。二变时，离为戎。故不利即戎，所尚乃穷也。"阳息自复卦始，息长至五爻则为夬卦。复初之时下体震，震为告。复之上体上下互俱为坤阴，坤为自邑。坤亦为民，夬在阳升，与阴决，坤渐灭。夬之二动变之正，则下体离为戈兵为戎事。李道平疏曰："卦有戎象，故戒以所尚在戎，则不利而困穷矣。言君子之去小人，当以阳德渐散其民众，则去之决。不当尚兵戎，与之争也。"① 一旦用戎事则会导致困穷而不利。君子决阴，所尚兵事必穷途显，君子当以阳德教化民众，当以乾德去民众之阴利，行之果决则有利。"利有攸往。"虞翻曰："阳息阴消，君子道长，故利有攸往，刚长乃终。"此利在于秉乾德而行，阴私之利当散，故利于有所往。夬卦之利很明显，也很形象，阳决阴，仅剩上爻一阴。此时君子更应该以德为重，以德化民，而不是简单地动用兵士解决问题。

革卦卦辞："已日乃孚，元亨利贞，悔亡。"虞翻曰："遁上之初，与蒙旁通。悔亡，谓四也。四失正，动得位，故悔亡。离为日，孚谓坎。四动体离，五在坎中，故已日乃孚。以成既济，乾道变化，各正性命，保合太和，乃利贞，故元亨利贞，悔亡矣。与乾彖同义也。"革卦来自卦变之遁系，遁初上爻体交易而成革。与蒙卦旁通。革卦仅一爻不通于既济，即四爻。故四有悔亡之意，四失位动变为阳则悔亡。革之下体离为日，四变则上互离，五将为坎之中爻，坎为心，四正则有孚惠心。己日者，按照月体纳甲说，离卦纳天干己，故言己日。四正则成既济定，乾变坤化，性命既成，阴阳和合，义利相济，太和之境出，则"元亨利贞"四德聚而悔可亡也。《乾·彖》重在乾元变化之境域以及乾阳成就之境遇，故说与此同义。

《系辞·上》"通变之谓事"，虞翻曰："事谓变通趋时。以尽利天下之民，谓之事业也。"事乃在变化之中，事之变既在人之求通之中，亦在

① 李道平．周易集解纂疏［M］．北京：中华书局，1994：395.

求通之外，通之事是为利。利者，时也，事实与价值高度合一，在某个时点表现出来，为趋时。大利是为天下之民，符合乾坤之道，予取予求者，一为乾性，一为坤质，合则为性命之理，理贯之事，是为“事业”。“二人同心，其利断金。”虞翻曰：“二人谓夫妇。师震为夫，巽为妇。坎为心，巽为同。六二震巽俱体师坎，故二人同心。巽为利，乾为金，以离断金，故其利断金。谓夫出妇处，妇默夫语，故同心也。”虞氏认为二人者夫妇，以师卦震巽为例，师卦下互震，伏巽，夫显妇隐，夫唱妇随。二爻处下体坎之中，坎为心，下伏巽为“同”。师卦旁通同人，同人下互巽伏震，六二在下体伏坎之中，故言二人同心。下互巽为利，上互乾为金，下体离火克金，故夫妇同心之利可比断金。师卦夫出妇处，同人显巽，巽者同，同于其夫，伏震为话语，夫妇阴阳相合，义利相济，故言“同心”。“备物致用，立成器以为天下利，莫大乎圣人”，虞翻曰：“神农黄帝尧舜也。民多否闭，取乾之坤，谓之备物。以坤之乾，谓之致用。乾为物，坤为器用。否四之初，耕稼之利；否五之初，市井之利；否四之二，舟楫之利；否上之初，牛马之利。谓十二盖取以利天下。通其变，使民不倦，神而化之，使民宜之，圣人作而万物睹，故莫大乎圣人者也。”圣人之利利于天下，神农黄帝尧舜皆是如此。解决人民闭塞的问题是用乾元精神通之于坤阴叫“备物”，是用创造精神造作器物。因地制宜，以上手的质料应承乾元精神叫“致用”，此乃乾物坤器之义。否卦四初交易而成益卦，益卦下体震动上体巽风，顺此性造作器物则利于耕穑；否卦五爻和初爻交易则为噬嗑卦，上离日，下震动，市面交易之象；否卦四爻二爻交易则为涣卦，上木下水，利于造作舟楫等涉水工具；否之上初交易为随卦，乾马坤牛，上来之初，趋役之象，上体兑折，制服之象，故服牛乘马，牛马之利也。“十二盖取”，《系辞·下》开头“圣人观卦制器”一段，圣人以卦造作而利天下。以乾通坤为变，使民顺势而不倦，以坤化乾而成器，使民生活有依凭。通天达地之德高者唯圣人，圣人依卦而作则万物显现，人伦辉光，秩序井然。圣人者，居九五而有尊，德配天地故其功德莫大于圣人。这里举例为何都是来自否卦卦系？因为否卦乃乾坤不交，生意不兴。今举诸卦而有上下交通，阴阳往来而有功利者，乾变坤化也。

《系辞・下》："神农氏没，黄帝、尧、舜氏作，通其变，使民不倦。"虞翻曰"变而通之以尽利，谓作舟楫服牛乘马之类，故使民不倦也。"利之产生根本在乾坤二卦，乾变而通之坤则有诸利，如舟楫牛马之利，民赖之以生，故无倦怠。"神而化之，使民宜之。"虞翻曰："神谓乾。乾动之坤，化成万物，以利天下。坤为民也。象其物宜。故使民宜之也。"乾坤变化之时，乾之用为"神"，坤辅之而化成物则利于天下。坤为民，圣人取法观象，顺物之性造作，人民赖之而得便利。"服牛乘马，引重致远，以利天下，盖取诸随。"虞翻曰："否上之初也。否乾为马，为远；坤为牛，为重。坤初之上，为引重。乾上之初，为致远。艮为背，巽为股，在马上，故乘马。巽为绳，绳束缚物，在牛背上，故服牛。出否之随，引重致远，以利天下，故取诸随。"随卦乃否卦之上初两爻交体交易，"乾马坤牛"同又为远、为重，否下坤之初往上位则为"牵引"，否上乾之上爻来下则为役使致远。下互艮卦为背，上互巽卦为股肱，巽在乾上，故乘马。巽又为绳索，在坤之上，故又称"服牛"。随卦自否卦出，引重致远，交通有无而利天下人民，利之大者。"盖取诸豫。"《九家易》曰："下有艮象。从外示之，震复为艮。两艮对合，重门之象也。柝者，两木相击以行夜也。艮为手，为小木，为止持；震为足，又是木，为行；坤为夜。即手持柝木夜行，击门之象也。坎为盗，虣水虣长无常，故以待虣客。既有不虞之备，故取诸豫矣。"① 豫卦下互艮，四爻在外，震之综为艮，二艮重合，"重门"也。艮为手、为持物，又艮为小木、为止，故有"击柝"之象。震动为足，五行属木，下体坤为暮夜。整体之象为手持柝木夜行，击门预警。豫卦之上互为坎陷为盗贼，故加强戒备以待暴客，未雨绸缪以备不时之需、不预之测。此条同于虞氏易学精神。"断木为杵，阙地为臼。臼杵之利，万民以济，盖取诸小过。"虞翻曰："晋上之三也。艮为小木。上来之三，断艮，故断木为杵。坤为地，艮手持木，以阙坤三，故阙地为

① 李鼎祚. 周易集解［M］. 北京：中华书局，2016：456.

臼。艮止于下，臼之象也。震动而上，杵之象也。震出巽入，艮手持杵，出入臼中，舂之象也，故取诸小过。本无乾象，故不言以利天下也。”小过自晋卦上三爻易而来。小过下体艮为小木，晋卦下互亦为艮，上之三则艮象坏，断木成杵之象。晋卦下体坤为地，下互艮手持木作用于土，是为臼者。小过上震下艮，艮止震动，臼止杵动，杵臼劳作之象。小过下互巽上互兑，巽入而兑毁折，有物进进出出于臼，手动杵而舂坏之象。小过无乾之象，不言利天下。“诎信相感则利生焉。”虞翻曰：“感，咸象，故相感。天地感而万物化生，圣人感人心而天下和平，故利生。利生谓阳出震，阴伏藏。”诎信，屈伸。屈以伸为目标，伸以屈为前提。屈伸相感利在其中，能屈能伸方为君子。感者，其实乃阴阳应几而动，以致义利相济。利的产生可由震初形容，震初即乾初，乾阳体元而欲创造，伏阴相辅，触类而长以成万物。“君子藏器于身，待时而动，何不利之有?”虞翻曰：“三伏阳，为君子。二变时，坤为身，为藏器，为藏弓矢，以待射隼。艮为待，为时。三待五来之二，弓张矢发，动出成乾，贯隼入大过死，两坎象坏，故何不利之有。象曰：以解悖，三阴小人，乘君子器，故上观三出，射出隼也。”解卦三阴伏阳，为君子隐藏待命。二变正则下体坤为身、为藏，此卦所藏者弓矢之器械以射隼。二变后下互艮为等待，三不正当变，五来之二则上互乾，解卦下互离为飞矢，变上互乾为动出成乾，乾为射隼飞矢之动态。二五交、三变则二爻以至上爻体大互大过卦，大过者死。离又为飞鸟隼象，今成上泽下艮，离象坏，入大过，乾为矢身，贯隼入大过隼死，原解卦之下体、上互两坎毁折不见，坎为险，则险去，有其利。上六之小《象》言“解悖”，乃三阴出阳引动五二交易，成上互乾，乾出坎坏，故言解除阴阳悖谬之险。从上爻的角度可见三爻解悖，飞矢射出，隼死之全过程。“不见利不劝，不威不徵。”虞翻曰：“否乾为威，为利。巽为近利。谓否五之初，成噬嗑市。离日见乾，为见利；震为动，故不见利不劝。五之初，以乾威坤，故不威不徵。震为徵也。”否之上体乾为威仪、为利，否之上互巽为“近利市三倍”。否卦五初交易为噬嗑，噬嗑为市，《系辞·下》“十二盖取”有言。噬嗑上体离，否五之初，离照见乾为见利。噬嗑下体震为动，离照乾则动。五初交易，乾入坤终而成事，故言乾之精不发力则不惩戒。“夫乾，天下之至健也，德行恒易以知险。”虞翻曰：“险，谓坎也。谓乾二、五之坤，成坎离，日月丽天，天险不可升，故知险者也。”利与险对，乾坤二五爻相交易成坎离，坎离又为日月丽附于天，险不可升之于天，天者乾元，故乾元知坤坎之险而不离其性、不避其难以成就乾坤变化，君子当以此为德，胸怀天下。“情伪相感，而利害生。”虞翻曰：“情，阳。伪，阴也。情感伪生利，伪感情生害。乾为利，坤为害。”情为实情，伪者人为，阴阳可辨。情之实感通伪，则利之感和利之行出，利生焉。若以人为欲变情实则恒久之灾祸起。从根本上说，顺承于乾元流动之创发精神则利“永贞吉”，执着于坤阴之滞障短视时利则恒为咎害也。

综上，我们可以看出，卦利解析不是简单地给出某种道德规范，也不提供道德原则的致思路径，它只是在阴阳进退流变之中给人以义利相对相倚的感受。人为何会有这种感受？因卦爻符号具有模拟伦理生活的功能并具普遍意义。象数符号重在领悟，象数符号的“善”和“应该”是基于太极结构和分阴分阳的动静隐显的。在具体伦理境遇之中，道德生活经由丰富而生动的象、数、理的全方位整合而进行卦爻符号的显示。卦爻符号一方面联系生活世界，一方面又通过“超融”体悟的方式“回到”乾变坤化的原点。内心的省察虽然基于伦理理性和道德感性的交融，但象数符号更能给出某种体悟到本质的方法，即面向太和境界的“原”伦理境域的切身之思。

结 语

中国哲学从一开始就“讲完了”。无论是孔子之儒，老子之道，还是《周易》的“生生”精神，都给中华文化画下最为奠基性的圆圈，后继者基本上都是在重重叠叠的“视域融合”之中反复不断地对其进行诠释而已。但不可置疑的是，这个圆圈已经越画越大，后继之人所做的工作也肯定是有意义的。在经久不衰的诠释活动之中，主体的哲思和时代的脉搏是紧紧结合在一起的，不管哲学家有意还是无意，他必定在时代之中，也必将在时代的更迭之中通过更后来的解释者获得“重生”。如果这是一个没有尽头的追寻意义的过程，那么解释者不得不一次又一次地回复到这个“圆圈”的核心去找灵感，或者说与原初的精神合二为一。《周易》的复卦最能揭示这个“回复”。复卦之所以重要，是因为“复初”，即复卦初爻阳爻的出现。复初不能简单地被理解为一个阳爻周而复始了，从更深的领会上讲，是这个爻位的阳性赋予了初爻以阳性，同时由于这个爻出现在初位，与阳性一起被赋予了德性化的解释动机。这个动机光看复卦是不能成立的，它必然在十二消息、卦变体系、旁通变化的易例之中呈现它在六十四卦之中的地位。简单讲，复卦的复初已经不仅仅是复卦的了，它俨然具备了“君子不器，智周天地”的人文精神和道德情怀。很明显，复初是形而上学的，它把主体和生活世界在圆融的立体的界面上贯通起来，新的意义据此生发了。可以说，每一次新的意义的生成，就是一次回复运动，因此，复初的回复运动有可能时时刻刻都在发生着。

中国哲学的圆圈已经越画越大，终于与西方哲学的“直线”相交结。说它是直线，是因为从柏拉图以来，西方哲学家都在历史的线性上试图做同一件事：找到一种“形式”，使之把宇宙万象一网打尽。从源发之端的“理式”“第一推动者”，到中世纪的上帝位格，再到近代欧陆理性主义和英美经验主义，包括罗素、弗雷格以来的现代逻辑主义等等，其哲思构成了直线发展的历史。“直线”还表现在哲思对于哲思的残酷的替代更新之过程中，每一个哲思必须在思想的战场上立足、前进，然后被消灭。每一个哲思只有在全新的状态下才有可能进入到这个直线上，同时它还要善于吸取前人的养分以使自身足以成为“这一个”，即作为“点”的这一个，与其他“已被消灭”的“点”构成了渐明渐暗的时间之线。尽管有个别逸出的点，比如尼采、海德格尔、德里达等，但这并不妨碍这条直线一直画下去，当代西方哲学大范围地转向英美分析哲学即是一个证据。然而即便是如海德格尔者，从长远的线端远远望去，确实给这条线增加了一些在前进的道路上的“氤氲之气”，使得这一条线看起来越来越粗，但仍不能改变它的几何形状。

也许，只有在西方哲学的这条线变得更粗之时，换一个角度看它就成了圆圈。而当中华哲思把“其大无外、其小无内”做到极致之时，也就是不断扩大的同时不断地收敛，换一个角度看，它也会成为一个“点”，只不过这个点说大就大、说小就小，在与西方之“线”交接时，它也完全有可能成为一条线。

易学就具备这种小大之变的性质和作用。象数派和义理派在共同维护这个“圆”的“点”，其中，象数派在表达风格上更加具有层次性和结构性，这一点是朱熹在《周易本义》之中通过他的诠释方法反复予以说明的。在象数派中，虞氏易学之所以重要，乃是因为它在《周易集解》中篇幅最大、集录最详、最成体系，以至它在清代汉学中成为重要的研究对象之一。虞氏易学的体例、图式、诸易例还在不断地被研究，但大体的结论性的观点似乎已经确然而立了。唯象数符号和所指的关系、卦爻符号与意义、卦爻符号与存在，虞氏易学作为典型在象数上体现出的伦理精神尚待进一步发掘。这样的工作不是可有可无的，它在象数和义理于本体论、伦理思想上的缠结过程中至少表达了两个易学研究的进路：一个是通过象数符号的伦理意蕴的辨析，把一种不断地追溯乾元精神的象征性道路开显出来，用另一种新的言说方法牵引出原始的伦理境域；另外，在卦爻“能象”的层面上，由于深入到易例的解剖之中，“象—理”结构因角度和维度的转换成了新的意义生成机制，捕捉意义、构建意义、解构意义和诠释意义便成为象数学的新的研究动力。

上个世纪初，德国哲学家胡塞尔在他的《逻辑研究》中展现了他的雄心壮志：用一种近于逻辑学的“形式”，把人类的精神重新统一起来，这将是一切解释学的起点。这条道路被称为现象学的方法和体系。尽管后期胡塞尔常常被批判和质疑，但不容否认的是，他的整个哲学探索的过程充满着一个哲学家最重要的品质：正直和勇气。当今时代正处于“百年未有之大变局”，各种世界性的问题层出不穷，人类须拿出自身久已遗忘的正直和勇气来面对困难，世界的和平和发展才能被灌注新的希望。

“生生之谓易”之易道是在变与不变之中呈现出来的。在对于易道的体味和传播之中，我们将深切地感受到易道的和谐精神与太和境界的美好。这种精神和境界为人类的生存和发展指出了持续永久的方向。

变者恒变，唯精神永恒。

参考文献

一、著作

[1] 郑玄，常秉义. 易纬 [M]. 乌鲁木齐：新疆人民出版社，2000.

[2] 李鼎祚. 周易集解 [M]. 北京：中华书局，2016.

[3] 孔颖达. 周易正义 [M]. 北京：九州出版社，2004.

[4] 慧能. 坛经 [M]. 北京：中华书局，2013.

[5] 张载. 张载集 [M]. 北京：中华书局，1978.

[6] 朱熹. 周易参同契考异 [M]. 四库全书本.

[7] 朱熹. 周易本义 [M]. 北京：中国书店，1994.

[8] 释道元. 景德传灯录 [M]. 成都：成都古籍书店，2000.

[9] 释普济. 五灯会元 [M]. 北京：中华书局，1984.

[10] 周敦颐. 周敦颐集 [M]. 长沙：岳麓书社，2002.

[11] 朱熹. 朱子全书：第十四册 [M]. 上海：上海古籍出版社，2002.

[12] 程颐. 周易程氏传 [M]. 北京：中华书局，2011.

[13] 方申. 虞氏易象汇编 [M]. 续修四库全书本. 上海：上海古籍出版社，2002.

[14] 方申. 方氏易学五书 [M]. 续修四库全书本. 上海：上海古籍

出版社，2002.

［15］曾钊．周易虞氏义笺［M］．续修四库全书本．上海：上海古籍出版社，2002.

［16］李锐．周易虞氏略例［M］．续修四库全书本．上海：上海古籍出版社，2002.

［17］皮锡瑞．经学通论［M］．北京：中华书局，1954.

［18］皮锡瑞．经学历史［M］．北京．中华书局，1959.

［19］李道平．周易集解纂疏［M］．北京：中华书局，1994.

［20］王夫之．周易内传［M］．北京：九州出版社，2004.

［21］黄宗羲．易学象数论［M］．北京：九州出版社，2007.

［22］惠栋．周易述［M］．北京：中华书局，2007.

［23］胡煦．周易函书［M］．北京：中华书局，2008.

［24］张惠言．周易虞氏义．［M］．续修四库全书本．上海：上海古籍出版社，2002.

［25］尚秉和．周易尚氏学［M］．北京：中华书局，1980 .

［26］陈鼓应．老子注译及评介［M］．北京．中华书局，1984.

［27］陈鼓应．易传与道家思想［M］．北京：生活·读书·新知三联书店，1996.

［28］王先谦．庄子集解［M］．北京．中华书局，1987.

［29］郭象，成玄英．庄子注疏［M］．北京：中华书局，2011.

［30］黎靖德．朱子语类［M］．北京：中华书局，1994.

［31］王守仁．王阳明集：上［M］．北京：中华书局，2016.

［32］熊十力．乾坤衍［M］．上海：上海书店出版社，2008.

［33］牟宗三．周易哲学演讲录［M］．上海：华东师范大学出版社，2004.

［34］李泽厚．中国思想史论：古代卷［M］．合肥：安徽文艺出版

社，1999.

[35] 李泽厚. 哲学纲要 [M]. 北京：中华书局，2015.

[36] 李泽厚. 历史本体论·己卯五说 [M]. 北京：生活·读书·新知三联书店，2003.

[37] 冯友兰. 中国哲学史新编：上 [M]. 北京：人民出版社，1998.

[38] 张立文. 中国哲学范畴发展史：天道篇 [M]. 北京：中国人民大学出版社，1988.

[39] 孙熙国. 先秦哲学的意蕴：中国哲学早期重要概念研究 [M]. 北京：华夏出版社，2006.

[40] 金春峰. 汉代思想史 [M]. 北京：中国社会科学出版社，1987.

[41] 郭齐勇. 中国古典哲学名著选读 [M]. 北京：人民出版社，2005.

[42] 萧汉明，郭东升. 周易参同契研究 [M]. 上海：上海文化出版社，2001.

[43] 孟乃昌，孟庆轩. 周易参同契三十四家注释集萃 [M]. 北京：华夏出版社，1993.

[44] 劳榦. 魏晋南北朝简史 [M]. 北京：中华书局，2018.

[45] 朱伯崑. 易学哲学史：上 [M]. 北京：北京大学出版社，1986.

[46] 刘大钧. 周易概论 [M]. 济南：齐鲁书社，1988.

[47] 黄寿祺，张善文. 周易译注 [M]. 上海：上海古籍出版社，1989.

[48] 刘玉建. 两汉象数易学研究：下册 [M]. 南宁：广西教育出版社，1996.

[49] 林忠军. 象数易学发展史：一 [M]. 济南：齐鲁书社，1999.

[50] 张其成. 象数易学 [M]. 北京：中国书店，2003.

[51] 杨庆中. 二十世纪中国易学史 [M]. 北京：人民出版社，2000.

[52] 詹石窗. 易学与道教思想关系研究 [M]. 厦门：厦门大学出版

社，2001.

［53］邓球柏．帛书周易校释［M］．长沙：湖南人民出版社，1987.

［54］卢央．京氏易传解读［M］．北京：九州出版社，2004.

［55］潘雨廷．读易提要［M］．上海：上海古籍出版社，2006.

［56］潘雨廷．周易虞氏易象释易则［M］．上海：上海古籍出版社，2009.

［57］张文江．潘雨廷先生谈话录［M］．上海：复旦大学出版社，2012.

［58］余敦康．汉宋易学解读［M］．北京：华夏出版社，2006.

［59］高怀民．两汉易学史［M］．桂林：广西师范大学出版社，2007.

［60］高怀民．先秦易学史［M］．桂林：广西师范大学出版社，2007.

［61］梁韦弦．汉易卦气学研究［M］．济南：齐鲁书社，2007.

［62］徐芹庭．易经源流［M］．北京：中国书店，2008.

［63］赵毅衡．哲学符号学：意义世界的形成［M］．成都：四川大学出版社，2017.

［64］苏智．周易的符号学研究［M］．成都：四川大学出版社，2018.

［65］韦世林．空符号论［M］．北京：人民出版社，2012.

［66］徐瑞．周易符号学概论［M］．上海：上海科学技术文献出版社，2013.

［67］蔡元培．中国伦理学史［M］．北京：东方出版社，1996.

［68］朱贻庭．中国传统伦理思想史［M］．增订本．上海：华东师范大学出版社，2003.

［69］赵敦华．人性和伦理的跨文化研究［M］．哈尔滨：黑龙江人民出版社，2004.

［70］杨国荣．理性与价值［M］．上海：上海三联书店，1998.

［71］高兆明．伦理学理论与方法：修订本［M］．北京：人民出版

社，2013.

［72］徐向东．道德哲学与实践理性［M］．北京：商务印书馆，2006.

［73］张再林．作为身体哲学的中国古代哲学［M］．北京：中国书籍出版社，2018.

［74］北京大学哲学系．西方哲学原著选读：上卷［M］．北京：商务印书馆，1981.

［75］江怡．思想的镜像：从哲学拓扑学的观点看［M］．芜湖：安徽师范大学出版社，2010.

［76］楚人．时间哲学简史［M］．北京：中国华侨出版社，2019.

［77］张祥龙．海德格尔传［M］．北京：商务印书馆，2007.

［78］张祥龙．海德格尔思想与中国天道：终极视域的开启与交融［M］．北京：中国人民大学出版社，2010.

［79］孙周兴．后哲学的哲学问题［M］．北京：商务印书馆，2009.

［80］王庆节．解释学、海德格尔与儒道今释［M］．北京：中国人民大学出版社，2009.

［81］胡塞尔．伦理学与价值论的基本问题［M］．艾四林，安仕侗，译．北京：中国城市出版社，2002.

［82］海德格尔．海德格尔文集：路标［M］．孙周兴，译．北京：商务印书馆，2014.

［83］海德格尔．存在与时间［M］．陈嘉映，王庆节，译．北京：生活·读书·新知三联书店，2006.

［84］海德格尔．存在与在［M］．王作虹，译．北京：民族出版社，2005.

［85］加达默尔．真理与方法：哲学诠释学的基本特征：上卷［M］．洪汉鼎，译．上海：上海译文出版社，1999.

［86］卡希尔．人论［M］．甘阳，译．上海：上海译文出版社，1985.

［87］涂纪亮．皮尔斯文选［M］．涂纪亮，周兆平，译．北京：社会科学文献出版社，2006.

［88］库恩．科学革命的结构［M］．金吾伦，胡新和，译．北京：北京大学出版社，2012.

［89］梯利．伦理学导论［M］．何意，译．桂林：广西师范大学出版社，2002.

［90］阿皮亚．认同伦理学［M］．张容南，译．南京：译林出版社，2013.

［91］黑尔．道德语言［M］．万俊人，译．北京：商务印书馆，1999.

［92］佩特丽莉．符号疆界：从总体符号学到伦理符号学［M］．周劲松，译．成都：四川大学出版社，2014.

二、论文

［1］刘大钧．虞翻著作考释［J］．周易研究，1990（2）．

［2］傅荣贤．对孟喜易学的哲学分析［J］．临沂师专学报，1995（2）．

［3］王新春．试论虞氏易学“旁通说”的易理内涵［J］．周易研究，1996（3）．

［4］常秉义．“卦变”说辨析［J］．周易研究，1997（4）．

［5］郭彧．卦变说探微［J］．周易研究，1998（1）．

［6］张涛．略论荀爽易学［J］．河南大学学报（社科版），1999（3）．

［7］周立升．《周易参同契》的月体纳甲学［J］．周易研究，2000（4）．

［8］刘大钧．“卦气”溯源［J］．中国社会科学，2000（5）．

［9］林忠军．论两汉易学的形成、源流及其特征［J］．山东大学学报（哲学社会科学版），2000（1）．

［10］刘玉建．论魏氏月体纳甲说及其对虞氏易学的影响［J］．周易

研究，2001（4）.

［11］梁韦弦．“卦气”与“历数”象数与易理［J］．松辽学刊，2001（5）.

［12］梁韦弦．《礼记·月令》《吕氏春秋·十二月经》及《周髀算经》所记之节气［J］．古籍整理研究学刊，2001（5）.

［13］李尚信．孟喜卦气卦序反映的思想初论［J］．江汉论坛，2001（4）.

［14］刘大钧．《大一生水》篇管窥［J］．周易研究，2001（4）.

［15］井海明．简论帛书《易传》中的卦气思想［J］．周易研究，2002（4）.

［16］庚潍诚．论焦循对“卦变”说之批评及其《易学建构》［J］．周易研究，2002（5）.

［17］梁韦弦．孟京易学的来源［J］．史学集刊，2003（3）.

［18］刘彬．月体纳甲说考［J］．中州学刊，2003（4）.

［19］刘彬．早期阴阳家卦气说考索［J］．管子学刊，2004（2）.

［20］梁韦弦．帛书易传《要》篇透露出的卦气知识及其成书年代［J］．齐鲁学刊，2005（3）.

［21］谢向荣．试论楚竹书《周易》红黑符号对卦序与象数的统合意义［J］．周易研究，2005（4）.

［22］梁韦弦．“卦气”解《易》匡谬［J］．古籍整理研究学刊，2006（6）.

［23］文平．孟喜卦气说溯源［J］．湘潭大学学报（哲学社会科学版），2009，33（6）.

［24］卜章敏．虞翻象数易学思想新探［D］．济南：山东大学，2019.

［25］罗昌繁．虞翻岭南之贬及其典范意义［J］．中山大学学报（社会科学版），2015，55（6）.

[26] 文平．虞氏易消息卦变新论：以潘雨廷易图为例［J］．周易研究，2013（3）．

[27] 张旭．卜筮与道德：论《周易》经典化过程中遇到的难题[J]．云梦学刊，2016，37（6）．

[28] 张祥龙．概念化思维与象思维［J］．杭州师范大学学报（社会科学版），2008（5）．

[29] 余平．海德格尔存在之思的伦理境域［J］．哲学研究，2003（10）．

[30] 周广友．《易传》“三陈九卦”的义理结构及其德性修养论[J]，2019（00）．

[31] 张学智．王夫之《未济》卦阐发的几个思想维度［J］．中国哲学史，2016（1）．

[32] 王新春．哲学视野下的汉易卦气说［J］．周易研究，2002（6）．

[33] 王新春，吕广田．《易传》三陈九卦的人文理念［J］．中共济南市区委党校济南市行政学院济南市社会主义学院学报，2000（6）．

[34] 范爱贤．“易”的意指符号学分析［J］．周易研究，2004（6）．

[35] 王新春．虞翻易学十二消息说语境下的宇宙大化［J］．中国哲学史，2011（2）．

[36] 方仁．从皮尔斯的观点看《周易》的符号学性质［J］．周易研究，2015（4）．

[37] 杜海涛．伦理符号学与《周易》符号伦理思维［J］．周易研究，2016（5）．

[38] 王堃．“理”在工夫过程中的柔性化诠释［J］．周易研究，2019（3）．

[39] 刘淑君．《周易》符号的生命性与形式特质：以卡西尔文化哲学为视角［J］．周易研究，2020（4）．

[40] 林孝斌.《周易》观卦中“观”的感通认识论意涵解析 [J].周易研究，2020（5）.